Biblioteca de Derecho Penal y Procesal Penal

Carlos Pérez del Valle
(Director)

Justo Edward Nieves Chero
Daniel Armando Pisfil Flores
Carlos Antonio Agurto Gonzáles
Sonia Lidia Quequejana Mamani
Benigno Choque Cuenca
(Coordinadores Generales)

Jürgen Baumann
Profesor titular en la Universidad de Tubinga

Derecho Penal

Conceptos fundamentales y sistema
Introducción a la sistemática sobre la base de casos

Edición al cuidado de
Carlos Antonio Agurto Gonzáles
Sonia Lidia Quequejana Mamani
Benigno Choque Cuenca

Ediciones Olejnik

Traducción de la 4ª edición alemana (1972)
por el Dr. Conrado A. Finzi

Título original: *Grundbegriffe und System des Strafrechts. Eine Einführung in die Systematik an Hand von Fällen.*

Derecho Penal. Conceptos fundamentales y sistema.
Introducción a la sistemática sobre la base de casos

Huérfanos 611, Santiago - Chile
E-mail: contacto@edicionesolejnik.com
Web site: http://www.edicionesolejnik.com

Primera edición en ediciones Olejnik: 2018

ISBN: 978-956-392-249-3

Diseño de Carátula: Ena Zuñiga
Diagramación: Luis A. Sierra Cárdenas

Impreso en Argentina 2018 Printed in Argentina

ÍNDICE

CAPÍTULO
ACCIÓN TÍPICA

CAPÍTULO 5
ANTIJURIDICIDAD

CAPÍTULO 6
CULPABILIDAD

NOTA DEL TRADUCTOR

El libro del profesor Baumann sobre los *Conceptos fundamentales y sistema del derecho penal* se basa en las disposiciones de la parte general de la segunda ley de reforma penal del 4 de julio de 1969, modificada el 7 de abril y el 20 de mayo de 1970. Ya nos hemos referido brevemente en nuestra traducción de los *Casos penales y soluciones. Parte genera*l (1971), del mismo autor, a las modificaciones más importantes que la primera ley de reforma del 25 de junio de 1969, actualmente en vigor, ha introducido en las partes general y especial.

La parte general, completamente» nueva, de la segunda ley, representa en muchos puntos un compromiso entre el proyecto de 1962 y el proyecto llamado alternativo de 1966, contiene los §§ 1 a 79 b (contando los parágrafos agregados a los parágrafos con el mismo número, son 130) y entrará a regir el 1 de enero de 1975 o 1976 (y no, como se había dispuesto, el 1 de octubre de 1973).

Hemos realizado la traducción, que figura en las páginas correspondientes, de todas las disposiciones de la parte general citadas en el texto, y no de las vigentes. En efecto, la dogmática y la jurisprudencia alemanas se desenvolverán tomando como base los conceptos establecidos en la nueva ley, incluso antes de su entrada en vigor. En lo que se refiere a la dogmática, esto ya lo ha hecho, precisamente, el profesor Baumann, publicando a mediados de 1972 -o sea, con mucha anterioridad respecto de la fecha de vigencia prevista entonces para octubre del año siguiente- esta cuarta edición de la obra que, salvo error, solo menciona de manera expresa tres disposiciones del código en vigor y a derogar (los §§ 43, 56 y 59, cuya traducción puede leerse en el apéndice a los *Caso*s cit.). A simple título informativo, hemos reproducido al final de la traducción el cuadro sinóptico, limitándolo a las nuevas disposiciones traducidas y a las vigentes.

Una innovación importante aportada por la segunda ley, es la supresión de la tradicional tripartición de los hechos punibles en crímenes, delitos y contravenciones, sustituida por la bipartición en crímenes y delitos (§ 12). Aquélla rigió ininterrumpidamente en Alemania desde el código penal bávaro de Feuerbach de 1813. A partir de 1909, todos los proyectos, incluyendo el proyecto alternativo de 1966, se declararon partidarios del criterio de la bipartición, pero ningún código lo adoptó, salvo, precisamente, el correspondiente a la última reforma. Algunas contravenciones ya fueron eliminadas del título 29 del código penal y convertidas en «delitos», varias otras fueron introducidas en la ley de las llamadas trasgresiones al orden que las amenaza con multa. Pocas son las contravenciones que aún quedan en el título. Se afirma que si bien las contravenciones no son ética y culturalmente indiferentes o incoloras, carecen de ese alto grado de reprochabilidad que justifica el juicio de disvalor ético-social de la pena criminal.

Entre los varios autores que se pronunciaron decididamente en contra de las reformas proyectadas –bipartición y no más tripartición–, nos limitaremos a citar a v. Hippel y a H. Mayer. En su *Deutsches Strafrecht* (I y II, 1925 y 1930), dice v. Hippel que no es posible deslindar conceptualmente los delitos de bagatela (como lo son las contravenciones o derecho penal de policía o administrativo) de lo injusto grave, así como no es viable establecer un distingo conceptual entre el «crimen» y el «delito»; la diferencia, que tiene carácter exclusivamente político-criminal, basada en el merecimiento de pena, o sea, en el grado de la pena amenazada, no justifica en absoluto que se separen del código penal las contravenciones. H. Mayer (Strafrecht - *Allgemeiner Teil,* 1953, ps. 47 y 72-73) afirma que «la trasgresión al orden constituye materia penal auténtica que no se diferencia, en su estructura lógica y en relaciones de valor, de otras materias penales». Según piensa este autor, no existe ninguna diferencia entre una multa –que es la sanción correspondiente a las trasgresiones al orden– y una pena pecuniaria; la llamada multa es una pena en el sentido constitucional del principio «*nulla poena sine lege*». El cambio de nombre –dice Mayer– solo tiene la consecuencia jurídica muy discutible de que se pone la potestad punitiva en las manos sumamente inadecuadas de la administración. En la Argentina, Núñez refuta con especial energía este criterio según el cual el delito y la contravención tienen, precisamente, la misma naturaleza jurídica; basándose en Goldschmidt, dice que, mientras los delitos lesionan los derechos naturales o sociales de los individuos, las contravenciones infringen la actividad administrativa tendiente a promover y lograr el bien público o del Estado. Así, al afirmar la diferente calidad jurídica de los delitos y de las contravenciones, Núñez proclama la autonomía jurídica del derecho contravencional (*Derecho penal argentino - Parte general*, I, 1959, ps. 18 y ss., y *Manual de derecho penal - Parte general*, 1972, ps. 37 y ss.).

Mencionaremos a continuación algunas otras innovaciones importantes de la segunda ley. En materia de validez temporal de la ley, se establece en el § 2, párr. 4, en que se reproduce el mismo texto del § 2, párr. 3, del proyecto de 1960, que una ley que solo ha de regir hasta un momento determinado, también se aplicará a hechos cometidos durante su vigencia, si ha dejado de estar en vigor por haber expirado ese tiempo; se trata de una excepción al principio de la retroactividad de la ley penal más benigna. Se sujeta el error sobre la prohibición a la teoría de la culpabilidad (que el profesor Baumann, partidario de la teoría del dolo, critica enérgicamente). La culpa debe ser amenazada con pena de manera expresa. Se define de otro modo la tentativa, cuyo castigo más benigno es ahora facultativo. Por primera vez se da forma legal a los presupuestos del estado de necesidad justificante (al que antes la jurisprudencia llamó supralegal). Se crea el sistema, auspiciado en el proyecto alternativo y basado sobre todo en los modelos de Dinamarca y Holanda, de la imposición de la pena pecuniaria en días-multa, cuyo monto se determina teniendo en cuenta la situación personal y económica del autor. En caso de pena pecuniaria hasta 180 días-multa, el tribunal puede imponer la amonestación con reserva de pena: corresponde a la suspensión de la pena por un período de prueba en el ámbito de la pena pecuniaria. En materia de medidas de corrección y seguridad (se conserva, por consiguiente, el sistema dualista de penas y medidas), a la internación en una casa de salud o asistencia se sustituye la internación en un hospital psiquiátrico, se suprime la internación en una casa de salud para bebedores limitándola a la internación en un establecimiento de deshabituación y se prevé la internación en un establecimiento terapéutico-social: esta medida, considerada como una de las innovaciones más significativas de la reforma, está destinada, con fines de prevención especial, sobre todo a reincidentes con graves perturbaciones de la personalidad y a autores sexuales instintivos peligrosos; otra medida nueva es la vigilancia del comportamiento.

El profesor Baumann es autor de un *Tratado de derecho penal. Parte general*, citado continuamente en los *Conceptos fundamentales*, y con la colaboración de los doctores Arzt y Weber, de los *Casos penales y soluciones*, cit.; a él se deben, asimismo, muchas monografías publicadas en distintas revistas alemanas de derecho penal, a las cuales remite con frecuencia. Su producción científica no se limita al derecho penal, sino que abarca el procedimiento penal. También en 1972 apareció la segunda edición del libro *Conceptos fundamentales y principios de procedimiento del derecho procesal penal. Introducción sobre la base de casos*, publicado por la misma Editorial W. Kohlhammer. (En el prólogo a la primera edición de 1969 el profesor Baumann dice que ya al comenzar el estudio, debe entenderse correctamente el «engranaje» entre el derecho material y el formal). En octubre de 1971 tomó activamente parte en las Jornadas Internacionales de Derecho Penal organizadas por la Universidad de Belgrano de Buenos Aires. Es sucesor de Eduard Kern en la cátedra de Tubinga.

Conrado A. Finzi

PRÓLOGO A LA PRIMERA EDICIÓN

La Editorial, que ya publicó los Conceptos fundamentales del código civil, *me propuso dedicara un libro sobre los conceptos fundamentales del derecho público y del derecho penal, para facilitar a nuestros estudiantes su primer contacto con la materia jurídica. Acepté agradecido. Precisamente para evitar que el estudio pierda el nivel adecuado y prevenir un simple repaso rio meditado, es necesario, en mayor medida que antes, ayudar al principiante. Deben despertarse la comprensión y el placer de la comprensión si se quiere que el joven jurista acuda por sí mismo a tratados y monografías y profundice sus conocimientos en todas las direcciones.*

Este libro solo pretende introducir a los conceptos fundamentales del derecho penal y a su sistemática. Quien ha decidido dedicarse al estudio del derecho se abocará después a la lectura de tratados y bibliografía especializada y podrá entonces emitir su opinión acerca de las distintas teorías. Por ello, las citas se limitan a las doctrinas penales más importantes. En su concepción fundamental, el autor sigue la dogmática penal dominante, pero no ha podido omitir totalmente la discusión de otras opiniones. Tuvo que crearse cierto equilibrio (por ejemplo, con respecto a Welzel, *Das neue Bild des Strafrechtssystems), pero el autor ha tratado de evitar que el trabajo tenga un carácter agresivamente polémico.*

La exposición toma como punto de partida situaciones concretas de la vida, y el principio jurídico se desarrolla y demuestra sobre esta base. Al final de cada capítulo figura una síntesis de los principios jurídicos abstractos. Breves remisiones a la bibliografía facilitan una profundización de lo que se expone.

La obra está dedicada a mis antecesores en la cátedra de Tubinga y muy especialmente a mi ilustre colega el Dr. profesor Eduard Kern *con motivo de sus bodas de oro doctorales.*

Jürgen Baumann.

Tubinga, 1 de octubre de 1961.

PRÓLOGO A LA CUARTA EDICIÓN

Los Conceptos fundamentales *(completados, mientras tanto, por los* Conceptos fundamentales del derecho procesal penal y del derecho procesal civil*) mencionan la bibliografía y la jurisprudencia más recientes y tienen en cuenta el texto de la segunda ley de reforma penal. Al final del libro figura un cuadro sinóptico con las disposiciones correspondientes a dicha ley y las del código penal actualmente en vigor.*

La exposición, extensión y distribución de la materia no han sido modificadas. El objetivo consiste en ilustrar los conceptos fundamentales del derecho penal y llegar a la sistemática. No se pretende ofrecer un compendio de la parte general; sería necesariamente conciso y ya existe, por lo demás, en otros trabajos.

Agradezco al asesor Hartmut Frosch la reelaboración del libro.

JÜRGEN BAUMANN.

Tubinga, julio de 1972.

ABREVIATURAS PRINCIPALES

Baumann (o Baumann, Lehrbuch)	Jürgen Baumann, *Strafrech-Allgemeiner Teil. Ein Lehrbuch* (Tratado de derecho penal - Parte General), 5ª ed., 1968.
DRiZ	Deutsche Reichterzeitung (revista)
GA	Goltdammers Archiv für Strafrecht.
Jescheck	Hans-Heinrich Jescheck, *Lehrbuch des Strafrechs -Allgemeiner Teil,* 1ª ed., 1969.
JR	Juristische Rundschau (revista)
JuS	Juristische Schulung (revista)
JW	Juristische Wochenschrift (revista)
JZ	Juristenzeitung (revista)
Lehrbuch	Tratado
Maurach	Reinhart Maurach, *Deutsches Strafrecht - Allgemeiner Teil. Ein Lehrbusch,* 4ª ed., 1971.
H. Mayer	Hellmuth Mayer, *Strafrecht - Allgemeiner Teil,* 1953.
MDR	Moonatsschrift für Deutsches Recht (revista)
Mezger-Blei	Edmund Mezger-Hermann Blei, *Strafrecht - Allgemeiner Teil. Ein Studienbuch* (Libro de estudio), 14ª ed., 1970.
NJW	Neue Juristische Wochnschrift (revista)
s.	sentencia (a continuación, los números del volumen y páginas de la colección de las sentencias del Tribunal del Reich o del Tribunal Federal en materia penal).
SB	Studienbuch (Libro de estudio).
Schönke-Schröder	Adolf Schönke-Horst Schröder, *Strafgesetzbuch- Komentar* (Comentario al código penal), 16ª ed., 1972.

SchwZStR	Schweizerische Zeitschrift für Strafrecht (revista)
SJZ	Süddeutsche Juristenzeitung (revista)
StGB	Strafgesetzbuch (Código penal).
Stratenwerth	Günter Stratenwerth, *Strafrecht - Allgemeiner Teil. Die Straftat* (El hecho punible), 1971.
TdR	Tribunal del Reich.
TF	Tribunal Federal
Welzel (o Welzel, *Lehrbuch*)	Hans Welzel, *Das deutsche Strafrecht. Eine systematische Darstellung* (Exposición sistemática), 11ª ed., 1969.
Welzel, *Neues Bild*	Hans Welzel, *Das neue Bild des Strafrechtssystems* (La nueva imagen del sistema penal), 4ª ed., 1961.
Wessels	Johaunes Wessels, *Strafrecht - Allgemeiner Teil,* 2ª ed., 1972
ZStW	Zeitschrift für die gesamte Strafrechtswissenchaft (revista)

En el planteamiento de los casos, en los ejemplos y en el texto, las iniciales *A* y *V* significan autor y víctima, respectivamente.

CAPÍTULO 1

DERECHO PENAL

Casos:

a) El estudiante *A*, que acaba de leer de nuevo los diez mandamientos, se desvive por el tocadiscos de su vecino de habitación *V*.

¿Es punible?

b) *A* decide hurtar el tocadiscos, pero, dado que *V* lo vigila, no puede hacerlo.

¿Es punible?

c) A logra hurtar el aparato. Con arreglo al § 242* (junto con el § 47**) se lo condena por hurto a una pena pecuniaria. *V* se informa en la tesorería del tribunal si el dinero había ingresado. Si *A* es insolvente, pero se disculpa, *V* no lo perseguirá.

---

* § 242 (Hurto simple):
1) El que sustraiga a un tercero una cosa mueble, ajena con la intención de apoderarse de ella antijurídicamente, será castigado por hurto con pena privativa de la libertad hasta cinco años.
2) La tentativa es punible.

** § 47:
1) El tribunal impondrá una pena privativa de la libertad inferior a seis meses únicamente si circunstancias especiales que existen en el hecho o en la personalidad del autor hacen indispensable la aplicación de una pena privativa de la libertad para influir sobre el autor o defender el orden jurídico.
2) Si la ley no amenaza pena pecuniaria o la amenaza tan solo junto con una pena privativa de la libertad y si no se tiene en cuenta una pena privativa de la libertad de seis meses o superior a seis meses, el tribunal impondrá una pena pecuniaria si no es indispensable aplicar una pena privativa de la libertad con arreglo al párrafo 1. El mínimo de la pena pecuniaria se determinará de acuerdo con el mínimo de la pena privativa de la libertad amenazada, correspondiendo un día-multa y treinta días-multa a un día y a un mes de pena privativa de la libertad, respectivamente.

I. Función del derecho penal

1. Norma penal y normas morales

a) *En sus raíces,* la norma penal y las normas morales son *similares.* Como lo demuestran la historia de los derechos penales arcaicos y la comparación con el derecho penal de las castas primitivas, la norma penal y la norma moral-religiosa, originariamente, no se diferenciaban. Incluso los mismos gremios (sacerdotes o tribunales de castas) imponían preceptos divinos, morales y penales. La consecuencia jurídica de la violación del precepto era uniforme (expulsión de la casta, segregación de la comunidad jurídica). Si hoy consideramos el precepto penal en forma aislada, separado de la ley moral, la norma penal no podrá negar completamente su origen. Si la inmoralidad de una conducta no es, por cierto, razón suficiente para castigarla, también es intolerable que el Estado emplee normas penales en el ámbito de lo que es moralmente indiferente y correcto (porque ello resulta cómodo!).

b) Aun hoy las normas de la ley penal y las de la ley moral corren, en parte, en forma *paralela.* Las normas del derecho penal se relacionan en gran medida con la misma materia de reglamentación y regulan esta materia del mismo modo. La esencia del auténtico derecho penal criminal concuerda con los diez mandamientos. Es un hecho indiscutible que las normas del derecho penal no deben infringir los preceptos morales. Una comunidad que para su convivencia ha fijado normas con conminaciones penales contrarias a la ley moral, no es una comunidad jurídica, sino una cuadrilla de ladrones. Quien ordena la matanza de personas de un grupo determinado, no fija un derecho, sino que comete una injusticia, incluso si dispone del poder supremo y de atribuciones legislativas. Una comunidad que sigue estos preceptos no ha de asombrarse si se la considera como una comunidad que se atiene a la injusticia. Como ha dicho con claridad incomparable Stammler (*Rechtsphilosophie,* 1922), derecho es voluntad inviolable y soberana. Pero no es solamente esto: la voluntad tiene que orientarse a una idea del derecho o presentarla en forma tal que tenga en cuenta el desarrollo de los valores morales y personales en la convivencia social. El individuo tiende a los valores más elevados. Así, se convierte en el valor supremo de todo orden jurídico humano. Es el sujeto natural del derecho y no solo el elegido. La convivencia social es necesidad (aunque, a veces, difícilmente soportable), pero no es un fin absoluto. Todo orden de estructura social y sobre todo el jurídico, debe permitir que el individuo tienda, dentro de esta estructura, a los valores más elevados y cumpla su misión moral individual. Por consiguiente, no puede ser un orden que oponga a los principios morales normas propias. No puede existir un orden socialmente correcto y moralmente reprochable (en contra, Stammler).

c) A la inversa, en otros tiempos pudo emplearse el paralelismo de un precepto moral para *delimitar* el ámbito del derecho penal criminal propiamente dicho. No solo las normas de este derecho establecen consecuencias jurídicas represivas y «castigan» las injusticias cometidas. En el derecho civil existe una «cláusula penal contractual» (§§ 339 y ss. del código civil), en las leyes procesales, «penas de orden» (§§ 51, 70 y 77 de la ordenanza procesal penal); 380, 390, 409 y 890 de la ordenanza procesal civil; y 178 de la ley orgánica del poder judicial) y en muchas leyes penales accesorias, existen «penas» y «multas». Según la interpretación anterior (ver la 3ª edición [1969] de este libro, el *Lehrbuch* y la s. 11, 263, del TF), se estaba en presencia del derecho penal criminal propiamente dicho, independientemente del nombre «pena» dado a la consecuencia jurídica, únicamente si la norma que la ordenaba correspondía a la ley moral. Especialmente en el ámbito de las trasgresiones al orden, a partir de 1968 (ley de introducción a la ley sobre trasgresiones al orden de 1968), es imposible mantener esta delimitación cualitativa, puesto que se introducen en dicha ley tipos cada vez más numerosos provistos de ese paralelismo, pero con carácter de bagatela. En consecuencia, *hoy* se debe sustentar una disparidad *cuantitativa* (en el mismo sentido se expresa Maurach, § 8, y, como lo hacía la 3ª edición de este libro, Jescheck, § 6, y Stratenwerth, § 3).

El deslinde entre el derecho penal criminal y otros ámbitos jurídicos ha ofrecido dificultades cada vez mayores al tratar de obtener el legislador a todo trance, con la amenaza de penas, el cumplimiento de casi todos los preceptos. Existen leyes penales accesorias (al lado del código penal de 1871-1974) que se relacionan con lo injusto criminal propiamente dicho (por ejemplo, la ordenanza contra el cohecho y la revelación de secretos de 1943), la ley sobre metales de 1923 y 1926, la ley de quiebras en los §§ 239 y ss.). Casi todas las leyes accesorias conciernen a materias que se llamaron (en forma excesivamente limitada) «derecho penal administrativo» o «derecho penal de policía». Así, había, al lado del *derecho penal de policía* (en innumerables ordenanzas de policía), el derecho penal fiscal (en la ordenanza general de impuestos de 1919), *el derecho penal sobre divisas* (en las leyes correspondientes), *el derecho penal forestal* (en las leyes forestales de policía), *el derecho penal económico* (en parte, en la ley penal sobre economía de 1954), *el derecho penal sobre industrias* (en la ordenanza correspondiente y en numerosas ordenanzas de policía), *el derecho penal sobre sociedades anónimas*, etc.

El deslinde entre derecho penal criminal y el derecho penal accesorio ha sido siempre objeto de controversias. Se había impuesto la opinión, promovida especialmente en los trabajos de Goldschmidt (*Das Verwaltungsstrafrecht* [El derecho penal administrativo], 1902), Frank (*Studien zum Polizeistrafrecht* [Estudios sobre el derecho penal de policía], 1907) y Erik Wolf (en el libro de homenaje a Frank, 1930, II, ps. 516 y ss.), que lo injusto criminal y la simple trasgresión al orden eran diferentes no solo cuantitativa, sino cualitativamente. Se creyó que el deslinde residía en que solo en lo injusto criminal estaba lesionado un bien jurídico material y que la trasgresión al orden constituía una simple desobediencia frente al orden jurídico y lesionaba únicamente bienes administrativos. Después predominó el criterio según el cual el deslinde no debía hacerse con arreglo a la forma de la lesión del bien jurídico, sino a la relevancia moral (en el mismo sentido se pronunció el Gran Senado en la s. 11, 263, del TF).

A mi juicio, hoy el deslinde tiene que hacerse cuantitativamente; además, hay que meditar si incluso los casos de delitos de bagatela contra el patrimonio y la propiedad no deban asignarse al derecho sobre las trasgresiones al orden. ¿Por qué razón el hurto de 10 Pfennige ha de ser un «delito»? Según la opinión dominante, en otros delitos falta la tipicidad (por ejemplo, en los §§ 185 y 223 sobre injuria y lesión corporal leve), cuando la agresión al bien jurídico ha sido irrelevante (ver acerca del total problema, Baumann en JZ, 72, 1, y Tiedemann en ZStW, 83, 799).

Recientemente, el legislador ha tenido en cuenta, en mayor medida, el deslinde entre injusto criminal y trasgresión al orden. Piénsese en la ley penal sobre economía de 1949-1954 y en la ley sobre trasgresiones al orden de 1952-1968 que rige para todas las nuevas trasgresiones al orden (con arreglo a la cual ya lo son las anteriores contravenciones en materia de tránsito): el derecho penal criminal no puede crearse a discreción! En cambio, la creación de las trasgresiones al orden solo está sujeta (casi) al criterio de la utilidad.

2. Misión del derecho penal

a) El mismo origen y el amplio paralelismo entre la norma penal y la norma moral no pueden hacer olvidar, no obstante, que se trata de normas distintas. A cada norma moral no debe o puede corresponder una norma penal. El primero de los diez mandamientos no puede ser objeto de castigo. Incluso cuando existen correspondencias, la función del derecho penal es otra. La *misión del derecho penal* es la *de todo derecho* (porque el derecho penal solo es un sector del derecho en su totalidad), a saber, la regulación de la convivencia humana. La convivencia social requiere preceptos jurídicos y un orden en que el individuo pueda vivir sin ser lesionado por otros. El derecho no tiene la misión de obtener a todo trance una conducta moral o un ámbito sustancial de conducta moral y esto no podría realizarse tampoco recurriendo a preceptos jurídicos y a su imposición externa. El proyecto alternativo dice, en los considerandos al § 2 (p. 29), que «el § 1 explica que el derecho penal sirve, como derecho de sanción, a la preservación de la tranquilidad jurídica que el hombre necesita. La imposición de penas no es un suceso metafísico»...

En el caso a, el estudiante *A* actúa en forma inmoral dado que codicia un bien de su vecino de habitación, pero no en forma injusta. Su actitud es fea, pero no perturba todavía la convivencia social entre él y *V*. Una norma jurídica que prohíba su codicia sería socialmente superflua y, además, no se la podría imponer. Solamente *A* puede obligar a sí mismo a observar otra actitud interna, pero no puede ser obligado externamente.

b) En el ámbito de la totalidad del derecho corresponde al derecho penal la *especial misión* de proteger con singular energía esferas particularmente importantes de la convivencia social o los intereses más importantes *en el aspecto social* (no, indefectiblemente, los valores morales más elevados). No siempre basta la protección otorgada por otros ámbitos jurídicos. Casi siempre el derecho civil se limita a reaccionar contra lesiones inferidas al derecho obligando a compensar el daño. Estando *A* dispuesto de antemano a compensar el daño, no se lo podría obligar a no intervenir en la esfera jurídica de un tercero.

En el *caso c*, se le podría reclamar a *A* la devolución del aparato con arreglo a los §§ 985 y 1007 del código civil y la compensación del daño según los §§ 823 y 992 del mismo código. Si *A* solo tuviera interés en fastidiar a *V* porque sabe que se ha encariñado mucho con ese aparato que le había obsequiado una amiga, podría destruirlo arriesgando su valor. La propiedad de *V* estaría protegida en forma muy incompleta. Nuestra concepción jurídica (art. 14 de la Ley Fundamental)* otorga un valor más alto a la propiedad del individuo. Por consiguiente, el orden jurídico protege la propiedad con disposiciones penales contra la apropiación (§§ 242, 246 y 249) y la destrucción (§ 303). *A* no arriesga tan solo el pago de la compensación del daño, sino también una pena privativa de la libertad.

Muchas lesiones jurídicas son, sin más, irreparables (lesión de la vida, de la salud, de la libertad, etc.). Estos bienes jurídicos eminentemente personales necesitan de manera especial la protección penal. Pero también la necesitan bienes que no corresponden a personas individuales, sino a la colectividad. ¿Qué otra posibilidad existiría para impedir perjurios y declaraciones falsas, evitar que malos sujetos agredan a mujeres que caminan solas, etc.? En estos casos la compensación del daño no sirve de nada. Esta comprensión es tan trivial que en todo rompecabezas sobre la misión del derecho penal y de la pena, nunca se ha puesto en tela de juicio la necesidad del uno o de la otra. Es necesario decir algo acerca de las distintas teorías de la pena.

Según la opinión expuesta aquí, la función del derecho penal consiste en la *protección de bienes jurídicos especialmente importantes* =

---

* Art. 14:
1) La propiedad y el derecho de herencia están garantizados. Su naturaleza y sus límites serán determinados por las leyes.
2) La propiedad obliga y su uso debe servir al mismo tiempo al bienestar general.
3) La expropiación solo es lícita por causas de interés general. Podrá ser efectuada únicamente por ley o en virtud de una ley que establezca el modo y el monto de la indemnización. La indemnización se fijaré considerando en forma equitativa los intereses de la comunidad y los de los afectados. En caso de discrepancia sobre el monto de la indemnización, se admitirá recurso ante los tribunales ordinarios.

valores jurídicos = intereses. El concepto de bien jurídico no debe interpretarse tan solo formalmente (teoría formal del bien jurídico), sino también en su aspecto material, pero no corporizado objetivamente. También el proyecto alternativo recalca la protección de los bienes jurídicos. El § 2, párr. 1, dice: «Penas y medidas sirven para proteger los bienes jurídicos y reintegrar al autor a la comunidad jurídica».

En el *caso c*, el bien jurídico no es el tocadiscos y tampoco la propiedad de *V*, sino la propiedad como valor jurídico a secas. De esto se deduce que al mismo *A* se lo castigaría por hurto con arreglo al § 242, si *V* hubiera hurtado el aparato a *T*. Por cierto, aquí *V* no merece protección. También puede ocurrir que la propiedad de *T* no resulte perjudicada en mayor medida por la acción de *A* de lo que ya lo es por la acción de *V*. El hecho de *A* se dirige contra el valor jurídico propiedad.

De esta interpretación sobre la protección de los bienes jurídicos deriva la concepción de lo injusto penal *como lesión del bien jurídico*. Delito es, en primer término, lesión de un bien jurídico y también, sin duda, lesión de un deber, pero no a la inversa. El bien jurídico de *V* crea el deber jurídico de *A* de no perjudicarlo. Otra consecuencia es ver el disvalor de la conducta del autor en su especial resultado, el de la lesión del bien jurídico. El resultado de la conducta del autor es de disvalor y por ello también lo es el acto -el hecho de asir la cosa ajena- y no a la inversa. En contra de este punto de vista algunos autores sustentan la tesis de que el derecho penal tiene una función ético-social y que protege, antes que nada, valores ético-sociales de sentimiento (y de esta manera, indirectamente, también bienes jurídicos); también afirman que el delito es en primer término lesión del deber y que hay que destacar el disvalor de la acción = disvalor del acto (y no el disvalor del resultado). Estas opiniones son inaceptables. Aíslan el derecho penal, en su función, del derecho en su totalidad, confunden norma moral y norma jurídica, corren el peligro de encontrar los componentes de lo injusto en forma preponderante en la persona del autor (y no en su acción) (el llamado concepto personal de lo injusto) y se encuentran siempre a poca distancia del precipicio del derecho penal del sentimiento (Mezger-Blei se expresan en sentido similar, § 36, II). No castigamos (como Welzel, § 1) la «inobservancia del sentimiento jurídico», sino la agresión a bienes jurídicos importantes. Y esto independientemente de la circunstancia de que sin el pensamiento del bien jurídico, no puede determinarse, en absoluto, qué ha de ser esa inobservancia del sentimiento jurídico. Si *A* mata una mosca o una abeja que pertenece a P, no puede decirse, omitiendo la consideración del bien jurídico, en qué caso *A* se desvía del sentimiento jurídico. Solo al reconocer la comunidad jurídica que un bien jurídico determinado merece protección (en este caso, la propiedad de la abeja), la acción homicida se convertirá en «inobservancia del sentimiento» y, por cierto, no solamente en eso, sino también en la lesión completa del bien jurídico.

La tesis de Welzel sobre la protección de los valores de sentimiento, de carácter ético-social, es tanto más sorprendente en cuanto él también toma como punto de partida la protección del bien jurídico (Welzel, p. 2: «el derecho penal quiere proteger ante todo determinados bienes vitales de la comunidad [valores materiales]»...). Pero solo dos páginas después, este concepto se trasforma en el de la protección «de los valores elementales de carácter ético-social del sentimiento (de la acción), incluyendo en ellos la protección de los bienes jurídicos particulares». El cambio de opinión se explica porque se pretende alcanzar una protección de los bienes jurídicos lo más amplia y *perdurable* posible. Esta protección perdurable se consigue «exclusivamente protegiendo los valores elementales de la acción de carácter ético-social»: o sea, la obtención de un sentimiento fiel al derecho y no simplemente de una conducta fiel al derecho. Con esta deducción se olvida que se *propone* ser fiel al derecho quien no interviene en ámbitos jurídicos ajenos, por muy descontento e inconstante que sea. Si se piensa o exige más, no debería requerirse fidelidad al derecho, sino sentimiento moral y se conseguiría entonces, ciertamente, una comunidad ejemplar. Pero crear estos sentimientos «morales» (y no tan solo legales) no constituye, tampoco para Welzel, la misión del derecho penal. Muy bien dijo Savigny que «el derecho sirve a la moralidad, no porque ejecute sus preceptos, sino porque asegura la libre evolución de su fuerza, inherente a todo individuo».

Sobre todo Welzel (§ 1,1) se ocupa de la primacía de la protección de los valores ético-sociales del sentimiento; en lo que respecta a la primacía del disvalor de acto y al concepto personal de lo injusto, ver Welzel (§ 11, II, y *Neues Bild*, p. 29); Gallas (ZStW, 67, 1); Jescheck (§ 24, III); Niese (*Finalität, Vorsatz und Fahrlässigkeit* [Finalidad, dolo y culpa], 1951, ps. 25 y 64) y Lampe (*Das personale Unrecht* [Lo injusto personal], 1967).

Critican esta concepción WÜRTENBERGER (*Die geistige Situation der deutschen Strafrechtswissenschaft* [La situación espiritual de la ciencia penal alemana], 2ª ed., 1959, ps. 50 y ss.); MEZGER (*Moderne Wege der Strafrechtsdogmatik* [Rumbos modernos de la dogmática penal], 1950); MÜLLER-DIETZ (*Strafbegriff und Strafrechtspflege* [Concepto de pena y administración penal de justicia], 1968, p. 59); y BAUMANN (§§3, II, 2, a, y 19, II, 1). STRATENWERTH (SchwZStr, 79, 16) y KRAUSS (ZStW, 76, 19) sustentan una tesis conciliadora.

La punibilidad de la tentativa inidónea, que la teoría de lo injusto personal se empeña siempre de nuevo en afianzar (Welzel, *Neues Bild*, p. 30, y, recientemente, Jescheck, § 24, III), representa un caso-límite y no es apta, de ninguna manera, para proporcionar el fundamento de un sistema. Lo ha señalado Engisch en su colaboración de homenaje al 43° Congreso de juristas alemanes. El disvalor de la tentativa (incluso la inidónea) se refiere al resultado deseado. Por consiguiente, aquí también el resultado desaprobado por la ley determina el carácter jurídico de la acción. La concepción del disvalor personal lleva a resultados extraordinariamente notables en el hecho omisivo y en la acción culposa. Así, en la omisión (ver lo que se dice en el capítulo 4, III, 2, a) se hace depender la existencia del deber jurídico de actuar del conocimiento por parte del autor de los presupuestos relativos a su origen (WELZEL, § 28, A, I, 4, b, y también, al parecer, el TF en la s. 16, 158). Piénsese tan solo en el traslado de este principio al derecho civil o a otros ámbitos jurídicos. Quien está sometido al derecho tendría la posibilidad, al ignorar los presupuestos jurídicos de una consecuencia jurídica, no solo de eludirla, sino de actuar conforme a derecho y de no estar en este sentido sometido al derecho.

Ejemplo. El deber del padre de atender, según el § 1626 del código civil, a su hijo, no surgiría por haber éste nacido y por la paternidad, sino por el conocimiento de estos presupuestos jurídicos!

En el hecho culposo, la teoría de lo injusto personal lleva a afirmar (WELZEL, *Neues Bild*, p. 36, y *Fahrlässigkeit und Verkehrsdelikte*

[Culpa y delitos contra la seguridad del tránsito], 1961, p. 20) que el disvalor de la acción en sí no puede aumentar por el agregado del valor del resultado ni disminuir por la falta de éste. Ya es contraria a la norma la conducta descuidada. Precisamente esta afirmación muestra en la forma más nítida la diferencia con la opinión sustentada aquí. Exigimos tan solo que no resulten perjudicados (y tampoco puestos en peligro) ámbitos jurídicos ajenos.

Ejemplo. Quien con una conducta descuidada pone de manifiesto su sentimiento irrespetuoso, pero, como hombre de suerte, no interviene en ámbitos jurídicos ajenos, actúa conforme a derecho y no nos interesa su actitud interna, así como nos tiene sin cuidado la de *A* en el caso b (que aún no ha surtido ningún efecto exterior). El elemento personal -la mala voluntad- no es todavía un injusto.

3. Teorías de la pena

a) Mientras no se ha discutido nunca sobre la necesidad de que existan derecho penal y pena (ver lo que se ha dicho en el n° 2, b), siempre ha habido controversias acerca del sentido de este sector jurídico y especialmente de su consecuencia jurídica principal, la pena. A las teorías *absolutas* o de justicia que no tienen en cuenta el fin de la pena, se contraponen las teorías *relativas* o del fin. Según la teoría absoluta (sustentada por Kant y Hegel), se castiga porque se ha errado: *punitur, quia peccatum est.* «Aun en el caso de que la sociedad burguesa se desmiembre con el consentimiento de todas las personas que la integran, antes debe ser ejecutado el último asesino que se encuentra en la cárcel a fin de que cada uno de sus actos sea retribuido y no se responsabilice al pueblo qué no ha insistido en esta sanción; en efecto, éste podría ser considerado como partícipe en esta lesión pública de la justicia» (Kant, *Metaphysik der Sitten - Rechtslehre* [Metafísica de las costumbres - Teoría jurídica], nota E a los §§ 43 a 49). Hegel se opuso a Feuerbach y a su teoría de la prevención general objetando que trata al hombre como si se levantara un bastón contra un perro (*Grundlinien der Philosophie des Rechts* [Líneas fundamentales de la filosofía del derecho], § 99).

A esta concepción idealista se reprocha a menudo (Scheler, *Der Formalismus in der Ethik und die materiale Wertethik* [El formalismo en la ética y la ética material de los valores]) que es una «humanidad desprovista de hombres», una «justicia sin el hombre» (Noll,

Die ethische Begründung der Strafe [La fundamentación ética de la pena], 1962, p. 6). Es exacto, sin duda, que normas jurídicas y consecuencias jurídicas no referidas a la convivencia humana son, social y jurídicamente, absurdas. Pero esto no significa que también el castigo individual deba considerarse solo desde este punto de vista. Sobre nuestra opinión, ver más datos en *Grenzen der individualen Gerechtigkeit* [Límites de la justicia individual], en «Summum ius», 1963, ps. 117 y ss.

En cambio, las teorías *relativas* se dirigen al fin de la pena y con esta consecuencia jurídica pretenden lograr algo, a saber, que no se cometan hechos punibles: *punitur ne peccetur*. Veían el fin de la pena en el hecho de intimidar a los posibles autores y en el de apartarlos en general de la comisión de delitos: la prevención general (sustentada especialmente en el tratado de Feuerbach de 1801 y antes en el escrito *Über die Strafe als Sicherungsmittel vor künftigen Beleidigungen des Verbrechers* [Sobre la pena como medida de seguridad contra ofensas futuras del delincuente], 1799), o bien encontraban este fin en corregir, educar y, en caso necesario, intimidar al autor que debe castigarse: la prevención especial (pregonada sobre todo en el Programa de Marburgo de v. Liszt, 1882). Al delincuente ocasional se lo debe intimidar respecto de otros delitos, el delincuente por tendencia y el delincuente por carácter que pueden corregirse deben ser mejorados y el por tendencia incorregible debe ser inocuizado (v. Liszt, *Der Zweckgedanke im Strafrecht* [El pensamiento del fin en el derecho penal], ZStW, 3, 1 y 36 y ss.).

De ninguna manera es nuevo el pensamiento de la pena dirigida al fin. La formulación clásica ya se encuentra en Sénec*a (De ira,* 1, 19), que expone una argumentación de Protágoras de la siguiente manera: «*Nam, ut Plato ait, nemo prudens punit, quia peccatum est, sed ne peccetur*». Ya en Protágoras (Protágoras, 324) se dice que «quien se propone sensatamente castigar a una persona, no castiga por la injusticia que ha cometido *-porque no puede deshacer lo hecho-*, sino con miras al futuro; su propósito es que esta persona no vuelva a cometer la misma injusticia (prevención especial) y que no la cometa otra que se haya enterado de la sanción impuesta (prevención general).

Además de estas teorías absolutas y relativas, existen otras, predominantes en los últimos tiempos: las llamadas *teorías conciliadoras* que pretenden armonizar la antinomia entre pena no dirigida al fin y pena con miras al fin, exigiendo la pena en el marco de la culpabilidad por el hecho, pero atendiendo a sus fines: *punitur quia peccatum est ne peccetur.* Desde el punto de vista de la medida de la pena, a estas teorías también se las llama «teorías-margen», porque toman como punto de partida el criterio de que la pena adecuada a la culpabilidad debe dejar un margen determinado en que puedan tenerse en cuenta después los fines de la pena. En la actualidad estas teorías predominan en la doctrina (las critican Dreher [JZ, 67, 41] y Roxin JuS, 66, 377]) y también las utiliza la jurisprudencia (s. del TF 1, 70; 2, 200; 3, 179; 7, 32 y 89; 10, 330; 17, 324, y 20, 264; ver, además, Bruns, *Strafzumessungsrecht* [Derecho sobre la medición de la pena], 1967). La pena se funda en la necesidad de que se expíe la culpabilidad personal. Además, juntamente con la pena, deben perseguirse fines educativos y también (pero solo en forma limitada) intimidatorios. El § 46*, párr. 1°, responde a estos criterios. Un exceso (!) por razones de prevención especial, de la pena adecuada a la culpabilidad admitido en la exposición general de motivos al proyecto de 1962 (p. 96), es rechazado con razón por la doctrina dominante (en contra Baumann [MDR, 63, 802; DRiZ, 70, 2; Suplemento a la 5ª ed. del tratado, § 3] y los §§ 2 y 59 del proyecto alternativo).

Por consiguiente, en el *caso c* se debería castigar a *A* con arreglo al § 242, incluso si constara que no volverá a hurtar nunca más y las medidas educativas serían, pues, superfluas; o si constara que sería innecesario intimidar a otros en esta ejemplar comunidad. Este motivo para castigar no significa, por cierto, que *A* no pueda ser influido, si fuera necesario, por medidas educativas y que no pueda tenerse en miras una intimidación en caso de que el número de hurtos aumente. La imposibilidad de sustentar la teoría rígida de la prevención especial se pone claramente de manifiesto si se considera que, por ejemplo, un asesino que mata a la esposa por celos, sin tener el propósito de volverse a casar, o un escalador que queda inválido en su última hazaña, no podrían ser castigados según esta interpretación. Tampoco los delincuentes violentos nacional-socia-

---

* § 46, párr. 1:
La culpabilidad del autor es la base para la aplicación de la pena. Se tendrán en cuenta los efectos que pueden esperarse de la pena respecto de la vida futura del autor en la sociedad.

listas podrían ser castigados en su mayor parte. Por lo tanto, el lema no puede ser: sanar en lugar de castigar, sino sanar castigando. La aislada teoría de la prevención general llevada al extremo, debería tener como consecuencia que se castigue al autor individual por el desarrollo de la criminalidad y no por su propia culpabilidad.

b) Si, como hemos visto antes (2, b), la misión especial del derecho penal consiste en la protección de bienes jurídicos-intereses particularmente importantes, es lógico referirse más ampliamente a la prevención general: no, por cierto, a la intimidación que toma como punto de partida la pena establecida individualmente, sino a la intimidación que emana de la existencia y eficacia de las normas penales (la llamada prevención general de amenaza). A mi juicio, es inadmisible considerar en forma agravante los criterios de prevención general en el castigo *individual*. De esta manera, el hombre se convertiría en instrumento para el mantenimiento del orden social. Pero él no es el instrumento, sino el fin de este orden. Si se adoptara esta interpretación de la prevención general -que considero desacertada-, el individuo tendría que cargar con mayores dolores para evitarlos a los demás. Ordenar este dolor de reemplazo no puede constituir un asunto del orden jurídico. Las *normas* del derecho penal solo tienen, ciertamente, efecto preventivo-general (prevención general de amenaza) si se aplican en lo posible a cada caso individual. Insertar con exceso criterios de prevención especial entre hecho punible y su consecuencia jurídica, hace surgir el peligro de que se la considere a ésta más como resultado de una estructura determinada del autor que como consecuencia jurídica de aquél. Si en el caso particular resulta ventajosa la prevención especial, la pérdida resultante de la aplicación de la prevención general que amenaza, es extraordinariamente más considerable y seria. Exagerando, podría decirse que el presupuesto jurídico adicional de la *consecuencia jurídica* pena, sería la necesidad de educar al autor. Pero, ¿cuál es el miembro de la comunidad jurídica que considere que necesita educación y que, por lo tanto, estime que este presupuesto existe? De ahí que la prevención especial y la prevención general tengan que relacionarse mutuamente de la mejor manera. La mejor prevención especial tendría como resultado la peor prevención general y a la inversa.

Por consiguiente, el derecho penal solo puede realizar una verdadera prevención general de amenaza si la razón jurídica y también la base de medición de toda pena impuesta en el caso particular, son la culpabilidad por el hecho. Ésta no se retribuye (derecho penal de retribución), sino que el autor la tiene que expiar. La diferencia con la retribución consiste en que la expiación exige y posibilita, de todos modos, la propia cooperación del autor. Garantizar esto último es asunto que incumbe al cumplimiento de la pena. Éste debe estructurarse de tal manera que el autor se vea inducido a arrepentirse internamente y a tener en cualquier caso esta posibilidad. Por cierto, la culpabilidad por el hecho no debe «esquematizarse» rígidamente en la pena y la prevención especial no debe sacrificarse ciegamente en el altar de la expiación de la culpabilidad por el hecho (y tampoco en el de la retribución). Cuando el fin de la corrección lo exija, podrá reducirse la pena adecuada a la culpabilidad por el hecho.

Ver al respecto los criterios ilustrados en los §§ 2 y ,59 del proyecto alternativo y Baumann, Noll y Stratenwerth en *Misslingt die Strafrechtsreform?* (¿Fracasa la reforma del derecho penal?), Editorial Luchterhand, 1969. Más datos sobre nuestra opinión contienen *Weitere Streitschriften zur Strafrechtsreform* (Otros escritos polémicos sobre la reforma del derecho penal), 1969, y DRiZ, 70, 2.

II. Esencia del derecho penal

1. Generalidades

a) Para poder cumplir las funciones mencionadas, el sector jurídico que nos interesa debe tener una naturaleza especial. El derecho penal es un sector del *derecho público*. El esquema que figura a continuación aclara cómo se agrupa en el ámbito total del derecho.

Cualquiera que sea el rasgo típico del derecho público -la heterogeneidad de los sujetos del derecho (Estado-ciudadano) o el hecho de que *ad utilitatem reí publicae spectat*-, el derecho penal satisface ambos presupuestos en forma especial. En el derecho penal no se trata, como en el derecho privado, de una compensación de intereses entre dos partes en igualdad de condiciones, por ejemplo, entre autor y lesionado, sino de la pretensión penal de derecho público, surgida en la relación Estado-autor, que comúnmente solo puede extinguirse a través de la pena. Queda excluido un conflicto entre autor y lesionado acerca del alcance y contenido de la pretensión o una renuncia del lesionado a la pretensión (que no le corresponda). De esto se infieren principios importantes tanto para el derecho penal material, como para el derecho penal procesal (por ejemplo, no puede haber una norma de disposición como en el derecho procesal civil).

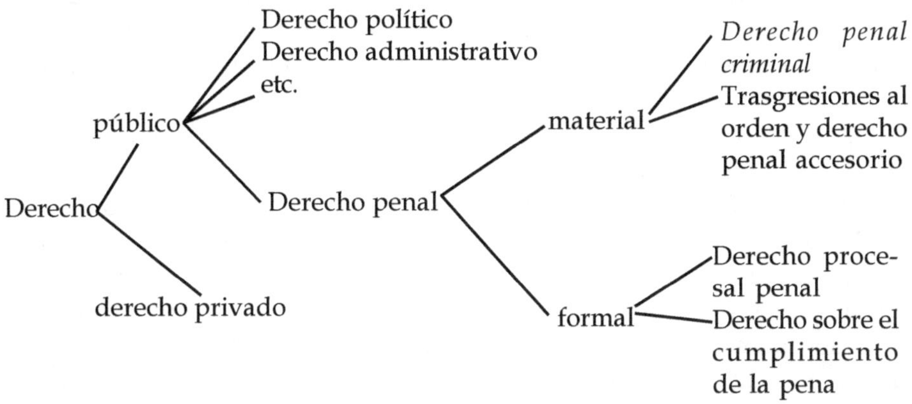

En el *caso c*, la pretensión penal corresponde al Estado. La pena pecuniaria (en días-multa, ver el § 40)* debe pagarse al Estado y no al lesionado. Éste tiene una pretensión de derecho civil a la devolución o compensación del daño, que puede remitir según el § 397 del código civil. En el juicio civil puede renunciar a ella con arreglo al § 306 de la ordenanza procesal civil. En cambio, la pretensión penal del Estado no está a disposición del lesionado, ni antes ni después de la condena. Tampoco una renuncia posterior respecto de la propiedad del tocadiscos (§ 959 del código civil) o una aprobación del hecho cometido por *A* de parte de *V* podría influir en la punibilidad de aquél; en efecto, en el momento del hecho *A* ha lesionado el valor jurídico propiedad y ha surgido, de esta manera, la pretensión penal estatal.

---

* § 40:
1) La pena pecuniaria se impone en días-multa. El mínimo es de 5 días-multa y, si la ley no dispone otra cosa, de 360 días-multa completos como máximo.
2) El tribunal determinará el monto de un día-multa teniendo en cuenta la situación personal y económica del autor. Un día-multa se establecerá sobre la base de 2 marcos alemanes como mínimo y de 1.000 marcos alemanes como máximo.
3) Para la medición de la pena podrán tenerse en cuenta los ingresos del autor, su patrimonio y otros elementos.
4) En la decisión figurarán el número y monto de los días-multa.

b) También el derecho procesal penal pertenece (como, por lo demás, todo derecho procesal) al derecho público. El derecho procesal es, generalmente, cumplimiento del derecho. La simple existencia del derecho civil material o del derecho penal material no basta, si el Estado ha prohibido el autocumplimiento del derecho y el autoauxilio y los ha sustituido por el cumplimiento estatal del derecho. En un moderno Estado de derecho, el autoauxilio y el autocumplimiento del derecho solo son viables en pocos casos de excepción (verbigracia, si no puede conseguirse a su debido tiempo la ayuda estatal o en caso de agresión actual a bienes jurídicos). Si el deudor no paga, el acreedor no puede prescindir de su condición y cobrar por sí mismo el crédito, sino que debe conquistar en el juicio civil una decisión que establezca que su crédito existe y, a continuación, ejecutar (si obtiene una sentencia favorable). El proceso penal también tiene como objetivo pronunciarse acerca de la pretensión penal estatal e imponerla en caso de que exista. De la naturaleza de derecho público de la pretensión penal estatal se deducen consecuencias importantes para la formación del derecho procesal penal (principio de investigación y principio de legalidad, §§ 244, párr. 2, y 152, párr. 2, de la ordenanza procesal penal). Ver más datos al respecto en Baumann, *Grundbegriffe des Strafprozessrechts* (Conceptos fundamentales del derecho procesal penal), 2ª ed., 1972, capítulo 2.

2. El código penal alemán desde 1871 hasta 1974

La fuente principal del derecho penal criminal alemán es el código penal de 1871. La parte general, según el texto de la segunda ley de reforma del código penal del 4/7/1969, entrará a regir el 1 de octubre de 1973 (o, probablemente, el 1 de enero de 1974). Esencialmente, el código penal del Reich se basa en el código penal prusiano de 1851 que fue influido, a su vez, y en extraordinaria medida, por el código penal francés de 1810. El código penal de 1871 no era anticuado. Reformas parciales fueron realizadas merced a una profusión de novelas. Véase en la Colección de leyes alemanas de Schönfelder el número de leyes modificadoras del código dictadas a partir de 1876. Cambios importantes se deben a la legislación sobre la pena pecuniaria de 1921-1924 (limitación de la pena privativa de la libertad de corta duración -errónea en el aspecto político-criminal- en favor de la pena pecuniaria), a la ley sobre delincuentes habituales de 1933 (introducción de las medidas de corrección y seguridad), a la ordenanza para la unificación del código penal de 1943 (accesoriedad limitada) y a la tercera ley modificadora del código penal de 1953 (suspensión de la pena por un período de prueba). Por las leyes sobre tribunales para jóvenes de 1923, 1943 y, ahora, 1953, el derecho penal para jóvenes fue separado del derecho penal general, introduciéndose ampliamente, en vez del concepto de pena, el de la educación.

Mientras la primera ley modificadora del código penal del 25/6/1969 estructuró muchas disposiciones que entraron en vigor el 1/9/1969 o el 1/4/ 1970, la segunda ley citada del 4/7/1969 creó una parte general completamente nueva. En lo sucesivo se la tomará como base de la exposición.

Esta nueva parte general representa un compromiso entre el proyecto de 1962 y el proyecto alternativo. Muchas exigencias de reforma, en parte, por cierto, diluidas, fueron extraídas del proyecto alternativo. Nos limitaremos a recordar la abolición de la pena de reclusión y la introducción de la pena privativa de la libertad unitaria, la lucha contra la pena privativa de la libertad de corta duración, la ampliación de la suspensión de la pena por un período de prueba, la adopción de la reprensión bajo reserva de una pena ya determinada, la no imposición de la pena con arreglo al § 60*, la contención de la custodia de seguridad y la creación del establecimiento terapéutico-social.

a) A pesar de todas las modificaciones, el derecho en vigor es, por su esencia, derecho penal del hecho. En primer plano figura el hecho cometido por el autor, el resultado perteneciente al mundo exterior de la lesión del bien jurídico. Se refiere a ella incluso el § 46*. El hecho es la causa de la pena y, a la vez, el criterio más im-

---

* § 60:
El tribunal no impondrá pena si las consecuencias del hecho que alcanzan al autor son tan graves que la imposición de una pena sería evidentemente errónea. Esto no rige si el autor ha incurrido, por el hecho que ha cometido, en una pena privativa de la libertad de más de un año.

* § 46:
1) La culpabilidad del autor es la base para la aplicación de la pena. Se tendrán en cuenta los efectos que pueden esperarse de la pena respecto de la vida futura del autor en la sociedad.

portante para la medición de la pena (ver lo que se ha dicho en el n° I, 3). Como derecho penal de autor podría definirse un derecho penal en que está en primer plano la peculiaridad del autor y que también proporciona el criterio fundamental para graduar la pena. Un extremo derecho penal de autor (derecho penal de sentimiento) tendría que erigir la peculiaridad del autor también en causa de la pena e incluso en punto de partida de la pena.

El que no quiere castigar el hecho, sino al autor por su calidad de tal, no puede destacar, al graduar la pena, el alcance del bien jurídico, sino tan solo la voluntad delictiva que debe comprobarse en el autor. No tiene motivo alguno para aguardar la comisión del hecho y la lesión del bien jurídico. En el caso b, la voluntad delictiva de *A* es tan grande como en el caso c. Un moderado derecho penal de autor se atiene, sin embargo, al hecho como punto de partida de la pena (no castiga sin el hecho), pero orienta la graduación de la pena a la personalidad del autor. Por lo común, se menciona como fundador de la teoría del derecho penal de autor a v. Liszt que en su programa de Marburgo de 1882 exigió que se fijara especialmente la atención en el autor por ser el hombre al que alcanza la pena (ver también el destaque de la prevención especia] en el n° I, 3, a). La escuela sociológica o moderna, fundada por v, Liszt, ha tenido una influencia considerable y benéfica en el desarrollo ulterior del derecho penal alemán y ha producido un efecto universal en la Unión Internacional de Derecho Criminal. Ya antes que apareciera la parte general de 1974, muchas exigencias de esta escuela fueron satisfechas mediante reformas parciales aportadas al código penal de 1871. El último resultado de este desarrollo fue la introducción de la suspensión condicional de la pena en el derecho penal de los adultos, que se debe a la tercera ley modificadora del código penal de 1953.

---

2) Al medir la pena, el tribunal considerará las circunstancias que hablan en favor y en contra del autor. Se tendrán sobre todo en cuenta:
los motivos y los objetivos del autor,
el sentimiento que el hecho evidencia y la voluntad empleada en él, el grado de trasgresión del deber,
la forma de la ejecución y los efectos del hecho,
los antecedentes del autor, su situación personal y económica, así como
su conducta después del hecho y especialmente su empeño en reparar el daño.
3) No se tendrán en cuenta circunstancias que ya constituyen características del tipo legal.

.La parte general de 1974 avanza por esta vía en los §§ 56 y ss.*, después que el proyecto alternativo había dado, frente al proyecto de 1962, nuevos y más decididos impulsos (recalcando enérgicamente la prevención especial). Por último, también se aceptó la exigencia de reformar el cumplimiento de la pena. Hasta hace poco esta tarea fue increíblemente descuidada (ver lo que dice al respecto Peters, *SchwZStr*, 77, 74). No se había reconocido que el mejor derecho material no sirve para nada si se descuida el cumplimiento. Pero ahora existe un proyecto de ley sobre el cumplimiento. También una Comisión del proyecto alternativo se ocupa de esta materia; ver Baumann, *Sicherheit und Ordnung in Vollzugsanstalten?* (¿Seguridad y orden en los establecimientos destinados al cumplimiento?), y en «Festschrift für Maurach» (Homenaje a Maurach), 1972, p. 561.

El carácter de derecho penal del hecho de nuestro código penal se pone de manifiesto, en la forma más nítida, en la posibilidad de atenuar el castigo de la tentativa en los §§ 22 y ss.*. En este castigo

* § 56:
1) Al condenar a una pena privativa de la libertad no superior a un año, el tribunal suspenderá la ejecución de la pena por un período de prueba si puede esperarse que al condenado ya puede haberle servido de advertencia la condena y que, también sin su cumplimiento, no cometerá hechos punibles en el futuro. Al respecto se tendrán en cuenta sobre todo la personalidad del condenado, sus antecedentes, las circunstancias del hecho, su conducta después del hecho, sus condiciones de vida y los efectos que la suspensión de la pena puede producir en él.
2) Bajo los presupuestos del párrafo 1, el tribunal también podrá suspender por un período de prueba la ejecución de una pena privativa de la libertad más elevada, que no supere los dos años, si existen circunstancias especiales en el hecho y en la personalidad del condenado.
3) Al condenar a una pena privativa de la libertad de seis meses como mínimo, la ejecución no se suspenderá si la exige la defensa del orden jurídico.
4) La suspensión de la pena no podrá limitarse a una parte de la pena. No la excluye un cómputo de prisión preventiva o de otra privación de la libertad.
Los 88 56 a a 56 g se refieren a la duración del periodo de prueba (§ 56 a), imposición de obligaciones (reparación del daño, pago de un importe a favor de una organización de utilidad pública, etc.) (8 56 b), imposición de deberes referidos al lugar de residencia, instrucción, trabajo, etc. (§ 56 c), vigilancia (8 56 d), decisiones posteriores (8 56 e), revocación de la suspensión de la pena (8 56 f) y remisión de ella (8 56 g). Los 88 57 y 58 se refieren a la suspensión de la ejecución del resto de una pena y a la pena única y a la suspensión de la pena, respectivamente.

* § 22:
Intenta un hecho punible el que de acuerdo con la representación del hecho que se ha formado, se prepara a realizar el tipo inmediatamente.
Los §§ 23 y 24 se refieren a la punibilidad y al desistimiento de la tentativa, respectivamente. .

más benigno (que antes era obligatorio y en la actualidad es, desgraciadamente, facultativo) ya existe, por cierto, un compromiso. Desde el punto de vista del derecho penal del hecho, puede afirmarse que solo es' punible la lesión consumada del bien jurídico. Un auténtico derecho penal de autor debería equiparar completamente tentativa y consumación (puesto que el sentimiento delictivo es el mismo, el autor tiene mala suerte solo en cuanto no acierta la consumación). También tienen naturaleza correspondiente al derecho penal de autor las disposiciones del código penal que prevén una agravación de la pena para la reincidencia (§ 48)* o la comisión profesional o habitual (por ejemplo, en los §§ 260 y 292, párr. 3). (Ver BOCKELMANN, *Studien zum Taterstrafrecht* [Estudios sobre el derecho penal de autor], t. I, 1939, y t. II, 1940). Incluso la suspensión de la pena por un período de prueba regulada en los §§ 56 y ss. y la amonestación bajo reserva de una pena ya determinada (§ 59)*, así

* § 481
1) Si alguien
1. después de haber sido condenado dos veces por lo menos a una pena en el ámbito espacial de esta ley por haber cometido un hecho doloso y
2. ha expiado una pena privativa de la libertad de tres meses por lo menos, por haber cometido uno o varios de estos hechos, comete un hecho punible doloso amenazado con pena privativa de la libertad debiéndosele reprochar, en vista de la forma y de las circunstancias de los hechos punibles, que las condenas anteriores no le han servido de advertencia, la pena mínima será la privación de la libertad de seis meses, si el hecho no está amenazado con una pena mínima más elevada. El máximo de la pena privativa de la libertad amenazada no varía.
2) El párrafo 1 no se aplicará si el máximo de la pena privativa de la libertad amenazada para el nuevo hecho es inferior a un año.
3) A los fines del párrafo 1, n° 1, una condena a una pena única equivale a una sola condena. Si la prisión preventiva u otra privación de la libertad se computa sobre la pena privativa de la libertad, se la considerará como pena expiada en el sentido del párrafo 1, n° 2.
4) Un hecho anterior no se tendrá en cuenta si entre éste y el siguiente han trascurrido más de cinco años. En el término no se computará el tiempo en que el autor haya estado bajo custodia en un establecimiento por orden de la autoridad.

* § 59:
1) Si alguien ha incurrido en pena pecuniaria hasta 180 días-multa, el tribunal podrá, juntamente con el veredicto de culpabilidad, amonestarlo, determinar la pena y reservar la condena a esta pena
1. si puede esperarse que el autor, incluso sin la condena a una pena, no cometerá hechos punibles en el futuro;
2. si es indicado, en vista de circunstancias especiales que existen en el hecho y en la personalidad del autor, eximirlo de la condena a una pena; y
3. si la defensa del orden jurídico no exige la condena a una pena.

como la no imposición de la pena (§ 60) se inspiran en una concepción referida al derecho penal de autor.

b) Cuando se habló de la culpabilidad fundada en el hecho, ya se señaló que nuestro derecho penal en vigor es un derecho penal de culpabilidad. Al hecho antijurídico debe unirse la culpabilidad del autor a fin de que sea posible castigar: nulla poena sine culpa. Por consiguiente, no se responde de un resultado no culpable (como en los antiguos derechos penales, por ejemplo, en el derecho penal germánico). («El hecho mata al hombre»). Se discute hasta qué punto, en caso de comprobarse culpabilidad por el hecho, puedan tenerse en cuenta, agravando la pena, consecuencias adicionales de las que el autor no es culpable.

La tercera ley modificadora del código penal de 1953 trasformó sustancialmente, al reformar el § 56 (al que corresponde el nuevo § 18*) el carácter de los delitos calificados por el resultado y de esta manera contribuyó al destaque del principio de culpabilidad incluso en caso de agravación de la pena. Según el § 226 solo puede ser castigado a título de lesión corporal con resultado mortal quien haya actuado dolosamente respecto de la lesión corporal y culposamente respecto del resultado mortal. Por otro lado, aún hoy se sustenta en la jurisprudencia -desgraciadamente- el criterio según el cual el resultado no culpable puede surtir efecto agravante (ver las s. 10, 260, y 11, 263, del TF). Es de esperar que el § 46 termine con esta interpretación.

c) Respecto de los presupuestos jurídicos, nuestro derecho penal se caracteriza como derecho penal de hecho y de culpabilidad. Un derecho penal revela su peculiaridad no solamente por la forma

---

El § 56, párr. 1, 2ª parte, se aplicará en cuanto corresponda.
2) La amonestación con reserva de pena está excluida, por regla general. si durante los últimos tres años anteriores al hecho el autor ha sido amonestado con reserva de pena o condenado a una pena.
3) Juntamente con la amonestación, podrá imponerse caducidad, confiscación o inutilización. Al lado de medidas de corrección y seguridad, es inadmisible la amonestación con reserva de pena.

* § 18:
Si para un resultado especial del hecho la ley fija una pena más severa, ésta lo alcanzará al autor o al partícipe solamente si se le imputa por lo menos culpa respecto de este resultado.

de sus presupuestos jurídicos, sino también por las particularidades de sus consecuencias jurídicas. Es significativo que nuestro derecho penal sea dualista. Además de la consecuencia jurídica pena, nuestro código penal prevé las medidas de corrección y seguridad en los §§ 61* y ss. (que ya habían sido introducidas en el código por la ley sobre delincuentes habituales de 1933). Si en el caso c *A* fuera demente, no se lo podría castigar, por falta de culpabilidad, con arreglo al § 242. No obstante, *A* podría ser peligroso (por ejemplo, cleptómano demente). De esto se deduce la necesidad de poner a salvo la comunidad jurídica de ulteriores lesiones de bienes jurídicos. También la pena tiene (accesoria y no primariamente) función de aseguramiento. Dado que esta posibilidad de aseguramiento no viene al caso, la ley ha previsto, en el § 63**, la internación en un hospital psiquiátrico. Otras medidas de seguridad son la custodia de seguridad (para los llamados delincuentes por tendencia), la prohibición del ejercicio de la profesión (impuesta, por ejemplo, a Un médico de niños que delinque contra la moralidad), el retiro del permiso de conducir y la vigilancia del comportamiento. También la función correctiva puede ser insuficiente si se recurre a una pena que no ha de superar el grado de culpabilidad. Son medidas de corrección la internación en un establecimiento de deshabituación (alcohólicos y

* § 61:
Son medidas de corrección y seguridad:
1. la internación en un hospital psiquiátrico;
2. la internación en un establecimiento de deshabituación;
3. la internación en un establecimiento terapéutico-social;
4. la internación en la custodia de seguridad;
5. la vigilancia del comportamiento;
6. el retiro del permiso de conducir; y
7. la prohibición del ejercicio de la profesión.

** § 63:
1) Si alguien ha cometido un hecho antijurídico en estado de inimputabilidad (§ 20) o de imputabilidad disminuida (§ 21), el tribunal ordenará la internación en un hospital psiquiátrico, si de la total apreciación del autor y del hecho se deduce que como consecuencia de su estado pueden esperarse hechos antijurídicos relevantes y que es, por lo tanto, peligroso para la comunidad.
2) No obstante, el tribunal ordenará la internación en un establecimiento terapéutico-social si existen los presupuestos indicados en el § 65, párr. 3.
(El S 65, párr. 3, dice que se ordenará la internación en un establecimiento terapéutico-social si las medidas terapéuticas especiales y la asistencia social que en él se realizan son más apropiadas para la resocialización del autor que el tratamiento en un hospital psiquiátrico).

drogadictos) y (a propuesta del proyecto alternativo) en un establecimiento terapéutico-social (sujetos con perturbaciones de la personalidad, delincuentes por instinto, delincuentes por tendencia incipientes).

La discusión sobre el sistema único (pena solamente) o dualista (pena y medidas) del derecho penal ha sido nuevamente avivada también en los trabajos de reforma. Siempre, y aún en la actualidad, se observó y se observa en contra del dualismo que también las medidas producen efectos penales y representan intervenciones terminantes en la esfera jurídica de la persona afectada. Sobre todo respecto del cumplimiento de la custodia de seguridad hasta ahora, sigue empleándose la fea expresión «rótulo engañoso» (Kohlrausch, *ZStW*, 44, 21). Al delincuente que ha cumplido una condena a pena privativa de la libertad se lo encierra en otra celda y desde este momento comienza la custodia de seguridad. También es cierto que el derecho relativo a las medidas no es, por su naturaleza, derecho «penal», sino administrativo (derecho de asistencia o de policía) . Por otro lado, está comprobado que la pena adecuada a la culpabilidad no está en condiciones de satisfacer la exigencia de seguridad de la comunidad (por ejemplo, contra delincuentes profesionales peligrosos). En consecuencia, las medidas son, sin duda, necesarias. Solo queda por saber si deben regularse en el código penal y reservarse para su aplicación al juez penal (o al tribunal de ejecución). A mi juicio, esto es recomendable no solo por razones de seguridad jurídica, sino también porque el juez penal al esclarecer el hecho se forma la mejor idea acerca del hecho y la personalidad del autor. Las dificultades a que da lugar la custodia de seguridad deben zanjarse modificando su cumplimiento (simple privación de la libertad, arresto domiciliario). Pero esto puede esperarse después de algunas objeciones de carácter constitucional o al imponerse la concepción del proyecto alternativo.

Introducida la suspensión condicional de la pena en 1953, existe, al lado de estas «dos vías», una especie de tercera vía (que es objeto de controversias). La naturaleza jurídica de la suspensión condicional de la pena es sumamente discutida y a este instituto jurídico se lo considera únicamente como una ampliación especial de la consecuencia jurídica pena. No obstante, teniendo en cuenta la posibilidad de que al condenado se impongan obligaciones según el § 56 es viable reconocer que aquí existe una consecuencia jurídica especial provista de carácter tanto expiatorio como educativo (se ocupan de este punto sobre todo Bruns [GA, 56, 193, y 59, 193] y Baumann [*GA*, 58, 193]).

Desgraciadamente, el legislador no ha adoptado el criterio del proyecto alternativo en materia de imposiciones obligatorias. De lo contrario, al suspender la pena, podría referirse (como el proyecto alternativo) a la prevención especial con miras más amplias, si aquéllas aseguran un efecto de prevención general. Habría podido evitarse, de ésta manera, la "defensa del orden jurídico» (§ 56, párr. 3).

III. Síntesis

La misión del derecho penal es la de todo derecho: asegurar el orden de la convivencia social. En el campo total del derecho corresponde al derecho penal la función especial de proteger contra lesiones ámbitos particularmente importantes de la convivencia humana y valores jurídicos (bienes jurídicos) particularmente importantes. Esta función diferencia la ley penal de la ley moral, aunque una y otra sean similares en sus raíces y el auténtico derecho penal criminal contenga a menudo preceptos y prohibiciones que concuerdan, en principio, con la ley moral.

Teniendo en cuenta esta misión del derecho penal, se puede adoptar una posición diferente respecto de las teorías de la pena. Se distinguen teorías absolutas (de justicia) y relativas (teorías del fin). Solamente estas últimas miran a un fin determinado de la pena y lo descubren en la prevención general o en la prevención especial. Hoy predominan las teorías conciliadoras (respecto del grado de la pena: «teorías-margen»): punitur quia peccatum est ne peccetur (prevención general y especial dentro de la pena adecuada a la culpabilidad por el hecho). En primer término está la prevención general que amenaza, la que solo es efectiva, ciertamente, si se expía la culpabilidad por el hecho. La expiación de la culpabilidad por el hecho (y no simplemente retribución) es necesaria, pero no excluye, de ninguna manera, que por razones de prevención especial se reduzca la pena adecuada a la culpabilidad. Se trata siempre de equilibrar prevención general y prevención especial. Una ventaja de esta última significa con frecuencia un menoscabo causado a la primera, y a la inversa. Estúdiense a fondo los §§ 2 y 59 del proyecto alternativo.

El derecho penal y el derecho procesal penal son derecho público. El derecho penal material regula la formación de la pretensión penal estatal y el derecho procesal penal el procedimiento para su comprobación e imposición. Nuestro derecho penal en vigor se debe caracterizar como derecho penal del hecho y de culpabilidad. Además de la pena, prevé las consecuencias jurídicas de las medidas de corrección y seguridad (segunda vía).

Ver, para profundizar estas cuestiones, la bibliografía siguiente: Baumann, §§ 3, 4, 5, 9 y 10; Jescheck, §§ 1, 2, 5 a 8 y 10; Maurach, §§ 1, 2, 5, 6 y 7; H. Mayer, §§ 4, 6 y 7, y Strafrecht - *Allgemeiner Teil* (Studienbuch), 1967, §§ 3 y 4; Mezger-Blei, §§ 4 y 5; Stratenwerth, § 1; Welzel, §§ 1, 2 y 4, y Wessels, Strafrecht - *Allgemeiner Teil*, § 1.

Después será importante estudiar en detalle las monografías citadas en parte en el nº I, 2, b. Entonces será posible tomar posición frente a estas cuestiones que son trascendentes respecto del punto de partida.

CAPÍTULO 2

HECHO PUNIBLE

Casos:

a) En una discusión producida durante las fiestas populares de octubre en Munich, el turista *A* arroja un vaso de cerveza sobre la cabeza de V, vecino del lugar. *V* resulta herido levemente. ¿A sería punible si V, en el trascurso de la discusión, lo hubiera amenazado con un cuchillo? ¿Qué ocurriría si *A* fuera demente?

b) *A* es conocido como hombre grosero y pendenciero. Todos saben que en la próxima primavera *A* causará algunas lesiones corporales. ¿Pueden tomarse oportunamente medidas penales?

1. Hecho punible y autor

Hemos visto en el capítulo 1, II, 2, a, que nuestro derecho en vigor es, por su esencia, un derecho penal de hecho, ciertamente un derecho penal de hecho que presta o debería prestar también al autor la atención debida (aplicación de la pena, cumplimiento de la pena). Por consiguiente, el concepto de hecho punible (no el de autor) es uno de los conceptos fundamentales de nuestro derecho penal y el punto de partida de toda sistemática. Los presupuestos jurídicos regulados en el código penal son presupuestos jurídicos del hecho punible. Si falta uno solo de los presupuestos necesarios, no puede hablarse de hecho punible y de su consecuencia jurídica específica, la pena.

Por lo tanto, el derecho penal no puede aplicarse en el caso b, mientras *A* no cometa un nuevo hecho punible. Su peligrosidad puede dar lugar a medidas de policía. Incluso si la peligrosidad es extrema -por ejemplo, comprobada predisposición instintiva al delito- el derecho penal tiene que aguardar el primer hecho antijurídico, y está bien que sea así. ¿Quién puede decir con absoluta seguridad que el autor por su predisposición y en circunstancias determinadas que la favorecen, debe actuar? ¡Tan solo quien niega la libertad de la voluntad humana! El derecho procesal penal destinado a comprobar e imponer la pretensión penal estatal (de derecho material) debe ajustarse a este objetivo del derecho penal material. Es peligroso extender los límites del derecho penal en dirección de las actividades policiales-preventivas (ver Baumann, *Neue Haftgründe* [Nuevos fundamentos para ordenar la prisión preventiva], JZ, 62, 689, y 69, 134, y Schulz-Tornau, *Zeitschrift für Rechtspolitik*, 71, 249). En consecuencia, fue sumamente arriesgado haber agregado, en 1972, a los fundamentos para ordenar la prisión preventiva el del peligro de la repetición del hecho; se expresan del mismo modo Kern-Roxin, *Strafverfahrensrecht - Ein Studienbuch* (Procedimiento penal - Libro de estudio), 10ª ed., 1970, § 31, B, II, 2.

Mientras el derecho penal solo se ocupa de los hechos punibles (y de sus autores), las ciencias auxiliares y sobre todo las ciencias criminológicas parten de una base más amplia. La etiología criminal investiga las causas del delito, que pueden residir tanto en el ámbito antropológico como en el social. La biología criminal, la somatología criminal y la psicología criminal estudian las causas individuales del delito. Aunque sobre todo la biología criminal y la somatología habían sido sobrevaloradas (Lombroso), es un hecho que existen personas que por causas corporales o psíquicas tienden a cometer delitos determinados. De ahí que se haya confeccionado una nómina de tipos criminológicos de autores, cuyo conocimiento tiene extraordinaria significación para una política criminal y una profilaxis sensatas del delito. A los fines de la consideración penal, a estos tipos de autores solo se los tiene en cuenta en la aplicación de la pena (prevención especial) y en su cumplimiento (tratamiento).

A la investigación penal no interesa establecer si en el caso b *A* pertenece al tipo del delincuente violento. Autor de un delito de lesión corporal puede ser un hombre al cual es totalmente ajeno un comportamiento violento, así como, a la inversa, un hombre que tiende a cometer actos violentos, puede dominarse y no cometerlos. Sin embargo, si en el caso b, *A* causara una lesión corporal, en la aplicación de la pena debería considerarse de manera especial su predisposición o tendencia. La necesidad de resocialización es mayor aquí que si se trata, verbigracia, de un desliz «ajeno a la personalidad» del autor y sobre todo casual.

2. Elementos del hecho punible

Hecho punible (o delito en sentido amplio o acción punible) es una conducta humana que realiza un tipo penal y es antijurídica y culpable. En consecuencia, los elementos del hecho punible que se tienen en cuenta son la acción típica, la antijuridicidad y la culpabilidad. Los cuatro capítulos siguientes se ocupan de estos elementos. En primer término nos limitaremos a ofrecer una ojeada al respecto.

a) Para que una conducta sea punible debe ser, antes que nada, típica, o sea, caracterizarse como antijurídica y punible sobre la base de un tipo de la parte especial. El código penal contiene una primera parte general (§§ 1 a 79b) que regula las teorías generales del derecho penal -en cierta medida antepuestas-, y una segunda parte especial (§§ 80 a 359) en que se enumeran los distintos casos de conducta punible. Estas disposiciones de la parte especial (y también de algunas leyes accesorias) contienen el catálogo exclusivo de lo injusto punible. Una conducta que no corresponda a ninguna de las descritas en los §§ 80 y ss., no es punible. En lo que respecta a la función de garantía del tipo y al principio nullum crimen, ver, el capítulo 3.

Aquí y ante todo es necesario estudiar las disposiciones del código penal.

En el caso a, la investigación penal comienza con la búsqueda de un tipo penal. La parte especial del código penal está estructurada sobre la base de bienes jurídicos. La protección del bien jurídico de la integridad corporal se encuentra en los §§ 223 y ss. En primer término hay que examinar si la conducta de *A* realiza el tipo del § 223, a saber, si *A* ha maltratado a *V* en el cuerpo o lo ha perjudicado en la salud. Caso contrario (A no ha pegado con el jarro, sino con un plumero), el delito de lesión corporal desaparece (podría examinarse, eventualmente, si se da injuria según el § 185). Todas las fantasías sobre antijuridicidad (que seguramente existe) o culpabilidad, son ociosas frente a la falta de tipicidad de la conducta.

b) El tipo del código penal debe realizarse mediante una acción humana. El derecho, y, por lo tanto, el derecho penal, se dirige, con sus preceptos y prohibiciones, exclusivamente a personas, porque la conducta que deben observar entre sí la debe regular el derecho (ver lo que se ha dicho, a propósito de la función del derecho, en el capítulo 1, I, 2, a). A esto hay que agregar que solo el hombre como tal (independientemente de la respectiva individualidad y situación especial), puede determinarse en su conducta a través de normas. En consecuencia, solo él es, generalmente, el destinatario de la norma (no interesando, en el caso particular, la idoneidad). Las normas de la parte especial contienen, respecto de la conducta humana, sobre todo prohibiciones (en pocos casos, preceptos) y, además, la amenaza de una pena si se infringe la prohibición (lesión del precepto). Hay, pues, que averiguar si la conducta humana ha realizado la lesión del bien jurídico indicada en el tipo de la parte especial. Aquí se presentan cuestiones de acción y de causalidad que examinaremos brevemente en el capítulo 4.

En el caso a, faltaría una acción de *A* si éste, por ejemplo, empujado o dominado irresistiblemente por T, se hubiera acercado demasiado a V, Como se dirá también después, forma parte de la acción, por lo menos, un comportamiento corporal voluntario. Si falta, la lesión del bien jurídico se juzgará como si hubiera sido producida, verbigracia, por un fenómeno de la naturaleza o un comportamiento animal: una lesión de esta especie está sustraída a la valoración penal. El derecho en vigor no prevé castigos de animales y procesos contra animales. Hoy nadie castiga al mar por no haberse portado el mar en la forma esperada*.

Se presentaría un problema de causalidad si V, lesionado por A, debiera ser llevado a un hospital por haber sufrido un accidente durante el trayecto. ¿Este daño en la salud también habría sido causado por A? ¿Se lo puede castigar a *A* también por esta lesión? ¿Y podría considerarse como causada por *A* una inflamación en el cuerpo de V, producida en el hospital?

* Evidentemente, el autor se refiere al episodio ocurrido con motivo de la expedición que en el año 480 a. de J. C. organizó contra Grecia el rey persa Jerjes I, ansioso de vengar la derrota sufrida por el padre Dario en Maratón. Para trasladar su inmenso ejército desde Asia Menor hasta la península balcánica, Jerjes hizo construir sobre el Helesponto (hoy Dardanelos) un puente de barcas. Una tempestad lo destruyó. Enfurecido, Jerjes ordenó que los constructores del puente fueran decapitados. También ordenó que el mar fuera castigado, como un esclavo rebelde, con trescientos latigazos. (N. d. T.).

c) Para que exista un hecho punible, la acción típica también debe ser antijurídica. Por lo común, si es típica, también es, por cierto, antijurídica, dado que los tipos de la parte especial describen, precisamente, lo injusto penal. Se habla de un efecto indiciario de la realización del tipo, y con esto se quiere decir que si no existen excepciones especiales la conducta típica es antijurídica. En cuanto a la antijuridicidad, ver el capítulo 5.

Durante algún tiempo, los partidarios de la teoría de la acción finalista dudaron del efecto indiciario de la realización del tipo en el hecho culposo. Según esta teoría, en el delito culposo se exigía, para la antijuridicidad de la realización del tipo, que el autor hubiera omitido el cuidado necesario en el tráfico (Welzel hasta la 6ª edición, § 18, II; en contra, Baumann, MDR, 57, 646 [648]). En la actualidad, el efecto indiciario de la realización del tipo se crea, en general, por fuera (Baumann, § 28, II, 4), por cuanto la omisión del cuidado necesario en el tráfico ya ha de formar parte de la tipicidad (Welzel a partir de la 7ª edición, § 18, I, y Das neue Bild, 4ª edición, p. 32).

Las excepciones que hacen aparecer como justificada una conducta típica (causas de justificación) no se encuentran tan solo en el derecho penal, sino también en otros ámbitos del derecho. Una de las causas de justificación más importante es la legítima defensa (§ 32); el código civil contiene idéntica disposición en el § 227.

En el caso a, *A* actúa típicamente según el § 223. De esta manera está indiciada la antijuridicidad de su conducta. Sin duda habrá que examinar si interviene una causa especial de justificación. Esto ocurriría si *A* corriera el peligro de ser lesionado por *V* con una cuchillada. Según el § 32*, tiene que existir ante todo una agresión actual y antijurídica. Si *V* no hubiera sido amenazado por A, su agresión con el cuchillo sería antijurídica. La defensa de *A* contra esta agresión también es necesaria; de lo contrario, ¿cómo habría podido evitar la cuchillada? En conclusión, *A* habría actuado típica-

* § 32:
1) El que cometa un hecho impuesto por legítima defensa, no actúa antijurídicamente.
2) Legítima defensa es la defensa que es necesaria para alejar de sí o de un tercero una agresión actual y antijurídica.

mente, pero no en forma antijurídica. Al no haber cometido un injusto penal, no sería correcto plantear también la cuestión de la culpabilidad.

d) Ya se ha dicho (capítulo 1, II, 2, b) que nuestro derecho penal es derecho penal de culpabilidad: nulla poena sine culpa. No existe responsabilidad penal respecto de un resultado no culpable (no así, por ejemplo, en el derecho civil). Quien no es imputable y no está en condiciones de entender las necesidades de la convivencia social y de ajustar a ellas sus actos, no puede ser responsable de su conducta lesionadora del bien jurídico.

Si en el *Caso a, A* fuera demente y por ello no estuviera en condiciones de conducirse conforme a las normas, desaparecería su capacidad de culpabilidad. El § 20* regula los presupuestos. Por razones de utilidad, el derecho penal toma como punto de partida el caso normal de la imputabilidad del hombre y la posibilidad de que se conduzca conforme a las normas y evita al juez penal (y a los sometidos al derecho: seguridad jurídica!) un rompecabezas sobre los límites de la libertad de querer. Regula, sin más, disposiciones de excepción no trazadas con excesiva estrechez, en los casos en que (comúnmente) no puede reprocharse culpabilidad (§§ 19** y 20 y §§ 1 y 3 de la ley sobre tribunales para jóvenes).

Pero, incluso si el autor es fundamentalmente imputable, pueden presentarse situaciones que él ya no está en condiciones de dominar y que no es posible reprocharle aunque infrinjan la norma penal. La ley y la teoría general del derecho penal ponen a disposición, respecto de tales situaciones, causas especiales de exclusión de la culpabilidad. El § 35*** contiene las más importantes.

---

* § 20:
Actúa sin culpabilidad el que, al cometer el hecho, a causa de una perturbación psíquica morbosa, perturbación intensa de la conciencia, imbecilidad u otra grave anomalía psíquica, sea incapaz de comprender la ilicitud del hecho o de obrar según esta comprensión.

** § 19:
El niño es inimputable.

*** § 35:
1) Actúa sin culpabilidad el que en un peligro actual no evitable de otra manera, para la vida, el cuerpo o la libertad, cometa un hecho antijurídico para evitar el peligro o evitarlo a un pariente o a otra persona allegada. Este criterio no se aplicará si según las circunstancias, sobre todo porque el mismo autor había cau-

Si en el *caso a*, *A* hubiera sido obligado por T, fuertemente armado, a pegar a *V*, *A* habría actuado típica y también antijurídicamente, pero su acción estaría exculpada en virtud del § 35 (estado de necesidad exculpante). Dado que resulta excluida solamente la culpabilidad de *A* y no la antijuridicidad de su conducta con arreglo al § 35, la agresión de *A* es antijurídica, y *V*, justificado por legítima defensa (§ 32), podría defenderse contra esta agresión.

Al hecho punible (delito; acción punible) pertenece también y siempre la culpabilidad. Solamente el hecho punible puede hacer madurar la consecuencia jurídica pena. Hemos visto que el derecho penal prevé, además de la pena, otras consecuencias jurídicas (ver, a propósito del dualismo, lo que se ha dicho en el capítulo 1, II, 2, c). A veces, para estas consecuencias jurídicas, es presupuesto únicamente la acción típica y antijurídica, o sea, la culpabilidad no es necesaria. La internación en un hospital psiquiátrico con arreglo al § 63, ha de posibilitar, precisamente, el aseguramiento de la comunidad jurídica contra autores inimputables (que actúan, pues, sin culpabilidad). También en otros casos la dogmática se vale de la acción típica y antijurídica pero no necesariamente culpable, por ejemplo, en los presupuestos de la participación en un hecho principal. Se habla, en este caso, de «hecho punible objetivo» o, mejor, de «hecho antijurídico». El texto legal emplea esta última expresión en los §§ 12, 26, 27, 35, 63, 64, 69 y 70*.

---

sado el peligro o se hallaba en una situación jurídica especial, se le podía exigir que lo afrontara; no obstante, podrá atenuarse la pena con arreglo al § 49, párr. 1, si el autor no había afrontado el peligro en atención a una situación jurídica especial.
2) Si al cometer el hecho el autor había admitido erróneamente la existencia de circunstancias que lo exculparían conforme al párrafo 1, será castigado solamente si pudo evitar el error. La pena se atenuará con arreglo al § 49, párr. 1.

* § 12:
1) Son crímenes los hechos antijurídicos amenazados con pena privativa de la libertad no inferior a un año.
2) Son delitos los hechos antijurídicos amenazados con una pena privativa de la libertad inferior o con pena pecuniaria.
3) Las atenuantes o agravantes previstas con arreglo a las disposiciones de la parte general o, si existen circunstancias atenuantes, casos menos graves, particularmente graves o casos similares descritos en general, no se tendrán en cuenta a los fines de la clasificación.
§ 26:
Será castigado como instigador, a la par del autor, el que dolosamente haya determinado a un tercero para que cometa con dolo un hecho antijurídico.

§ 27:
1) Será castigado como cómplice el que dolosamente haya prestado auxilio a un tercero para que cometa con dolo un hecho antijurídico.
2) La pena para el cómplice es la que corresponde al autor. Se la atenuará conforme al § 49, párr. 1.
§ 64:
1) Si alguien tiene tendencia a ingerir con exceso bebidas alcohólicas u otras sustancias embriagantes y si en razón de un hecho antijurídico que haya cometido en estado de ebriedad o provenga de su tendencia, es condenado o no lo es únicamente porque se ha comprobado o no puede excluirse su inimputabilidad, el tribunal ordenará su internación en un establecimiento de deshabituación, si existe el peligro de que, como consecuencia de su tendencia, cometa hechos antijurídicos relevantes.
2) No se ordenará la internación si un tratamiento de deshabituación pareciera inútil de antemano.
§ 69:
1) Si alguien, en razón de un hecho antijurídico cometido conduciendo un automotor o en relación con ello o con infracción de los deberes que incumben al conductor de un automotor, es condenado o no lo es únicamente porque se ha comprobado o no puede excluirse su inimputabilidad, el tribunal le retirará el permiso para conducir, si el hecho revela que no es apto para conducir automotores. No es necesario un examen sobre la base del § 62.
2) Por regla general, se considerará al autor como no apto para conducir automotores si en los casos previstos en el párrafo 1 el hecho antijurídico es un delito:
1. de exposición a peligro del tránsito rodado (§ 315 c);
2. cometido en estado de ebriedad en el tránsito (§ 316);
3. de fuga posterior a accidente de tránsito (§ 142), aunque el autor sepa o pueda saber que en el accidente una persona ha muerto o ha sido lesionada de consideración o que se ha producido un daño importante a cosas ajenas; o si es un delito
4. cometido en estado de ebriedad plena (§ 330 a) que se refiera a uno de los hechos mencionados en los números 1 a 3.
3) El permiso caducará una vez que la sentencia esté firme. La sentencia confiscará el permiso de conducción expedido por una autoridad alemana.
§ 70:
1) Si alguien, en razón de un hecho antijurídico cometido con abuso de su profesión o arte o con grave infracción de los deberes correspondientes, es condenado o no lo es únicamente porque se ha comprobado o no puede excluirse su inimputabilidad, el tribunal podrá prohibirle el ejercicio de la profesión o de un ramo de ella o del arte o de un ramo de él, de uno a cinco años, si la total apreciación del autor y del hecho revela que existe el peligro de que en su ejercicio ulterior, cometerá hechos antijurídicos relevantes de la especie indicada. La prohibición del ejercicio de la profesión podrá ordenarse a perpetuidad, si es dable esperar que el término legal máximo no' bastará para contrarrestar el peligro que el autor amenaza.
2) Si al autor se había prohibido transitoriamente el ejercicio de la profesión o de un ramo de ella o del arte o de un ramo de él, el término mínimo de la prohibición se reducirá por el tiempo en que la prohibición transitoria del ejercicio de la profesión surtió efecto. No podrá ser inferior a tres meses.
3) Mientras la prohibición surta efecto, el autor no podrá ejercer la profesión o el arte o sus ramos tampoco para un tercero o hacerlos ejercer por una persona bajo sus órdenes.

Un «hecho antijurídico» de esta especie existe, de parte de *A*, en la última modificación del caso de parte de *A:* ya que no hay culpabilidad, no existe un hecho punible

Las difíciles cuestiones relativas a la culpabilidad se estudiarán en el último capítulo.

e) Por lo común, la ley une la consecuencia jurídica pena a la existencia de un hecho punible. Pero a veces se interponen, entre uno y otra, otros presupuestos jurídicos y la pena se hace depender de la existencia o no de circunstancias determinadas. Así, se dan, en distintos delitos, causas personales de exclusión de la pena o excusas absolutorias. Dado que la ley no quiere intervenir en forma perturbadora en las relaciones de familia, el hurto entre cónyuges es impune (§ 242). El cónyuge que hurta al otro comete, ciertamente, un hecho punible con arreglo al § 242; la antijuridicidad y la culpabilidad no pueden ponerse en duda, pero la ley ha regulado la condición de cónyuges como causa personal de exclusión de la pena, la que impide que se produzca la consecuencia jurídica. El § 24[*] contiene una excusa absolutoria personal que en la fase de tentativa (y ya existiendo la punibilidad) da al autor la posibilidad de desistir, con efecto eximente de pena, de la ulterior ejecución del hecho. Existen, además, condiciones objetivas de punibilidad: son presupuestos jurídicos que no forman parte del total tipo de lo injusto y no es necesario, por consiguiente, que la culpabilidad del autor los alcan-

---

4) La prohibición del ejercicio de la profesión surtirá efecto una vez que la sentencia esté firme. En el término de la prohibición se incluirá el tiempo correspondiente a una prohibición transitoria dictada por el hecho que se ha cometido, siempre que haya expirado después del pronunciamiento de la sentencia en que pudieron examinarse por última vez los elementos concretos que fundamentan la medida. No se incluirá el tiempo en que el autor estuvo en custodia en un establecimiento por orden de la autoridad.

[*] § 24:

1) No se castigará por tentativa al que espontáneamente abandone la ulterior ejecución del hecho o impida su consumación. Si el hecho no se consuma sin la intervención de quien desiste, éste será impune, si se empeña espontánea y seriamente en impedir la consumación.

2) Si varias personas participan en el hecho, no se castigará por tentativa al que impida espontáneamente la consumación. No obstante, bastará, para que sea impune, su empeño espontáneo y serio en impedir la consumación del hecho, en caso de que sin su intervención no se consume o se cometa independientemente de su anterior colaboración.

ce. *Ejemplos*: la suspensión de pagos o la declaración de quiebra en los delitos concúrsales y el hecho cometido en estado de ebriedad (§ 330 a) y no más el ejercicio legítimo de un cargo (§ 113). Otros datos al respecto figuran en el capítulo 3, III, 1, c.

En cuanto al resultado, surten efecto eximente de pena los presupuestos procesales que no pertenecen al derecho material. El presupuesto procesal más importante, regulado en el código penal y no en la ordenanza procesad penal, es la querella. En algunos casos, por ejemplo, en la lesión corporal y en la injuria, puede perseguirse el hecho punible únicamente si el ofendido da a conocer su voluntad en este sentido, o sea, si presenta la querella: §§ 232 y 194.

En el *caso a*, existe una lesión corporal leve que es, conforme al § 232, un delito perseguible por querella. Aunque se dé plenamente un hecho punible cometido por *A*, la consecuencia jurídica pena (que solo se producirá en el juicio penal) podrá aplicarse una vez que *V* haya presentado la querella correspondiente.

3. Formas del hecho punible

a) El concepto de hecho punible (acción punible o delito en sentido amplio) es completamente general; solo indica que la acción cometida por el autor es típica, antijurídica y culpable. Con esto nada se dice todavía acerca de la gravedad del hecho punible y de la especial consecuencia jurídica. La ley toma como punto de arranque, en el § 12, una bipartición de los hechos punibles en crímenes y delitos (dicotomía; antes, la ley establecía la tripartición de los hechos punibles o tricotomía). En la nueva parte general ya no hay contravenciones. Serán trasformadas en trasgresiones al orden o delitos. La clasificación se realiza sobre la base de la conminación normal de la pena contenida en el tipo de la parte especial (§12, párr. 3). Son crímenes los hechos antijurídicos que la ley amenaza con pena privativa de la libertad de un año como mínimo. Son delitos los hechos antijurídicos amenazados con pena pecuniaria o, en el mínimo, con pena privativa de la libertad reducida.

Esta clasificación puede criticarse en el sentido de que se ha mantenido prácticamente el límite mínimo de un año respecto de la pena de reclusión. Antes, la condena a reclusión surtía efecto discriminante y también lo hará en el futuro la condena «por un crimen».

Por consiguiente, lo mejor sería abandonar este concepto de delito en sentido estricto.

b) Al introducirse el § 12, párr. 3, la antigua discusión entre el método abstracto generalizador y los demás (concretos e individualizadores) acerca de la determinación de la forma delictiva, ha sido resuelta de acuerdo con el criterio expuesto en primer término, o sea, es decisiva, para determinar la naturaleza del delito, la conminación normal de la pena en el tipo (criterio generalizador). No interesa saber qué pena puede esperarse en el caso concreto o qué pena impondrá el juez (criterio abstracto). A los fines de la clasificación, no se tienen en cuenta las atenuantes y agravantes establecidas en la parte general. Sucede lo mismo si existen circunstancias atenuantes, en casos menos graves, particularmente graves y en casos similares circunscritos en general, incluyéndose también los ejemplos (por ejemplo, en el § 243). Solo en caso de calificaciones auténticas es decisiva la conminación penal del tipo calificante.

Ejemplos. En la estafa (§ 263), la pena normal es la pena privativa de la libertad hasta cinco años o la pecuniaria. Según el criterio abstracto, el autor ha cometido un delito (§ 12, párr. 2), incluso si debía ser condenado a dos años de pena privativa de la libertad. El § 266, párr. 2, amenaza casos particularmente graves de infidelidad con pena privativa de la libertad de uno a diez años y pena pecuniaria. Sin embargo, no se trata de un crimen, sino de un delito (§ 12, párr. 3). La pena normal del robo (§ 249) es la pena privativa de la libertad no inferior a un año y, por lo tanto, el robo es un crimen, incluso si por existir circunstancias atenuantes se castiga con arreglo al § 249, párr. 2, que prevé pena privativa de la libertad de seis meses a cinco años (§ 12, párr. 3). A la inversa, el § 239, párr. 2, representa una calificación del § 239, párr. 1, que contiene una descripción *exacta* (y no general; ver el § 12, párr. 3) del caso grave. En consecuencia, los hechos punibles previstos en el § 239, párr. 2, y en el § 239, párr. 1, son crímenes y delitos, respectivamente.

Conforme al § 12, párr. 3, tampoco las formas especiales de aparición del hecho modifican la naturaleza delictiva. De ahí que ésta no afecte la tentativa y la participación. Vale el mismo criterio respecto de las demás atenuantes de la parte general.

Ejemplos. El robo (§ 249) es un crimen (§ 12, párr. 1). En caso de *tentativa* de robo, la pena puede atenuarse con arreglo a los §§ 23, párr. 2, y 49, párr. 1*. El mínimo de la pena se reduce de un año a tres meses (§ 49, párr. 1, nº 3). No obstante, el robo tentado es un crimen (§ 12, párr. 3); la atenuación tiene en cuenta las disposiciones de la parte general.

Ocurre lo mismo en la *complicidad* en el robo. Es un crimen.

La naturaleza delictiva no se modifica tampoco en caso de castigo *más benigno* establecido en otras disposiciones de la parte general, por ejemplo, en los §§ 13, 17, 21, 30, párr. 1*, o 35, párr. 2.

---

* § 23:
1) La tentativa de un crimen es siempre punible y la tentativa de un delito lo es solamente si la ley lo determina de manera expresa.
2) La tentativa podrá castigarse más benignamente que el hecho consumado (§ 49, párr. 1);
3) El tribunal podrá no imponer pena o atenuarla según su criterio (§ 49, párr. 2) si el autor no se dio cuenta, por grave incomprensión, que por la forma del objeto en que el hecho debía cometerse o del medio a emplear, la tentativa no podía consumarse.
§ 49:
1) Si esta disposición prescribe o admite una atenuación, regirán para ella los criterios siguientes:
1. En vez de pena privativa de la libertad perpetua, se impondrá pena privativa de la libertad no inferior a tres años.
2. Si la pena privativa de la libertad es temporal, se impondrán a lo sumo tres cuartas partes del máximo amenazado. Se aplicará el mismo criterio en caso de pena pecuniaria respecto del máximo de los días-multa.
3. El mínimo aumentado de una pena privativa de la libertad se reducirá
en caso de un mínimo de diez o cinco años, a dos años;
en caso de un mínimo de tres o dos años, a seis meses;
en caso de un mínimo de un año, a tres meses; y
en los demás casos, al mínimo legal.
4. Si no se aumenta el mínimo de una pena privativa de la libertad y no se amenaza pena pecuniaria o solo se la amenaza juntamente con la pena privativa de la libertad, podrá imponerse, en vez de ésta, pena pecuniaria.
2) Si conforme a una ley que remita a esta disposición el tribunal está facultado para atenuar la pena según su criterio, podrá aplicar el mínimo legal de la pena amenazada o imponer, en vez de pena privativa de la libertad, pena pecuniaria.

* § 13:
1) El que omita evitar un resultado que pertenezca al tipo de una ley penal, solo será punible con arreglo a esta ley si debe responder jurídicamente de la no producción del resultado y si la omisión corresponde a la realización del tipo legal.
2) La pena podrá atenuarse con arreglo al § 49, párr. 1.

c) La ley se vale de esta clasificación en algunos puntos. Así, la tentativa de un crimen es siempre punible. Si hay tentativa de un delito, habrá punibilidad únicamente si la ley la amenaza con pena de manera expresa (§ 23, párr. 1).

Ejemplos. Quien comete una tentativa de robo, es punible según los §§ 249 y 23. Dado que el robo es un crimen (§ 12, párr. 1), no es necesario amenazar especialmente con pena la tentativa. No así en caso de que se trate del delito de hurto; aquí, la tentativa debe castigarse especialmente (§ 242, párr. 2). La tentativa de lesión corporal es impune, porque en el § 223 falta una disposición que corresponda a la contenida en el § 242, párr. 2.

Además, la incitación a realizar una acción punible puede ser castigada únicamente si ésta debe ser un crimen (§ 30). Una amenaza según el § 241 presupone que el delito amenazado sea un crimen. La bipartición desempeña un papel incluso en el ámbito procesal; ver la reglamentación de la competencia material de los tribunales penales en los §§ 24, 25, 74 y 80 de la ley orgánica del poder judicial. Después de la introducción del § 12, la clasificación de los hechos punibles ha perdido significación. En la próxima reforma se debería prescindir totalmente de ella.

4. Síntesis

Presupuesto jurídico de la consecuencia jurídica pena es la comisión de un hecho punible de parte del autor. No basta que éste

---

§ 17:
Si al cometer el hecho el autor no comprende su ilicitud, actuará sin culpabilidad si no pudo evitar este error. Si pudo evitarlo, la pena podrá atenuarse con arreglo al § 49, párr. 1.
§ 21:
Si la capacidad del autor para comprender la ilicitud del hecho u obrar según esta comprensión, está considerablemente disminuida, al cometer el hecho, por una de las causas mencionadas en el § 20, la pena podrá atenuarse con arreglo al § 49, párr. 1.
§ 30:
1) El que intente determinar a un tercero a cometer un crimen o lo instigue a él, será castigado con arreglo a las disposiciones sobre la tentativa de un crimen. No obstante, la pena podrá atenuarse con arreglo al § 49, párr. 1. El § 23, párr. 3, rige en cuanto corresponda.
2) Será castigado del mismo modo el que declare estar dispuesto a cometer un crimen o instigar a él, el que acepte el ofrecimiento de un tercero respecto de dicha comisión o instigación o quien la concierte con él.

sea peligroso o pertenezca, verbigracia, al tipo criminológico del delincuente violento. Es el hecho que lleva al autor al ámbito del derecho penal.

Se da un hecho punible cuando una acción humana realiza en forma antijurídica y culpable un tipo penal. Si no existe un tipo penal, las consecuencias jurídicas penales resultan excluidas. El tipo tiene que realizarse mediante una acción humana, porque tan solo el orden de la convivencia humana constituye la misión del derecho. Si una acción realiza un tipo de la parte especial, también será siempre antijurídica, dado que los tipos de la parte especial describen conductas antijurídicas y no conformes a derecho. Ciertamente, la antijuridicidad puede resultar excluida por causas especiales de justificación. A la acción que realiza un tipo y es antijurídica también se la llama «hecho antijurídico».

Para que exista un hecho punible (acción punible), el autor también debe cometer el hecho antijurídico en forma culpable. Solamente con este agregado se lo puede responsabilizar por su conducta. Falta la culpabilidad si el autor es incapaz de culpabilidad (inimputable) o si se presentan (en situaciones especiales de necesidad) causas de exclusión de la culpabilidad.

A veces, la consecuencia jurídica pena depende de otros presupuestos. Aunque exista un hecho punible, la pena no se aplicará si se presenta una causa personal de exclusión de la pena o una excusa absolutoria. No es necesario que la culpabilidad abarque las condiciones objetivas de punibilidad.

El § 12 clasifica los hechos punibles en crímenes y delitos. Las contravenciones serán trasformadas en trasgresiones al orden o en delitos. En lo que se refiere a la naturaleza delictiva, interesa la conminación penal legal para el caso normal (sin tener en cuenta las causas de agravación y atenuación de la pena no establecidas típicamente) (§ 12, párr. 3); tampoco las circunstancias atenuantes desempeñan, con arreglo a la parte general, papel alguno.

Ver, para profundizar estas cuestiones, la bibliografía siguiente: Baumann, §§ 8 y 15; Jescheck, § 21; Maurach, §§ 13 y 14; H. Mayer, §§ 8 a 11, y *Studienbuch* cit., §§ 8 a 12; Mezger-Blei, §§ 14 a 17; Welzel, § 10; y Wessels cit., § 2.

CAPÍTULO 3

TIPO

Casos:

a) Los delitos de tránsito dan mucho que hacer al legislador. A fin de simplificar el derecho penal correspondiente, el legislador dicta esta disposición: quien no se conduzca correctamente en el tránsito, podrá ser castigado con pena pecuniaria o privativa de la libertad.

b) En virtud de una modificación legal, a partir del 1 de octubre el ámbito del tipo del hurto se ampliará y simultáneamente la pena se agravará. El 1 de setiembre *A* ha cometido un delito que cae bajo el tipo ampliado. El 1 de diciembre comienza el juicio penal. ¿Cuál derecho debe aplicarse?

c) El estudiante *A* desconecta los cables del medidor para utilizar su olla gratuitamente. ¿Es punible conforme al § 242?

I. Derecho penal y ley penal

1. Principio de determinación

Las consecuencias jurídicas son tan terminantes que, según nuestra concepción del derecho, su aplicación no puede dejarse al libre criterio del juez penal. Por lo tanto, el presupuesto más importante de una consecuencia jurídica de esta especie y la base más importante del hecho punible es un tipo dado por la ley, que la conducta del autor debe realizar (ver lo que se ha dicho en el capítulo 2, 2, a). A la teoría del tipo ha rendido y sigue rindiendo grandes servicios el penalista de Tubinga Beling (Beling, *Lehre vom Verbrechen* [Teoría del delito], 1906; reimpresión, 1964; *Lehre vom Tatbestand* [Teoría del tipo], 1930). Como ha mostrado la ojeada a la parte especial, los §§ 80 a 359 contienen las distintas descripciones de lo injusto punible. Al lado de estos tipos legales y fuera de ellos no existe ninguna conducta punible.

La necesidad de una disposición legal determinada que amenace con pena el hecho cometido por el autor, se deduce de los §§ 1 y 2* y del art. 103 de la Ley Fundamental*, en parte idéntico. En el § 1 y en el art. 103, párr. 2, de la Ley Fundamental se dice: «Un hecho solo podrá ser castigado si el delito estaba determinado por ley antes de cometerse». Este principio también ha sido formulado de esta manera: nullum crimen sine lege (la expresión latina no deriva del derecho romano, sino que se debe a Feuerbach). Entre otros principios (sobre la prohibición de la analogía y de la retroactividad, ver el n» I, 2, y II, respectivamente), este principio contiene el de la determinación. El delito debe «estar determinado por ley», debe existir una lex, una ley que determine y esté determinada (sin contenido general).

Este principio no ha regido siempre en el derecho penal y no rige en todos los derechos penales. Existen sistemas penales que se *basan ampliamente en* el derecho consuetudinario o en el derecho judicial (precedentes judiciales).

* § 1:
Un hecho solo podrá ser castigado si la punibilidad estaba determinada por ley antes de cometerse.
§ 2:
1) La pena y sus consecuencias accesorias se determinarán con arreglo a la ley que rige en el momento del hecho.
2) Si la conminación penal se modifica durante la comisión del hecho, se aplicará la ley que regía en el momento de la terminación del hecho.
3) Si la ley que regía en el momento de la terminación del hecho se modifica antes de la decisión, se aplicará la ley más benigna.
4) Una ley que solo ha de regir hasta un momento determinado, también se aplicará a hechos cometidos durante su vigencia, si ha dejado de estar en vigor por haber expirado este tiempo.
5) Respecto de la caducidad, confiscación e inutilización, rigen los párrafos 1 a 4 en cuanto correspondan.
6) Sobre las medidas de corrección y seguridad se decidirá, si legalmente no se dispone otra cosa, con arreglo a la ley que rige en el momento de la decisión. No obstante, para la imposición y duración de la internación en el establecimiento terapéutico-social en los casos previstos en el § 65, párr. 1 y 2, de la custodia de seguridad y de la vigilancia del comportamiento, rigen los párrafos 1 a 3 en cuanto correspondan.

a) El principio de determinación concierne en primer término a los presupuestos jurídicos, o sea, a las características que se refieren a la punibilidad de la conducta y la circunscriben exactamente. Como revela el examen, por ejemplo, del I 242, el tipo del hurto consiste en la formulación de una serie de circunstancias de hecho (características del tipo) que establecen exactamente cuál es la conducta que constituye el hurto; a continuación, la consecuencia jurídica: se castigará por hurto con pena privativa de la libertad. La prohibición de hurtar (la consecuencia jurídica pretende causar un mal) se infiere del tipo del § 242; pero aún no está señalada de manera expresa.

Por lo tanto, no se lo puede castigar a *A* «por hurto» si no ha desarrollado exactamente la actividad descrita en el § 242. Debe haber sustraído una cosa mueble ajena con la intención de apoderarse de ella antijurídicamente. Si falta la calidad de cosa (por ejemplo, *A* se ha adueñado de un crédito mediante confiscación) o el carácter de mueble (por ejemplo, *A* se ha apropiado de un inmueble) o el de ajeno (por ejemplo, *A* ha sustraído una cosa sin dueño), no hay hurto en el sentido del § 242, aunque según la concepción corriente su conducta pueda parecer un «hurto». *A* también tiene que haber cometido una sustracción. Ésta faltaría y el § 242 no se daría si la cosa hubiera llegado a su poder (aquí vendría al caso la apropiación indebida, según el § 246). Incluso si se dieran todas las demás características del tipo, pero faltara la característica de la intención del apoderamiento antijurídico (por ejemplo, *A* solo quiere usar transitoriamente la cosa mueble ajena que ha sustraído), no se lo podría castigar a *A* sobre la base del § 242. El concepto, que es complejo, de «hurto» (§ 242), no puede ampliar el alcance del tipo. Se discute si lo puede restringir (la opinión dominante lo niega).

También la prohibición del § 242, contenida en el tipo y que de él se deduce, no concierne, sin más, al «hurto», sino a la conducta que la disposición describe y amenaza con pena.

---

* Art 103:
1) Todos tienen derecho a ser oídos legalmente ante los tribunales.
2) Un hecho solo podrá ser castigado si la punibilidad estaba determinada por ley antes de cometerse.
3) Nadie podrá ser castigado más de una vez por el mismo hecho en virtud de las leyes penales generales.

Los antiguos derechos penales no contienen esta descripción exacta de la conducta fundamentadora de la pena. Así, en el Espejo de Sajonia de 1225 se dice simplemente que «al ladrón hay que ahorcarlo» (libro 2°, art. XIII). No se aclara, pues, qué es el hurto. En el primer código penal del Reich -la Carolina de 1532- se diferencian, en el art. 157, distintas formas de hurto, pero tampoco se explica en qué consiste el hurto. La mayor aspiración a la seguridad jurídica de los siglos XVII y XVIII indujo a describir el tipo exactamente. Alrededor de 1800 se comenzó a redactar legalmente el derecho penal y a describirlo con exactitud (ver el código penal bávaro de Feuerbach de 1813).

La determinación de los presupuestos jurídicos de un hecho punible falta, en primer término, si respecto de él no existe un tipo que circunscriba lo injusto exactamente. Una ley penal que se agote en una sola disposición como ésta: «El que lesione bienes jurídicos ajenos será castigado», no es una lex determinada en el sentido del § 1 y del art. 103 de la Ley Fundamental. Una disposición de esta naturaleza sería nula.

También en el *caso a* faltaría la determinación de los presupuestos jurídicos. La norma sería nula. No se diga que tales normas no serían dictadas por el legislador. El Tribunal Constitucional de Baviera tuvo que examinar si correspondía al principio de determinación la norma siguiente: «El que actúe contra los intereses de las fuerzas armadas aliadas, será castigado». Con razón, el Tribunal declaró la nulidad de esta disposición penal: «El que infrinja el orden público» . . . (sentencia 4, II, 194, de dicho Tribunal).

Falta, asimismo, la determinación de los presupuestos jurídicos cuando una disposición penal emplea con exceso características del tipo; éstas hacen pensar que se trata de una disposición legal sobre conducta punible, pero en realidad dejan totalmente al juez la determinación de dicha conducta. Una disposición, tan solo aparente, como ésta, se presenta cuando el legislador emplea características del tipo excesivamente normativas, que exigen una valoración; el juez tiene que darles sentido (¿qué sentido?). Es imposible prescindir, por cierto, de características normativas del tipo (por ejemplo, lo «ajeno» de la cosa en el § 242 es una circunstancia normativa del hecho) que son, a veces, extraordinariamente indicadas para deslindar la conducta punible de la impune. Pero, si se emplean características altamente normativas con excesiva despreocupación, se pondrá a cargo del juez la tarea -que incumbe al legislador- de decidir acerca del ámbito de lo punible y de la determinación exacta; ver al respecto la s. del Tribunal Territorial de Celle (NJW, 63, 406) y la s. 20, 81, del TF (caso Dohrn).

Si en el *caso a* se dijera que quien conduzca un vehículo a velocidad o con imprudencia o lentitud excesivas será castigado con pena pecuniaria, se estaría frente a otra disposición nula por falta de determinación. ¿Qué es velocidad excesiva? ¿Qué es marcha excesivamente lenta? ¿Qué es la imprudencia? Esto tiene que decidirlo (si es posible!) el legislador. Por lo menos, éste tendría que agregar: a velocidad excesiva en lugares de difícil visibilidad o quien por lentitud excesiva estorbe el tránsito, etc. Naturalmente, un juez sensato interpretará la disposición en este sentido. Pero esta determinación del ámbito de punibilidad no es tarea propia de él, sino del legislador. Por ejemplo, en el § 315 c, que prevé el hecho de conducir vehículos en el tránsito rodado en forma contraria al deber, el legislador tiene que describir con la mayor precisión la conducta punible. Existe el peligro de que, al trasladarse las contravenciones en materia de tránsito a la ley sobre las trasgresiones al orden, el principio de determinación resulte perjudicado (ver el § 3 de dicha ley).

b) El principio de determinación también concierne a las consecuencias jurídicas, o sea, a la forma y al grado de la pena. Aquí el legislador peca casi en mayor medida. En el caso a la norma sería nula incluso si los presupuestos jurídicos estuvieran determinados firmemente. Si el hecho punible está descrito exactamente, el hecho de dejar que el juez elija las consecuencias jurídicas -desde la pena pecuniaria (o incluso la no imposición de la pena) hasta la pena privativa de la libertad (ver el § 38*)- resta interés a la necesidad de que los presupuestos jurídicos estén descritos exactamente. Si el juez, dejado en libertad por la ley, puede moverse libremente entre la con-

* § 38:
1) La pena privativa de la libertad es temporal si la ley no amenaza pena privativa de la libertad perpetua.
2) El máximo de la pena privativa de la libertad temporal es de quince años, el mínimo de un mes.

secuencia jurídica cero y la consecuencia jurídica pena privativa de la libertad, ¿para qué le sirve comprobar exactamente que ahora debe aplicarse una de esas dos consecuencias jurídicas? También la determinación insuficiente de la consecuencia jurídica produce nulidad (art. 103 de la Ley Fundamental).

El problema tratado aquí se relaciona estrechamente con el relativo al margen de la pena. Únicamente en pocos casos la ley impone una pena fija (por ejemplo, en el § 211 sobré asesinato); para ésta el juez dispone de una sola posibilidad. En todos los demás casos el juez cuenta con un margen de pena que en el derecho en vigor es, en general, extraordinariamente amplio. Así en el § 242 la pena privativa de la libertad oscila entre un mes como mínimo y cinco años como máximo (ver los §§ 242 y 38). Ya esto representa (ver el § 39*) más o menos cien distintas posibilidades de pena. Aunque el tipo no amenace la pena pecuniaria, ésta es posible sobre la base del § 47, párr. 2, y esto da lugar a otras 150 posibilidades distintas. Aumenta aún más el número de penas legalmente posibles, el hecho de que el tipo admita alternativamente varias formas de penas y, además, que las circunstancias atenuantes o agravantes posibiliten márgenes especiales de penas. Un ejemplo gracioso lo-ofrece el § 266 o el § 263 sobre infidelidad y estafa, respectivamente.

La amplitud de este margen es insatisfactoria (ver especialmente los dictámenes, informes y discusiones con motivo del 41° Congreso de juristas alemanes), pero el juez tiene que disponer, sin ninguna duda, de un margen. No deben considerarse iguales todos los hurtos, ni sus autores. Una ley no puede tener en cuenta estas diferencias. Las penas fijas y los márgenes de penas excesivamente reducidos pueden ser sumamente perjudiciales (y con frecuencia tienen como consecuencia que se niegue erróneamente la tipicidad o la autoría, como sucede en el § 211, o que se admitan erróneamente circunstancias atenuantes, como ocurre casi siempre en el § 351 sobre apropiación indebida grave cometida en el ejercicio del cargo). En el caso concreto, la pena justa es casi siempre el resultado de la colaboración entre

* § 39:
La pena privativa de la libertad inferior a un año se fija de acuerdo con semanas y meses completos, la pena privativa de la libertad de más larga duración de acuerdo con meses y años completos.

ley y juez. No toda pena legalmente posible es justa, o sea, pena justa en el caso particular y, pues, pena legalmente admisible. La ley exige la colaboración del juez para encontrar la reacción justa. Por consiguiente, la determinación de la consecuencia jurídica ha de ser siempre un compromiso entre fijación legal (exigencia de seguridad jurídica) y determinación judicial (justicia en el caso particular).

En parte, el derecho en vigor no corresponde completamente a nuestras ideas sobre la relación conveniente entre determinación legal y judicial. Aquí hay disposiciones que en su orden respecto de la consecuencia jurídica se aproximan al límite de lo indeterminado. Así, el § 83 a sobre arrepentimiento activo consiente que se elija entre la no imposición de la pena y una pena privativa de la libertad más elevada. También el margen previsto en el § 49, párr. 2, es excesivamente amplio. Remitiendo a esta disposición, el juez puede atenuar la pena a su criterio, reducirla hasta el mínimo legal de la pena amenazada e incluso imponer pena pecuniaria en vez de una pena privativa de la libertad. En cambio, el § 49, párr. 1, representa una disposición satisfactoria. También la reglamentación referente a la pena pecuniaria ha sido mejorada al adoptar, en los §§ 40 y ss., el sistema escandinavo de los días-multa. El número de los días-multa tiene en cuenta la culpabilidad por el hecho y los demás fines de la pena y el monto se fija considerando la situación económica.

2. Interpretación y analogía

El principio de determinación exige al legislador, en cuanto a presupuestos y consecuencia jurídica, tipos determinados y al juez el estricto cumplimiento de esta determinación legal. Fuera de la circunscripción típica, no hay injusto penal alguno, tampoco si la conducta del autor le parece al juez muy perjudicial y reprobable. Nullum crimen sine lege (§ 1 y art. 103 de la Ley Fundamental) también significa, por lo tanto, apego estrecho del juez a la ley y, así, prohibición de toda analogía in malam partem.

a) Una sola ojeada a nuestras leyes (por lo demás, excesivamente numerosas y voluminosas) muestra que el legislador está imposibilitado para tener lista una norma jurídica para todos los casos posibles. Los legisladores que lo han intentado (sin lograrlo), han redactado códigos casuísticos extraordinariamente voluminosos y han tenido que comprobar que la vida produce continuamente situaciones nuevas. Es muy difícil que un caso jurídico se parezca a otro en todos los pormenores. Cada ley regula su materia en forma incompleta y se ocupa tan solo de estructuras particularmente típicas y esferas de intereses que se regulan mediante normas abstractas.

La palabra «abstracto» indica una cualidad con exclusión de personas, objetos y situaciones concretas. El § 242 detalla abstractamente qué es el hurto y cuál es su consecuencia jurídica. La norma jurídica no puede referirse al hurto concreto cometido por Meier el 21 de julio de 1972; no puede decir que si Meier en esa fecha sustrae a Müller, del bolsillo del abrigo, la cartera, será castigado. En vez de Meier y de cualquier otro autor, figura el pronombre relativo «el que». En vez de Müller y de cualquier otra víctima, se dice «a un tercero». En vez de cartera, «cosa», etc. Una norma es necesariamente abstracta.

La norma abstracta debe ser interpretada, o sea, se la debe averiguar en el sentido de su contenido y después hay que examinar si la situación concreta se adapta a ella. Interpretar la norma y subsumir la situación son las tareas principales del jurista. No se realizan por separado, sino una al lado de la otra. La norma será conforme al objeto y la situación objetiva se adecuará a la norma (Arthur Kaufmann). De la situación objetiva solo se tienen en cuenta los criterios que son importantes para la subsunción.

Ejemplos. El hecho de que Meier llevara una corbata roja y Müller estuviera impedido físicamente, carece de importancia a los fines de la subsunción bajo el § 242. A lo sumo, el impedimento de la víctima puede desempeñar un papel para el autor cuando se aplica la pena. El arte del jurista (que éste puede aprender) consiste en extraer del montón de hechos lo que en cada caso es esencial y lo que es importante para la subsunción bajo una norma jurídica. (El arte del legislador consiste en redactar la norma jurídica en forma tal que alcance las situaciones que ha de abarcar, no más ni menos).

Al interpretar la norma y al intentar una subsunción, se advierte pronto que existen muchísimos casos que se apartan, incluso en lo jurídicamente importante, de la situación considerada previamente y regulada en la ley. Si se presenta un caso de esta naturaleza ante un tribunal civil, el juez no podrá rehuir su tarea judicial alegando que la ley no lo ha previsto ni regulado. La tarea que le incumbe es la de desarrollar ulteriormente el derecho y decidir dentro del espíritu de la ley. La ley es incompleta, pero al juez le corresponde llenar los vacíos recurriendo al espíritu del conjunto. El derecho es completo. Para realizar este cometido, quien ha de aplicar el derecho se sirve de la analogía jurídica o legal. Se habla de esta última cuando del sentido de una disposición legal se desarrolla un principio jurídico nuevo y de aquélla cuando el desarrollo del principio jurídico nuevo (y necesario para la decisión del caso de que se trata) se realiza sobre la base de muchas disposiciones legales.

Ámbitos muy importantes del *derecho civil* se fundan en la analogía (no se los pueda desarrollar con la simple interpretación, o sea, averiguando el sentido de la *ley).* Así, el código civil reglamenta la imposibilidad de satisfacer la prestación y la mora, pero no la lesión de la positiva pretensión o del contrato. Se la infiere por analogía recurriendo al § 276 del código civil (analogía legal) o de las disposiciones sobre imposibilidad y mora (analogía jurídica).

Naturalmente, también el derecho penal presenta vacíos. Pero, dado que a la punibilidad corresponde una lex y que lo injusto penal tiene que estar determinado por ley, estos vacíos legales también son vacíos jurídicos. En el derecho penal es imposible llenar los vacíos recurriendo a la analogía.

b) En consecuencia, el derecho penal solo admite la interpretación, a saber, la averiguación del sentido de la norma jurídica y no la creación de principios jurídicos nuevos mediante la analogía. En el derecho penal material rige una prohibición general de la analogía, porque ésta ampliaría el ámbito de la punibilidad.

En el *caso c* interesa saber si la situación puede subsumirse bajo el tipo del § 242. Para ello deben interpretarse las distintas características del tipo. Aquí hay que examinar si a los fines del § 242 la electricidad es una cosa, o sea, hasta qué PUNTO debe interpretarse el concepto de cosa. Si la interpretación demuestra que solo son cosas los objetos corporales (§90 del código civil) y que la electricidad no es corporal, no se da la característica típica cosa. *A* no puede ser castigado con arreglo al § 242, porque su conducta no realiza el tipo (en este SENTIDO SE pronunció el Tribunal del Reich en la s. 32, 165, del 1/5/1899, muy digna de leerse). En esta sentencia, el Tribunal también dijo que el resultado (la absolución de A) no satisfacía la conciencia jurídica. Si para calentar la olla *A* hubiera sustraído gas, siendo éste una cosa, se habría dado el § 242. Habría sido muy natural desarrollar sobre la base del § 242, por la vía de la analogía legal, el Criterio jurídico de que es punible la sustracción de bienes patrimoniales ajenos. La jurisprudencia se opuso con razón. El 9/4/1900 el legislador tuvo que dictar una ley sobre el castigo de la sustracción del trabajo eléctrico (energía) (hoy, § 248 c).

Aunque se convenga en general (el § 1 no admite dudas) que existe en el derecho penal la prohibición de la analogía con el alcance indicado, puede ser problemático establecer qué es todavía la interpretación y qué es ahora la analogía. El deslinde, ya expuesto, según el cual la interpretación es la simple averiguación del sentido respecto del principio jurídico y la analogía el desarrollo de un principio jurídico nuevo, es fundamentalmente exacto, pero es difícil aplicarlo en el derecho penal. ¿Cuándo sigue existiendo el mismo principio jurídico y cuándo ya existe uno nuevo que se desarrolla ulteriormente? Por ello, es corriente en el derecho penal deslindar interpretación y analogía, afirmando que hay interpretación solamente cuando el texto de la ley es suficiente. Cualquier sentido que se dé a una característica del tipo tiene que estar cubierto por la significación del texto. Si esto no sucede, hay analogía inadmisible.

En consecuencia, en el *caso c* interesa saber si el significado de la palabra «cosa» cubre la electricidad. El Tribunal del Reich lo negó, pero hoy sabemos que también la electricidad no es incorpórea e inmaterial.

Para la teoría dominante es suficiente que el límite extremo de la significación de las palabras referentes al concepto empleado en la ley, cubra el sentido que debe unirse a este concepto. Me parece que esto es ir demasiado lejos. A mi juicio, hay que referirse al límite de la significación natural de las palabras (ver más datos en MDR, 58, 394). Estimo que aún hoy el caso c debe solucionarse del mismo modo. La electricidad puede ser materia y según la interpretación natural no es «cosa».

Se afirma en general que la prohibición de la analogía solo rige en el derecho penal material in malam partem y no en el derecho procesal penal. Por lo tanto, también en el derecho material es posible y necesaria la analogía en favor del autor. Por ejemplo, si se admite que las causas de exclusión de la culpabilidad reguladas en la ley se fundan en el criterio de la no exigibilidad, nada impide que por la vía de la analogía jurídica se postule a la no exigibilidad como causa general de exclusión de la culpabilidad. Si (por un descuido del legislador) una disposición penal no prevé márgenes de pena más benignos en caso de que existan circunstancias atenuantes o no contiene una causa personal de exclusión de la pena (faltó, hasta 1953, en el § 266, párr. 3), aunque delitos de la misma clase estén provistos de un margen especial de pena o de esta causa de exclusión de la pena o del requisito de la querella, nada se opone a que se recurra a una analogía en favor del autor. Mucho más delicada es la cuestión relativa a la posibilidad de la analogía en el derecho procesal (también en perjuicio del autor). Ciertamente, es exacto que disposiciones procesales referidas al procedimiento son accesibles a la analogía, incluso si recurriendo a ella empeora la situación del acusado respecto de su posición procesal. Pero, en contra de la opinión dominante, me parece muy dudoso que la analogía en perjuicio del autor también sea viable respecto de los principios jurídicos que conciernen a la perseguibilidad del autor. No solamente la doble naturaleza de algunas manifestaciones (la naturaleza procesal, pero también material de la prescripción de la persecución: criterios discutidos) indica que la opinión dominante es dudosa. Mucho más importante y crítico me parece el punto de vista según el cual la naturaleza material o procesal no debería desempeñar papel alguno para la cuestión de la seguridad del autor (el TF se pronuncia en sentido similar en la s. 18,140). La prohibición de la analogía se funda en el criterio de la seguridad del autor (de lo contrario, no se explicaría por qué razón la analogía solo debe ser inadmisible in malam partem). En cuanto a los pormenores, tengo que remitir a lo que expongo en el Lehrbuch (§§ 13, II, 3, y 12, I, 2, y, además, en NJW, 58, 453).

Ejemplos. En el *caso c* no es posible analogía alguna con el § 242. Pero *A* puede ser castigado con arreglo al § 248 c si existen los presupuestos que esta disposición indica, o sea, si se usa un conductor especial no destinado a extraer corriente eléctrica. Si *A* utiliza cables ya existentes, pero que le está prohibido utilizar, no se lo podrá castigar sobre la base de este parágrafo. Es un resultado curioso, también causado por la prohibición de la analogía! En cambio, el derecho de presentar la querella es derecho procesal (la querella es un presupuesto procesal; en contra, con fundamentos notables, Hilde KaufMANN, *STRAFANSPRUCH - Strafklagerecht* [Pretensión de pena - Derecho de ejercer la acción penal], 1968). Por consiguiente, en las disposiciones que figuran en el código penal (§§ 77 y ss.*), pero son procesales, la analogía es posible incluso en perjuicio del autor.

La prohibición de la analogía fue derogada en la época nacional-socialista (por ley del 28/6/1935). A un Estado que consideraba al individuo tan solo como un miembro de la comunidad, debía parecer muy incomprensible la idea de que éste estuviera protegido frente al Estado. Sin embargo, la jurisprudencia del Tribunal del Reich fue, en conjunto, muy conservadora y precavida. Es significativo que este Tribunal haya rechazado una analogía (lícita en esa época) incluso en casos en que hoy el TF pretende llegar al mismo resultado a través de la interpretación (ver las s. 70, 360, y 1, 158, del Trib. del Reich y del TF, respectivamente). Después de 1945 fue restablecida inmediatamente la situación jurídica preexistente (derogando el permiso de la analogía. Los §§ 1 y 2 fueron introducidos nuevamente en el código en 1953).

---

* § 77:
1) Si el hecho solo es perseguible por querella, el lesionado podrá presentarla si la ley no determina otra cosa.
2) Si el lesionado muere, el derecho de presentar la querella corresponderá, en los casos determinados por la ley, al cónyuge y a los hijos. Si el lesionado no ha dejado cónyuge ni hijos o si han muerto antes de que expirara el término para presentar la querella, el derecho de presentarla corresponderá a los padres y, en caso de que éstos también hayan muerto antes de que expirara dicho término, a los hermanos y a los nietos. Si ha participado en el hecho un pariente, no se lo tendrá en cuenta cuando se traspasa el derecho de presentar la querella. Este derecho no traspasa si la persecución es contraria a la voluntad declarada del lesionado.
3) Si quien está autorizado para presentar la querella no tiene capacidad jurídica o la tiene en forma limitada, podrán presentarla el representante legal en los asuntos personales y la persona a la cual corresponde el cuidado de quien está autorizado. Quien tenga capacidad jurídica limitada y haya cumplido los dieciocho años, podrá presentar la querella incluso en forma independiente.
4) Si varias personas están autorizadas para presentar la querella, cada una de ellas podrá presentarla en forma independiente.
(Los §§ 77 a *a* 77 e se refieren a la querella del superior jerárquico [§ 77 a*]*, término para presentar la querella [§ 77 b*)*. querella en caso de hechos cometidos en forma recíproca [§ 77 c], retiro de la querella [§ 77 d] y autorización para la persecución penal [§ 77 *e*]).

Se ocupan a fondo de esta problemática SAX, *Das strafrechtliche Analogieverbot* (La prohibición de la analogía penal), 1953; Arthur Kaufmann, *Analogie und «Natur der Sache»* (Analogía y «naturaleza de la cosa»), 1965; Warda, *Dogmatische Grundlagen des richterlichen Ermessens im Strafrecht* (Fundamentos dogmáticos del criterio judicial en el derecho penal), 1962, y Hassemer, *Tatbestand und Typus*, 1968.

II. La prohibición de la retroactividad

1. Nullum crimen sine lege.

a) El principio nullum crimen sine lege, regulado en el § 1, no se refiere solamente a la exigencia de la determinación legal de los tipos en presupuestos jurídicos y consecuencias jurídicas y a la correspondiente prohibición de la analogía, sino que también contiene una disposición sobre la validez de la ley penal con relación al tiempo. La parte especial del código penal se convierte en una «Charta Magna del delincuente» (v. Liszt) únicamente cuando se prohíbe al legislador la creación de un derecho penal retroactivo y al juez su aplicación. El concepto, importante en este sentido, contenido en el § 1 y en el art. 103, párr. 2, de la Ley Fundamental, figura en la expresión «antes de». Ésta vedado constitucionalmente al legislador dar retroactividad a un tipo. El juez penal solo puede aplicar un tipo si el delito existía en el momento del hecho. Estos principios son peculiares del derecho penal. De todos modos, fuera de este ámbito jurídico, nada se opone, en general, a que se dé efecto retroactivo a una ley (hay dudas en lo que al derecho fiscal se refiere). Y fuera del derecho penal, el juez debe aplicar fundamentalmente el derecho que rige en el momento en que se pronuncia la sentencia.

Ejemplos. Si el legislador modifica, por ejemplo, el derecho de familia y no se dictan disposiciones transitorias especiales, el juez deberá aplicar el derecho que rige en el momento en que se pronuncia la sentencia, o sea, derecho actual. No así en el *caso b.* Si la punibilidad de la conducta de *A* no estaba determinada por ley antes del 1 de setiembre, no se lo podrá castigar. La nueva norma penal no vale para la conducta anterior y no puede dictarse una norma con efecto retroactivo.

b) No obstante, el principio que prohíbe la retroactividad sufre distintas excepciones (en las cuales rige, por consiguiente, la reglamentación general). Así, la prohibición de la retroactividad no rige, según la opinión dominante, en el derecho procesal, que debe aplicar siempre el derecho más moderno. Únicamente tramos procesales ya iniciados y concluidos, regulados radicalmente de otro modo, deben ajustarse al derecho antiguo; esto debe ocurrir no bien el nuevo pueda aplicarse razonablemente. Sin embargo, vale aquí también la crítica que ya se ha formulado. Mientras la doctrina dominante también admite, por ejemplo, que desaparezca con efecto retroactivo la exigencia de la querella (s. 75, 310, del Trib. del Reich y Trib. Territorial de Hamm, NJW, 61, 2030) o se prorroguen los términos que ya han comenzado a correr (y no están vencidos; criterio discutido) de la prescripción de la persecución, el § 1 consiente, según creo, que se reconozca el criterio jurídico de que debe impedirse en general e independientemente de la naturaleza jurídica de las distintas instituciones, un empeoramiento retroactivo del autor. Por lo menos, es lícita y oportuna, conforme al § 1, una analogía en este sentido.

Ejemplo. Si en el *caso c, A* NO actuara con la intención de enriquecerse, sino solamente con la de dañar, según el § 248 c, párr. 3, el hecho sería un delito perseguible por querella. Si, por modificarse la ley, desapareciera después del hecho la exigencia de la querella, *A* podría ser castigado, según la opinión dominante, incluso si faltara la querella. Se trata de un resultado muy dudoso, sobre todo, naturalmente, cuando el término para presentar la querella no había sido observado.

Otras excepciones conciernen al derecho material y, precisamente, a las consecuencias jurídicas indicadas en los §§ 63 y ss. Ciertas medidas de corrección y seguridad pueden dictarse y aplicarse con efecto retroactivo. La argumentación de que estas consecuencias jurídicas no son penas y que los §§ 1 y 2 solo hablan de castigo, es muy discutible. Las medidas de que aquí se trata (prohibición del ejercicio de la profesión, retiro del permiso de conducir) son con frecuencia mucho más duras que una pena. Pero en las importantes medidas de la custodia dé seguridad y de la internación en un establecimiento terapéutico-social en los casos previstos en el § 65, párr. 1 y 2, y en la medida consistente en la vigilancia de la conducta, el código penal ha seguido siempre el proyecto alternativo y ha excluido la retroactividad. No así, desgraciadamente (junto con el retiro del permiso de conducir y a la prohibición del ejercicio de la profesión), a propósito de la internación en un hospital psiquiátrico, de deshabituación o terapéutico-social (§ 65, párr. 3). No son convincentes los considerandos en que se expresa que las medidas conciernen al tratamiento médico y a la educación y que, además, solo se quiere beneficiar al autor al proporcionarle «lo más moderno» en cuanto a tratamiento. Por ello, el § 2, párr. 6, debe suprimirse cuanto antes.

2. Nulla poena sine lege

a) Se puede discutir si el § 1 y el art. 103, párr. 2, de la Ley Fundamental también contienen la prohibición de agravar la pena retroactivamente. Respecto del § 1 esta discusión es ociosa, porque dicha prohibición se infiere, por lo menos, del § 2. En cambio, es interesante estudiar si la disposición de la Ley Fundamental contiene esa prohibición y si tiene, en consecuencia, jerarquía constitucional (el TF se pronuncia en sentido afirmativo en las s. 3, 262, y 18, 136). Por lo tanto, al legislador no solo está prohibido determinar la punibilidad retroactivamente, sino también agravarla en esta forma. El juez no debe imponer, sin más, la pena correspondiente a la ley en vigor, sino extraerla de la ley que regía en el momento del hecho o en un intervalo, si es más benigna.

Ejemplos. Si en el caso *b* el 1 de setiembre ya hubiera existido la pena para el hecho cometido por *A,* pero ésta se hubiera agravado el 1 de octubre, no podría aplicarse el principio *nullum crimen.* En el momento del hecho, éste era, por ley, un crimen. Pero se aplica el principio *nulla poena.* La pena que el juez impone no debe ser más elevada de la amenazada en el momento del hecho. Por consiguiente, se la debe extraer, en este caso, de la ley antigua que ya no rige (§2, párr. 1). Según el § 2, párr. 2, el juez aplicará la nueva pena si es más benigna. Si el 1 de setiembre, el 1 de octubre y el 1 de diciembre la pena era de privación de la libertad hasta tres, dos y *cinco años,* respectivamente, se impondrá la pena más benigna, o sea, pena privativa de la libertad hasta dos años (§ 2, párr. 3). También una apreciación transitoriamente más benigna señala una inseguridad en la valoración penal que no ha de constituir una carga para el autor: éste es el pensamiento en que se basa la disposición.

b) Incluso el principio de que debe aplicarse la ley más benigna sufre una excepción. No rige para las llamadas leyes temporales y las medidas de corrección y seguridad (que la ley no considera como pena). En cuanto a la ley temporal, véase el § 2, párr. 4. La excepción se funda en consideraciones político-jurídicas, según las cuales, si se trata de leyes que solo rigen en circunstancias especiales (por ejemplo, en épocas de emergencia), una lesión jurídica no pierde su carácter criminal aunque haya sido derogada la ley por haber desaparecido esas circunstancias especiales.

III. La estructura del tipo

1. Elementos del tipo

El tipo de una ley (siguiendo la terminología dominante desde Beling, se hace siempre referencia al tipo propiamente dicho y no al hecho punible [tipo en sentido amplio]), consiste en una serie de características típicas (o circunstancias del hecho). La conducta del autor es «típica» solo cuando realiza todas las características del tipo. Si falta una sola de ellas, falta una acción típica y, en consecuencia, el primer presupuesto de un hecho punible (ver lo que se ha dicho en el capítulo 2, 2, a).

a) Las características del tipo que la ley emplea tienen naturaleza extraordinariamente diferente. Existen, por un lado, características simplemente descriptivas, las llamadas características descriptivas del tipo, y, por otro lado, características que exigen al intérprete de la ley una valoración: son las características normativas del tipo. En el § 242 son descriptivas las características «cosa», «mueble», «sustraer», y normativa la característica cosa «ajena», a propósito de la cual el intérprete de la ley debe recurrir al ordenamiento de la propiedad del derecho civil. El deslinde entre características descriptivas y normativas es fluido. También la característica normativa contiene una cierta descripción y también la característica descriptiva no es simplemente descriptiva. En este sentido, puede decirse que todas las características son (más o menos) normativas (E. Wolf). Incluso la característica «cosa» del § 242, que no ofrece sospechas, no es simplemente descriptiva. Acerca de la diferenciación, ver Engisch en «Mezger-Festschrift» (Homenaje a Mezger), 1954, p. 127.

Ejemplos. A va de noche al granero de *V* y hurta trigo; con una pala, llena varias bolsas que después acarrea en una carretilla. ¿Cuántas cosas ha sustraído? ¿Tantas cuanto es el trigo que está en la carretilla? ¿Tantas cuantas han sido las paladas? ¿Tantas cuantas son las bolsas? ¿O tan solo una cosa, la carretilla? Aquí se advierte claramente que el concepto penal de cosa no puede corresponder al concepto de cosa de las ciencias naturales. El que sustrae una cartera de señora, sustrae una sola cosa, aunque esa cartera esté repleta de objetos.

Aspirar a una mayor seguridad jurídica requiere el empleo de características del tipo netamente descriptivas. Una mejor adaptación al caso particular y una mayor intervención del juez se deducen del empleo de las características normativas del tipo. Es muy oportuno que el legislador tienda siempre a emplear circunstancias de hecho en lo posible descriptivas. Debe describir lo que de alguna manera puede describirse y emplear solo excepcionalmente características normativas del hecho. Lo malo es que el legislador moderno a menudo procede a la inversa (por ejemplo, la «abyección» en el § 152 del proyecto de 1962). Al respecto, no se tiene en cuenta que al derecho penal no interesa mayormente ocuparse de cualquier conducta de alguna manera merecedora de pena. Necesariamente, el derecho penal es incompleto; tiene, como dijo Binding, «naturaleza fragmentaria». En el derecho penal, la exigencia de seguridad jurídica tiene que ocupar el primer lugar.

Para profundizar este tema, aún hoy es muy aconsejable la lectura de Grünhut, *Begriffsbildung und Rechtsanwendung im Strafrecht* (Formación de conceptos y aplicación del derecho en el derecho penal), 1926, y Schwinge, *Teleologische Begriffsbildung im Strafrecht* (Formación de conceptos teleológicos en el derecho penal), 1930.

b) No debe confundirse con la distinción, que se acaba de hacer, entre características descriptivas y normativas del tipo, la que existe entre características objetivas y subjetivas del tipo. Una característica del tipo es objetiva cuando se refiere, en forma descriptiva o valorativa, a datos externos. En el § 242 son objetivas las características «cosa», «mueble», pero también la característica normativa cosa «ajena». Son subjetivas las características del tipo referidas a una actitud interna o dirección de la voluntad o sentimiento del autor o de la víctima. En el § 242 es subjetiva la característica de la intención de apoderamiento antijurídico.

Bajo la influencia de Beling, en la ciencia penal alemana dominó durante mucho tiempo el criterio de que el deslinde entre lo objetivo y lo subjetivo era, al mismo tiempo, el deslinde entre el tipo más la antijuridicidad, por un lado, y la culpabilidad, por el otro. De esto se argumentó que todo lo subjetivo (y también, pues, las características subjetivas del tipo) pertenecía al ámbito de la culpabilidad. Sobre esta base, tuvo que deducirse, respecto del § 242, que la intención de apoderamiento antijurídico no podía pertenecer al tipo del hurto, sino que era algo para agregar a la culpabilidad común. En la actualidad, ya no se sustenta este punto de vista. Por cierto, tuvo que trascurrir un tiempo antes de que se impusiera la teoría de los llamados elementos subjetivos de lo injusto o elementos subjetivos del tipo. Esta teoría de los elementos subjetivos de lo injusto se debe especialmente a Hegler, Mezger y Nagler.

En Beling, esta equiparación de objetivo y antijurídico y de subjetivo y culpable se explicó por su deseo de destacar el concepto de tipo propiamente dicho y separarlo netamente de la culpabilidad. También lo admite Welzel (*Neues Bild,* P. 19). Este deseo de Beling sigue teniendo vigencia. Rige sobre todo respecto de la estructura de delito de la teoría de la acción finalista que, según la opinión de la dogmática dominante, trasplanta al tipo componentes importantes de la culpabilidad. Además, la teoría de Beling puede considerarse como una advertencia importante ál legislador para que describa en lo posible lo injusto típico y, pues, penal, mediante circunstancias objetivas del hecho. En la estructura social, el derecho pretende fundamentalmente una determinada conducta *externa* no perturbadora. No fija su atención en los pensamientos y en los sentimientos. De ahí que lo injusto también debería consistir en una determinada conducta externa. Puede renunciarse, sin más, a la característica subjetiva de la intención de apoderamiento del § 242, puesto que el apoderamiento objetivo se convierte en presupuesto del hurto. Es difícil que se presenten casos en que la sustracción no sea apoderamiento. Estos pocos casos podrían castigarse como tentativa de hurto.

c) No se consideran como características del tipo las condiciones objetivas de punibilidad (ya se ha hablado al respecto en el capítulo 2, 2, e). Estas características, que no necesitan ser abarcadas por el dolo del autor, solo tienen que existir objetivamente (de ahí su nombre); en los últimos tiempos han sido objeto de discusiones cada vez más vivaces. Algunos autores (Bemmann, *Zur Frage der objektiven Bedingungen der Strafbarkeit* [La cuestión de las condiciones objetivas de punibilidad], 1957) niegan totalmente la posibilidad de tales características, y otros (Schmidhaeuser, ZStW, 71, 545, y Stratenwerth, ZStW, 71, 565) intentan concebir estas condiciones objetivas de punibilidad como presupuestos no del merecimiento de pena, sino de la necesidad de pena. Por consiguiente, el merecimiento de pena debe existir incluso si el tipo está realizado sin una condición objetiva de punibilidad. La existencia adicional de ella debe producir la necesidad de pena.

A mi juicio, esta interpretación es desacertada; de todos modos lo es respecto de las condiciones objetivas más importantes admitidas casi siempre. Si *A* se embriaga o no vigila a sus hijos, un merecimiento de pena (y una necesidad de pena que simplemente falta) no puede afirmarse correctamente sobre la base de los §§ 330 a y 143. Se puede una vez beber con exceso o dejar a los jóvenes sin ninguna vigilancia. Se corre el riesgo, con la consecuencia del castigo, de que una persona en estado de ebriedad o un joven sin vigilancia cometa un delito sin que el dolo deba extenderse a ello. Incluso el § 186 habla en favor de la teoría del riesgo sustentada aquí. Su consecuencia es que un error sobre la exactitud o la posibilidad de prueba de los hechos agraviantes afirmados, no excluya el dolo y la posibilidad de castigar. Si se sigue esta teoría del riesgo, habría que interpretar las condiciones objetivas como características del tipo; sin embargo, no es necesario, excepcionalmente, que la culpabilidad del autor se extienda a ellas.

Ejemplo. Con arreglo al § 186, es punible quien afirma hechos agraviantes que no puede probar. Para el castigo sobre la base del § 186, solo es necesario que el autor realice dolosamente las características del tipo afirmación de hechos agraviantes. Si puede probar la exactitud de su afirmación, será impune (§186); si no lo logra, será castigado aunque su afirmación fuera exacta. Tampoco su creencia errónea de que la afirmación es exacta y demostrable, no impide la punibilidad. Quien lesiona el honor ajeno, en cada caso tiene que correr el riesgo de que sus afirmaciones puedan probarse.

Otros ejemplos ofrecen los delitos concúrsales. La ilegitimidad del ejercicio del cargo, prevista en el § 113, ha sido suprimida por la tercera ley modificadora del código penal. La clasificación dogmática se ha vuelto, por cierto, muy confusa (ver las reglamentaciones sobre el error en los párr. 3 y 4. El párr. 3 trata el error *como* una condición objetiva de punibilidad, y el párr. 4 sigue los principios del error sobre la prohibición).

Para profundizar la cuestión, ver Stree, *Objektive Bedingungen der Strafbarkeit,* JuS, 65, 465.

Circunstancia del hecho o característica del tipo no es nunca la antijuridicidad, tampoco si en la descripción del tipo figura la palabra antijurídico o antijurídicamente (por ejemplo, en el § 303). Como se ha visto, la antijuridicidad es una característica general del delito, un elemento del hecho punible. La antijuridicidad de una conducta típica se tiene que examinar siempre.

d) Con sus auténticas circunstancias del hecho (y también con sus condiciones objetivas de punibilidad), cada tipo describe completamente lo injusto penal. En los últimos tiempos se ha afirmado que esto no sucede siempre y que se debe hacer un distingo entre tipos abiertos y cerrados (especialmente Welzel, § 10,1, y *Neues Bild,* p. 16). Tan solo estos últimos describen completamente lo injusto y los primeros necesitan ser completados. Según esta interpretación, entre estos tipos abiertos que necesitan ser completados se incluyen en primer término los tipos culposos y los tipos referidos a los delitos impropios de omisión. En éstos ya se revela la fragilidad de esta afirmación. El tipo sigue siendo el mismo, tanto si se lo realiza con una acción positiva, como mediante omisión. No puede ser simultáneamente abierto y cerrado. Welzel llena o completa los tipos que, según su opinión, son abiertos, de los delitos culposos, afirmando (en contra de la teoría dominante) que también pertenece a la tipicidad (aunque no en el tipo) la lesión del cuidado objetivamente impuesto. A la tipicidad de los delitos impropios de omisión pertenece (la teoría dominante coincide al respecto) la lesión de un especial deber de garantía. El § 13 no resuelve la discusión dogmática. Ambos criterios son, a mi juicio, inexactos y son la consecuencia de una acentuación excesiva del delito como lesión del deber y del disvalor del acto. Interesa la lesión del bien jurídico descrita en el tipo, cualquiera que sea la acción o la omisión que la causa.

Las posibilidades de lesionar un bien jurídico son múltiples y algunas lesiones de bienes jurídicos son, sin más, inevitables en la convivencia social o, incluso, queridas (por ejemplo, la intervención del agente ejecutivo en la propiedad del deudor o la intervención del policía en la libertad del sospechado al que detiene). La antijuridicidad de una lesión típica de un bien jurídico debe investigarse y decidirse en el ámbito de la antijuridicidad. Esto vale tanto para los delitos de omisión (no así la opinión dominante, que a partir de la s. 16, 158, del TF, solo señala el deber de garantía y no las características de la antijuridicidad que lo fundamentan), como para los delitos culposos (la opinión dominante coincide al respecto). La integración de los tipos culposos por una característica de «lesión del cuidado objetivamente impuesto», propuesta por Welzel, es un golpe en el vacío porque a esta característica faltaría la determinación. Por consiguiente, la función de determinación de los tipos presuntamente abiertos y de los tipos cerrados de los delitos culposos no se corregiría en lo más mínimo. En los capítulos siguientes nos ocuparemos en detalle de este punto.

En cambio, es correcto afirmar que algunos tipos encierran un ámbito muy amplio de conductas humanas y regulan como típicas acciones justificadas en casi todos los casos. Un ejemplo característico lo ofrece el tipo de la coacción del § 240. En la vida diaria se presentan actos cometidos en estado de coacción mucho más justificados que injustificados. No existe ningún motivo para limitar más el tipo de la coacción y descomponer el concepto de «coacción».

Naturalmente, el maestro coacciona amenazando un mal severo (ejercicios de castigo, anotaciones en el diario de clase) al alumno para que haga los deberes; el padre coacciona a los hijos, amenazando castigos, para que se conduzcan en la forma debida; el acreedor al deudor amenazando un juicio para que pague, etc. Todas estas conductas son típicas con arreglo al § 240, párr. 1. No todas son antijurídicas, porque precisamente en este tipo se tiene en cuenta una cantidad de causas de justificación. En el § 211 sobre asesinato, casi ninguna de ellas puede aplicarse; en el § 212 sobre homicidio, muy pocas. Lo decisivo no son los tipos abiertos o cerrados, sino la forma del bien jurídico (y el número de las lesiones, socialmente deseadas, de este bien jurídico). En la convivencia social no se puede pretender estar siempre exento de coacciones, pero a la vida es imposible renunciar. Así, toda la teoría de los tipos abiertos también se basa en un desconocimiento de la relación de integración entre norma del tipo y norma de justificación.

2. Formas de tipos

a) Aquí solo se enumerarán las formas más importantes de tipos. Ya se ha señalado (capítulos 2 y 3) que los tipos, según la conminación de la pena, se clasifican en tipos de crimen y en tipos de delito.

b) Del planteamiento del problema acerca de quién puede ser autor idóneo de un tipo, se infiere que los tipos se subdividen en tipos generales y especiales y los hechos punibles correspondientes en delitos generales y especiales. Si cualquier persona puede realizar un tipo, este tipo es general. Cualquiera puede cometer un hurto o un homicidio En los tipos de los §§ 242 y 212 la ley emplea, para señalar al sujeto, la circunstancia de hecho «el que». Otros tipos solo pueden realizarlos sujetos completamente determinados. Así, según el § 331, únicamente un empleado público puede cometer el cohecho pasivo. Otras personas no pueden ser autores (o coautores o autores mediatos), sino únicamente partícipes (instigadores o cómplices). Todos los delitos auténticos cometidos por empleados públicos (o delitos cometidos en el ejercicio de funciones públicas) son delitos especiales, porque sujeto de la realización del tipo solo puede ser un empleado público (ver la definición en el § 359).

También los delitos de propia mano corresponden al ámbito de los delitos especiales. La peculiaridad de la acción impone que los cometa un sujeto especial. El delito sexual del incesto (§ 173) pueden cometerlo exclusivamente persona« determinadas (los parientes mencionados en el § 173). Otras personas no pueden ser autores. Eventualmente, pueden ser instigadores o cómplices.

c) Según la forma de la acción, distinguimos entre delitos de simple actividad y delitos de resultado. El tipo de un delito de simple actividad se realiza, precisamente, mediante una simple acción activa. Así, solo es necesario para el perjurio (§ 154) jurar en falso, y para el incesto (§ 173) el coito. Se trata de sucesos del mundo exterior, de manifestaciones de lesiones de los bienes jurídicos, de resultados en sentido amplio. No es preciso que se produzca otro resultado, o sea, un resultado que se agregue a esta actividad. No así en los llamados delitos de resultado, en los cuales es indispensable, además de la actuación del autor (que con frecuencia no está descrita y solo se caracteriza por el resultado, por ejemplo, los delitos culposos), la producción de un resultado especial. Solo la producción de este resultado propiamente dicho convierte la conducta del autor en una conducta típica. En la lesión corporal dolosa o culposa (§§ 223 y 230) es necesario y también suficiente que el autor, con su conducta, cause un daño a la salud de V. La acción de *A* puede ser completamente inocente. Quien omite realizar una reparación urgente del techo, comete, si cae una teja y lesiona a *V* (según la dirección de la voluntad), una lesión corporal dolosa o culposa.

La técnica empleada por el legislador consiste en describir la actividad (delito de actividad) si de esta manera puede circunscribir con claridad la lesión del bien jurídico, y en describir el resultado (delito de resultado) si las actividades a prohibir, que pueden producir este resultado, son multiformes (por ejemplo, lesión corporal causada por haber omitido la reparación del techo o la alimentación o cuidado de un hijo, o producida a causa de puñalada, puñetazo, disparo, etc.).

d) Según la duración de la acción que lesiona un bien jurídico, se distingue entre delitos instantáneos y delitos permanentes. Delito permanente característico es la detención ilegal prevista en el § 239. La lesión del bien jurídico dura todo el tiempo en que *A* prive a la víctima de la libertad (esto es importante respecto del § 78 a*). Delito instantáneo es la lesión corporal con arreglo al § 223. Si, como consecuencia de la lesión corporal, la víctima ha perdido un dedo, la comisión del delito termina en el momento en que se produce esa pérdida, no va más allá de ese momento.

e) Según la proximidad de la acción típica al bien jurídico protegido en el tipo, los tipos pueden clasificarse en tipos de lesión y de peligro y los delitos en delitos de lesión y de peligro. En el delito de lesión, la lesión del bien jurídico reside en la acción descrita en el tipo. El hecho punible previsto en el §212 (homicidio) es un delito de lesión. El tipo solo puede realizarse destruyendo el bien jurídico vida. En los delitos de peligro se anticipa la protección del bien jurídico. Así, el § 221 castiga la exposición, porque pone en peligro la vida de

---

* § 78 a:
La prescripción comienza no bien la conducta punible ha concluido.
Si un resultado que pertenece al tipo se produce posteriormente, la prescripción comenzará a partir de éste momento.

la víctima. El tipo correspondiente ya está realizado cuando el bien jurídico vida no está aún destruido, sino tan solo (pero concretamente) puesto en peligro (delito de peligro concreto). La protección penal se anticipa aún más cuando en acciones determinadas la ley presume terminantemente un peligro, por ejemplo, en el § 316, sobre ebriedad al conducir un vehículo (delito de peligro abstracto).

f) Los tipos pueden vincularse de distintas maneras y agravarse o atenuarse. Sobre la base de la unidad e indivisibilidad, puede distinguirse entre tipos simples y tipos compuestos. Son simples los tipos del § 242 y del § 240 (coacción), porque no pueden desdoblarse. En cambio, el § 249 (robo simple) es un tipo nuevo compuesto por esos dos tipos (ver exactamente las características indicadas en el § 249).

Sobre los tipos simples, llamados tipos fundamentales, pueden construirse a menudo tipos más graves o más leves. Se habla entonces de tipos calificados y privilegiados, respectivamente. Así, por ejemplo, es un delito fundamental el hecho punible previsto en el § 153 (declaración falsa no jurada) y es una calificación el del § 154 (perjurio); también es un delito fundamental el hecho punible al cual se refiere el § 242, y los §§ 244 (hurto con portación de armas o en banda) y 247 (hurto contra parientes) son un delito calificado y privilegiado, respectivamente. Si los tipos construidos sobre el tipo fundamental son completamente independientes, se está frente a delitos especiales más leves y más graves. Según la opinión dominante, el delito previsto en el § 248 a (hurto cometido por necesidad), no es un hurto simple tan solo privilegiado, sino un delito especial más leve (delictum sui generis).

IV. Síntesis

El primer presupuesto de un hecho punible es que la conducta del autor realice un tipo. En razón de la gravedad de la consecuencia jurídica, rigen en el derecho penal los principios nullum crimen sine lege, nulla poena sine lege (§§ 1 y 2 y art. 103 de la Ley Fundamental). Un hecho solo podrá ser castigado si la punibilidad estaba determinada por ley antes de cometerse. Para la determinación legal solo basta una lex que, en cuanto a presupuestos jurídicos y a consecuencias jurídicas, esté determinada y, así, determine. El juez está sometido a esta lex. Solo debe interpretarla. En el derecho penal material, está prohibida la analogía in malam partem.

Este principio contiene, al mismo tiempo, la prohibición de la retroactividad de las leyes penales. Está prohibido, también, agravar la pena con efecto retroactivo. En caso de distintas conminaciones de pena entre hecho y condena, se aplica la ley más benigna. Se dan excepciones respecto de leyes temporales y medidas de corrección y seguridad. También en el derecho procesal se aplica siempre, según la opinión dominante, el derecho nuevo.

De esta manera, la parte especial del código penal se convierte en la Magna Charta del delincuente, en un catálogo exclusivo de lo injusto punible.

El tipo describe la conducta punible mediante una serie de circunstancias de hecho y a la conducta descrita de este modo conecta la pena como consecuencia jurídica. Por lo común, la ley pone a disposición un margen de pena, dentro del cual el juez ha de encontrar la pena justa para el caso particular. En consecuencia, la pena es el resultado de la división del trabajo entre el legislador (seguridad jurídica) y el juez (justicia en el caso particular).

Las circunstancias de hecho (características del tipo) que describen lo injusto penal, pueden ser descriptivas o normativas, objetivas o subjetivas. El límite entre injusto típico y culpabilidad no reside entre datos objetivos y subjetivos (teoría de los elementos subjetivos de lo injusto). La norma típica y la norma justificadora se relacionan mutuamente.

Según la construcción de los tipos, hacemos una distinción entre delitos generales y delitos especiales, delitos de propia mano, de actividad y de resultado, instantáneos y permanentes, de lesión y de peligro, delitos fundamentales, calificados y privilegiados, delitos especiales más graves o más leves (delicia sui generis). Con finés de control, confecciónense ejemplos.

Ver, para profundizar estas cuestiones, la bibliografía siguiente: Baumann, §§ 6, IV, 11, 12, 13, 19, I y III, 2, a, 31 y 42, I y II; Jescheck, §§ 6, 15, 17, 25 y 26; Maurach, §§ 9, 10, 12, 19 a 22 y 24; H. Mayer, §§ 13, 15, 16 y 18 a 20, y *Studienbuch* cit., §§ 6, 7, 13 y 1.4; Mezger-Blei, §§ 9, 10, 13, 32 y 34 a 36; Schönke-Schröder, números 37 y ss. y 145 y ss. antes del antiguo § 1 y § 2 en su antigua redacción; Stratenwerth, § 8, A, y Welzel, §§ 10 a 13 y 18.

CAPÍTULO 4

ACCIÓN TÍPICA

Casos:

a) X, Y, Z, *A* y *V* están al borde de un precipicio. *X* muestra un embutido a su perro y éste lo embiste. El ataque se trasmite a las demás cuatro personas. *V,* que se halla más cerca del precipicio, pierde el equilibrio, cae y se lesiona, gravemente. ¿Son punibles *X, Y, Z y A?*

b) En una riña en una taberna, *A* lesiona a *V.* Cuando éste se dirige a un consultorio médico, es atropellado por un automovilista y tiene que concurrir al hospital de urgencia; allí se supone erróneamente que tiene apendicitis. La operación dispuesta y realizada por *W,* produce una septicemia, dado que la enfermera había alcanzado al cirujano instrumentos contaminados. La Septicemia produce la muerte de *V.* La autopsia revela que éste tenía cáncer y que solo habría podido vivir unos días más. ¿Quién mató a *V?*

c) El niño ilegitimo *V* está a punto de morir ahogado. En la orilla están mirando, sin hacer nada, la madre M, la niñera que había sido empleada por aquélla *A,* que había arrojado descuidadamente al agua a *V,* quien había procreado al niño -*P*-, un vecino y un transeúnte. *V* muere ahogado. ¿Cómo se han vuelto punibles?

I. Concepto de acción

1. Misión y naturaleza del concepto de acción

a) En los tipos de la parte especial que describen la conducta punible y contienen la consecuencia jurídica, figuran determinadas prohibiciones y (excepcionalmente) determinados preceptos. El tipo del § 212 contiene la prohibición de matar a una persona, el del § 330 c el precepto de prestar ayuda en caso de accidentes. Prohibiciones y preceptos se dirigen al hombre y únicamente la conducta humana puede transgredirlos. Es coincidente con este principio el hecho de que tan solo una persona («el que») puede ser sujeto de un tipo penal. Esta reflexión muestra, por sí sola, que el hecho punible corresponde a una conducta humana, o sea, exclusivamente ésta puede realizar un tipo. Incumbe a la dogmática penal desarrollar un concepto de acción que por un lado excluya de la consideración penal, de antemano, todos los sucesos no producidos por el hombre; y el concepto, por otro lado, debe ser lo suficientemente amplio como para abarcar todas las formas de conducta humana que realizan el tipo. Esta misión del concepto de acción no debería prestarse a ninguna duda. En consecuencia, tenemos que buscar un concepto de acción que, juntamente con cierta función eliminadora, pueda aplicarse a los delitos de actividad y a los de resultado, a los delitos dolosos y a los culposos, a las infracciones de las prohibiciones y de los preceptos. Si la conducta humana puede realizar de distintas maneras tipos penales, el concepto de acción tiene que incluir de antemano todas las posibilidades. Por último, la necesidad de un concepto unitario de acción para todos los hechos punibles, también la revela el mismo texto legal. El § 15 establece que solo es punible una «acción» (dolosa o culposa).

El concepto de acción que debemos buscar tiene que desempeñar, por lo tanto, funciones completamente determinadas y es, por esto, un concepto finalista. Además, depende de la estructura de nuestros tipos penales. Un derecho penal que también previera la punibilidad de los animales, tendría que desarrollar un concepto de acción o de conducta diferente y mucho más amplio. Un derecho penal que no previera el castigo de los hechos culposos, podría desarrollar un concepto de acción diferente y mucho más limitado. Un derecho penal que castigara la simple idea de decidir un asesinato, tendría que formular otro concepto de acción o de conducta.

b) Estas consideraciones revelan que nuestro concepto de acción tiene que ser un concepto jurídico, un concepto que hemos obtenido teniendo en cuenta la situación específica de nuestro derecho penal; es independiente, por otro lado, de la concepción correspondiente a los distintos tipos, y en este sentido carece de tipo. La teoría de la acción y del concepto de acción se sitúa fuera de la teoría del tipo y de la teoría de los distintos tipos. Solo al realizar la acción un tipo penal de la parte especial, se convierte en «acción típica».

Así las cosas, el hecho de; que se está frente a un concepto jurídico, no puede ser objetado con buenos argumentos. Solo puede dudarse y cuestionarse si el concepto jurídico de acción no es previo y no está predeterminado en el sentido de que deba contener, por lo menos, lo que corresponde a la acción natural. Así, la teoría »de la acción finalista afirma que el concepto jurídico de acción no puede renunciar a lo que pertenece ontològicamente a la acción. Las opiniones discreparán siempre acerca de lo que pertenece ontològicamente a la acción, mientras no podamos obtener un conocimiento seguro respecto de la formación de la voluntad humana, su libertad o sujeción. Es imposible basar nuestro concepto de acción en especulaciones sobre el rompecabezas de la formación de la voluntad, humana. Además, .tampoco es correcta la hipótesis según la cual el concepto jurídico de acción debe contener más -y no menos- que el concepto ontològico. Con relevancia jurídica, el derecho determina, en forma completamente soberana, los sujetos y los objetos del derecho y las formas de conducta (humanas o animales). Si se admite que el concepto de acción es un concepto jurídico, cae toda vinculación con el concepto ontològico de acción. El punto de arranque de la teoría de la acción finalista lo constituye la tesis de las distintas capas del ser (*Denkpsychologie der awanziger Jahre* [Psicología del pensamiento de la tercera década del siglo], Nicolai Hartmann), de la causalidad de lo muerto y de la finalidad de lo que vive. La acción humana solo puede concebirse cómo algo finalista. Consiste en tres actos: en primer término, el hombre pone sus fines, después elige los medios para conseguirlos (teniendo en cuenta las consecuencias accesorias), y por último se produce la realización. Este concepto ontológico de la acción también debe ser el del derecho (como dice Weiíel, § 8) o debe estar contenido, por lo menos, en el concepto jurídico de acción (MAURACH, § 16, I, A, 1).

KLUG (*Festschrift für Emge* [Homenaje a Emge], 1960, p, 47) demostró que este concepto de acción de la teoría de la acción finalista no puede verificarse ni lógica ni empíricamente. También ENGISCH *(Zur Natur der Sache im Strafrecht [La* naturaleza de la cosa en el derecho penal], *en Festschrift für E. Schmidt,* 1961, ps. 103 y ss.) y

ROXIN (*Zur Kritik der finolen Handlungslehre* [Crítica a la teoría de la acción finalista], ZStW, 74, 515; ver la réplica de Welzel en *Erinnerungsgabe für Grünhut* [Homenaje a Grünhut], 1965, p. 173) se oponen al criterio según el cual el concepto de acción está dado *a priori*. A mi juicio, no puede negarse que existen conductas humanas desprovistas de objetivos. Es suficiente pensar en las reacciones primitivas no dirigidas, por ejemplo, ataques de furia y accesos sexuales impulsivos, y también en movimientos habituales, fumar, jugar con el lápiz, etc. Puede faltar incluso una elección (consciente) de los medios; piénsese, por ejemplo, en las convulsiones de una persona excitada o que está a punto de ahogarse. Y menos aún viene al caso afirmar que el hombre reflexiona comúnmente acerca de las consecuencias accesorias de los medios a utilizar y que los tiene en cuenta. Si así fuera, nuestro inundo se presentaría de otra manera! *Quidquid agis; prudenter agas et respice finem:* un deseo piadoso, una sabia horma de conducta, pero no es la realidad (de la conducta penalmente relevante y socialmente perjudicial).

2. Elementos del concepto de acción

Según la tesis sustentada aquí, acción es conducta humana guiada por la voluntad. Insertar otros datos en el concepto de acción significaría comprimirlo excesivamente; *y* volverlo impracticable para su función, consistente en abarcar todas las formas de conducta humanas relevantes desde el punto de vista penal. Sobre los conceptos divergentes de acción, ver el n° 3.

a) El primer elemento del concepto de acción es la conducta humana. Este elemento excluye del ámbito del derecho penal los simples fenómenos de la naturaleza y los sucesos no impulsados o influidos por el hombre y las conductas de los animales. Al dar una ojeada a los elementos del hecho punible (capítulo 2, 2, b), se ha dicho que el derecho en vigor no prevé procesos contra los animales y que en la actualidad nadie intenta castigar el elemento impulsivo. Se remite a la exposición precedente acerca del hombre como destinatario de normas.

En el *caso a,* el perro no ha actuado. Mientras tanto, se puede no resolver el punto de si *X* ha actuado. Si *V* hubiera sido embestido por el perro o hubiera sido alcanzado por un rayo o hubiera caído al precipicio por un desprendimiento del terreno, no existiría una situación penalmente relevante. La circunstancia de que en el *caso a* solo pueda esperarse, sobre la base de nuestro concepto de acción, un limitado efecto de deslinde, es un perjuicio, pero también, al mismo tiempo, una ventaja de este amplio concepto de acción. Se estaría frente a una acción y debería examinarse en el aspecto penal si, por ejemplo, alguien hubiera antes ablandado el terreno cerca del precipicio o si otro hubiera inducido al perro a embestir a *V*.

El primer elemento de nuestro concepto de acción también deslinda en otro aspecto: solamente la conducta humana realiza nuestro concepto de acción. Por sí solos, no bastan simples sucesos internos, pensamientos, decisiones, intenciones. La conducta del hombre debe consistir en una conducta exterior, es decir, corporal. No debe existir una «actitud», sino una acción. Esto no equivale a decir que la acción tiene que consistir en un hacer positivo. Una conducta corporal y, pues, una acción en sentido amplio, también puede ser una omisión (ver datos más extensos al respecto en el n° iii).

Si en el *caso a, A* hubiera tomado la decisión de matar a V, NO habría todavía una acción. Faltaría una *conducta* corporal suya. Pero, si *A* da un empellón a *V*, o al desmoronarse el terreno, no lo sujeta o permanece inactivo, se dan formas de conducta corporales y, por consiguiente, acciones. Si desde el trampolín se arrojara a *A* a la piscina, no existe una acción de él (como se verá a continuación en la letra b). Si durante el salto *A* se da cuenta que irá a caer sobre la cabeza de su enemigo *V* y de esto se alegra, esta alegría y esta conformidad con la consecuencia que producirá la caída, no la convierten todavía en acción.

b) La conducta corporal humana debe ser guiada por la voluntad (o «voluntaria»). Este elemento excluye del concepto de acción formas de conductas in voluntarias. Lo que no puede atribuirse, de ningún modo, a la voluntad humana, no puede ser objeto de valoración penal. Es útil, por lo tanto, eliminarla de antemano del concepto de acción. Las prohibiciones y los preceptos del derecho penal se dirigen al hombre, o sea, a la voluntad humana.

La circunstancia de que las normas del derecho penal se dirigen a la voluntad humana, no debe interpretarse en el sentido de que para la lesión de normas, por ejemplo, basta la voluntad humana. Se ha dicho (bajo la letra a) que tiene que existir una conducta exterior que lesione la norma. Quien cree que la ordenanza sobre el tránsito rodado dispone que se debe ir por la izquierda y, por querer protestar contra ella, utiliza siempre el borde extremo derecho de la calzada, no lesiona con su conducta la norma del § 8 de la ordenanza. Cuando más, lo intenta.

Por lo tanto, puede darse infracciones de prohibiciones o de preceptos únicamente si la voluntad humana colabora (por lo menos) en la realización del tipo de la conducta exterior.

En consecuencia; en, el *caso a, A* no ha actuado. Ha embestido a *V*, pero no voluntariamente! Lo mismo vale respecto DE X, Y Y Z. La reacción en cadena de X, Y, Z Y *A* equivale, en el aspecto penal, a un fenómeno de la naturaleza; es como si «1 perro hubiera embestido directamente a *V* o si éste hubiera caído por un desmoronamiento del terreno. Otra cuestión, completamente distinta es ésta: el que X, Y, Z Y *A* SE hayan ubicado cerca del precipicio, ¿debe considerarse acción? Seguramente que sí. Previendo la conducta del perro, *X o A* pudieron haber elegido conscientemente esa ubicación, para matar a *V*. Entonces, éste constituiría una acción homicida dolosa.

Falta la voluntariedad de la conducta en los movimientos reflejos (pero no en las reacciones semiautomáticas, por ejemplo, en el tránsito rodado), en los movimientos o en las omisiones en estado de inconciencia y en los movimientos o en las omisiones obtenidas por vis absoluta. Si en el caso a, A, picado por una abeja, hubiera levantado los brazos provocando la caída de V, faltaría una acción. También faltaría si *A* al desmayarse cayera sobre, *V* o si al perder el conocimiento hiciera un movimiento que provocara su caída o si fuera empujado con fuerza irresistible por Z contra V. Todas estas formas corporales de conducta de *A* no estarían guiadas por la voluntad. ,

Pero aquí puede notarse que la anterior conducta de *A* puede constituir una acción. El hecho de que éste se ubique cerca de *V*, representa una conducta voluntaria que se convierte en conducta penalmente relevante si, por ejemplo, *A* pudo esperar la picadura de una abeja y un movimiento reflejo suyo (homicidio culposo de *V*) o si sabía exactamente que al exponerse al sol perdería el conocimiento y caería sobre *V* (homicidio doloso de *V*). Incluso en la omisión en estado de inconciencia debe examinarse siempre si la conducta anterior puede constituir una acción. La madre que durmiendo aplasta al hijo, no actúa al aplastarlo, sino que ha actuado antes, al acostarse (acción homicida dolosa o culposa). Si no alimenta al hijo porque, rendida de cansancio, duerme diez horas, está omisión suya no está guiada por la voluntad. Pero hay una acción en la conducta anterior (acostarse sin preocuparse por la alimentación del hijo).

El concepto de voluntariedad no debe utilizarse con exceso. Son pocas las conductas corporales que éste puede excluir del concepto de acción. Esto es particularmente evidente en la omisión inconscientemente culposa. El propietario de una fábrica que, al contaminarse el aire, perjudica la salud de los vecinos, actúa típicamente con arreglo al § 230 (y si quiere perjudicarla, conforme al § 223). Aunque no esté al tanto de los efectos que produce su fábrica, hay acción y antijuridicidad de la conducta. Podría preguntarse en qué reside aquí la voluntariedad de la conducta corporal. El heredero de una fábrica como esa que no sabe nada acerca de la herencia y de la contaminación que inesperadamente perjudica la salud (por ejemplo, por haber aumentado la radioactividad del aire), actúa típica y antijurídicamente. El elemento de la voluntad desaparece aquí por la simple inactividad querida como tal (sin referencia al resultado). A mi entender, la crítica de Roxin, contenida en su comentario a este ejemplo (ZStW, 74, 515, y 80, 699), no tiene en cuenta que otra solución tendría efectos difícilmente tolerables para el § 823 del código civil![*].

No debería ponerse en duda que incluso en el caso mencionado en último término, puede darse una exigencia penal, por ejemplo, si el heredero que podía contar con la herencia, no abre el documento del notario. Dado que debe hacerse referencia a una acción, solo puede limitarse el elemento de la voluntad en forma tal que baste la simple voluntariedad de una conducta.

---

[*] § 823 del código civil:
1) El que en forma antijurídica lesione, dolosa o culposamente, la vida, el cuerpo, la salud, la libertad, la propiedad u otro derecho de un tercero, deberá compensarle el daño correspondiente.
2) Tiene el mismo deber el que infrinja una ley que mira a la protección de un tercero. Si según el contenido de la ley es posible infringirla incluso sin culpabilidad, el daño deberá compensarse solamente si ésta existe.

También se debe tener siempre presente que nuestro concepto de acción solo exige que la conducta corporal sea guiada por la voluntad, y no que esté dirigida a un objetivo. Esta limitación del elemento de la voluntad a las formas de conducta corporales que éste produce, nos exime de todas las especulaciones sobre los objetivos que el autor tiene en miras con su conducta. Si la conducta humana de *A* estaba dirigida finalísticamente a esta o aquella persona o no tenía objetivo alguno, para nosotros se da siempre una acción si la conducta de *A* había sido querida como tal.

c) Precisamente en este punto de la unión de ambos elementos, la teoría de la acción expuesta aquí se diferencia tanto de una teoría causal de la acción como de una teoría finalista. No incluimos en la acción el resultado final que produce la acción del autor (resultado en sentido estricto en los delitos de resultado), ni exigimos finalidad con respecto a este resultado. Una teoría de la acción verdaderamente causal tendría que incluir en la acción también sus resultados, que la voluntad del autor no abarca necesariamente.

Ejemplos. Si *A* fábrica una bomba de tiempo y la despacha, su acción consiste en la fabricación y en el envío de la bomba. No forma parte de la acción el resultado, o sea, la explosión y muerte de *V* 1, ni la infección de *V* 2, producida por el virus del cadáver de aquél. Este resultado, típico para el § 212, no es la acción, sino su consecuencia, causada únicamente por la acción de *A*. Dado que la acción dolosa necesita el dolo en el momento de la acción, una posterior inconciencia de *A o* una posterior desaparición del dolo no afectaría la existencia de una acción dolosa. En cambio, quien incluye en la acción también el resultado de ella, afronta serias dificultades. Tendría que exigir la voluntad de actuar *y* el dolo del hecho sobre el total curso causal. Dado que la teoría dominante no sustenta esto, no puede decirse que afirma una teoría causal de la acción. Nuestra teoría de la acción es «causal» solo en cuanto la voluntad tiene que ser la causa de la conducta corporal. En este sentido, también es causal el concepto de acción de la teoría de la acción finalista. Ver datos más amplios al respecto en Baumann, JZ, 62, 41 y 45.

No debería ponerse en duda que los distintos resultados de una acción humana no son elementos de ella. Dado que las cadenas causales son ilimitadas, o sea, cada acción no tiene tan solo el resultado R, sino también las ulteriores consecuencias R 1, R 2, R 3, hasta lo infinito, «i se afirmara una tesis cómo la expuesta, cada acción Se extendería a lo infinito. El mismo Noé seguiría actuando hoy si la subsistencia de la raza humana fuera consecuencia de su acción de subir al arca. Un resultado francamente absurdo, o sea, un concepto absurdo de acción.

La falta de lógica de tales concepciones consiste en que de la causalidad (?) entre la resolución de la voluntad y la conducta corporal (mejor sería que no llamáramos causalidad esta relación entre voluntad y conducta: ver el n° II, antes del n° 1), se llega a la causalidad entre la conducta (resultado en el mundo exterior de la» resolución de la voluntad) y el resultado de la conducta (resultado típico en sentido' estricto en los delitos de resultado). Por consiguiente, acción y acción típica (en los delitos de resultado), en el fondo, se confunden. La propiedad de la tipicidad, por ejemplo con arreglo al § 21r2, corresponde a una acción si entre ésta y el resultado típico (muerte de V) existe un nexo causal. En consecuencia, el nexo causal no pertenece a la acción!

También la teoría de la acción finalista de Welzel (no así Maurach, § 17, I, 3) contiene este error de incluir en el concepto de acción el resultado típico (y pretendido finalísticamente). Si falta el resultado, verbigracia, de un» acción homicida, según Welzel (§ 8, I, 1, b, y *Neues Bild*, p. 3), no existe una acción que pueda interpretarse como tentativa de un homicidio, sino una acción de homicidio tentada: la simple tentativa de *esta* acción. Un hecho punible y su consecuencia jurídica -la pena-, sin acción! Éste no puede ser el concepto de acción que corresponda a nuestro sistema penal.

Una *teoría de la acción finalista* debe incluir en el concepto de acción, causalidad y finalidad del resultado (Welzel) o la sola finalidad (Maurach). Según esta teoría, no existe, de por sí, una acción, sino siempre y únicamente acciones determinadas (determinadas por sus objetivos), por ejemplo, las de matar, lesionar, injuriar, pasear, disparar. Dado que esta teoría pretende prescindir, en el delito tentado, pero no en el culposo consumado, de la existencia de una acción, se vale de una construcción que honra la teoría causal de la acción que aquélla presuntamente censura tanto. El autor que mata culposamente a un hombre, no comete, desde luego, una acción homicida (porque no tiene en miras la muerte de la víctima, no es éste su objetivo). Por ejemplo, como médico solo cometería una acción (finalista) al colocar una inyección, o como empleado forestal solo la cometería al disparar. Si esta acción es descuidada, será típica y antijurídica. El autor responderá por la cadena causal impulsada por esta acción. Su punibilidad se infiere del factor real qué no habría debido poner o que habría debido poner de otro modo (por ejemplo, no colocar la inyección o colocarla mejor; no disparar o apuntar mejor). Brevemente, en el hecho culposo se responde por la causalidad, y no por la finalidad. Por lo tanto, la finalidad que falta, diferencia, en caso de existir la causalidad, el hecho culposo del doloso (= finalidad más causalidad), y la finalidad que existe, diferencia, si falta la causalidad, el hecho tentado del consumado (= finalidad más causalidad). Aunque el hecho culposo debe ser un hecho, o sea, una acción y también debe serlo el hecho tentado (ver lo que se ha dicho), para obtener un concepto viable de acción, debería ser natural, a mi entender, liberar el concepto de acción de ambos factores perturbadores (la finalidad y la causalidad), antes que renunciar en el hecho tentado a una acción y en el culposo a la responsabilidad por ella (WELZEL, § 8, I, 1, b: «causalidad ciega»; Nenes Bild, ps. 3 y 5).

Por consiguiente, para nuestro concepto de acción basta que la conducta corporal haya sido voluntaria (y no, acaso, involuntaria); los objetivos del autor, su forma y dirección y, en general, su existencia no interesan en lo que respecta a la cuestión de si ha actuado.

Ejemplo. Si en una operación sencilla el médico extirpa por descuido órganos vitales, puede haber tenido el objetivo de curar. De esa manera, su acción no se convierte en una acción curativa (se malogra y en forma ciegamente causal produce la muerte del paciente). Sería entonces mejor emplear el resultado para caracterizar la acción, o sea, definir la acción del médico como una acción homicida. En el derecho penal y en este caso, lo que sobre todo interesa son los resultados, y no las intenciones (como estima Welzel, § 8, al final, y *Neues Bild,* p. 13). No es un concepto idóneo de acción el que tiende a la practicabilidad, sino el que es practicable. Para nosotros, la conducta del médico (operar) es una acción. Es un problema que concierne a la causalidad establecer si constituye una acción típica a los fines de los §§ 212 y 222, y es un problema que corresponde a la culpabilidad estudiar si se está frente a un homicidio doloso o culposo.

3. Otros conceptos de acción

El concepto de acción expuesto en el n° 2 es el que sustentan la doctrina dominante y la jurisprudencia, con la limitación de que el concepto de acción presentado aquí no puede definirse -con toda seguridad- como «causal», puesto que no incluye las consecuencias de la conducta. También en el derecho civil predomina este concepto de acción (ver los comentarios al § 823 del código civil). El concepto de acción finalista sustentado en el derecho civil y en el derecho del trabajo especialmente por Nipperdey (Enneccerus-Nipperdey, *Lehrbuch des bürgerlichen Rechts - Allgemieiner Teil* [Tratado de derecho civil - Parte general], 15ª ed., 1959, § 145, II, A, 1) y adoptado en varias sentencias del Tribunal Federal del Trabajo, no pudo imponerse completamente.

En la actualidad, carece de significación el concepto de acción simplemente naturalista (mejor dicho, de las ciencias naturales) que sustentó, a veces, v. Liszt (acción es cualquiera modificación material del mundo externo). Sin duda, este concepto de acción es excesivamente extenso.

Más amplio que el concepto de acción expuesto aquí es también el que formulan Maihofer (*Handlungsbegriff* [Concepto de acción], 1953, ps. 63 y 70) y Novakowski (Lehrbuch, 1955, p. 43). Según estos autores, existe una acción incluso si la conducta corporal se lleva a cabo en estado de inconciencia (por ejemplo, en narcosis). Nos parece que este concepto de acción, que abandona totalmente el elemento psíquico, es, como el de v. Liszt, innecesariamente extenso y prescinde de un rasgo característico de la acción humana.

a) Con mayor énfasis se ha vuelto a hablar recientemente de un concepto «social» de acción; ver al respecto MAIHOFER (ob. cit., y Festschrift für E. Schmidt, 1961, ps. 156 y ss.), JESCHECK (Festschrift cit., ps. 139 y ss.), H. MAYER (Festschrift für v. Weber, 1963, p. 137) y E. A. WOLFF (Der Handlungsbegriff, 1964).

Autor de esta teoría de la acción social es E. Schmidt (Liszt-Schmidt, Lehrbuch des deutschen Strafrechts - Allgemeiner Teil, 26ª ed., 1932, p. 153). Al parecer, esta teoría se orienta de muy distintas maneras (ver Maihofer y Jescheck, ob. cit.). Las opiniones concuerdan sobre este punto: se introduce un elemento provisto de sentido o significado social o de «relevancia social». Se incluyen en el concepto de acción el significado social y la consecuencia de la conducta corporal. Este criterio trae consigo, en forma lógica, la afirmación de que solo es acción la conducta socialmente relevante (Jescheck, Festschrift cit., p. 151). Se trata de un punto de vista demasiado estrecho. Es evidente que una conducta socialmente irrelevante debe poder realizar el concepto de acción. Peinarse ¿no es acaso una acción? Si alguien se ubica de repente detrás de una persona en momentos en que se peina con vehemencia, con la consecuencia de que resulta lesionada en un ojo, debería poderse examinar si se da una lesión corporal culposa. Pero esto solo sería posible si por la intervención de la víctima se trasformara la inexistencia de una acción del autor en una acción. No puede admitirse que constituyan la acción las circunstancias externas que sorprenden al autor. Además, hay que observar, respecto de estas teorías, que la valoración social de una conducta solo se hace a través del tipo de la parte especial. Tampoco estas teorías separan con suficiente nitidez la acción y la acción típica.

En cambio, coincidiría con el criterio sustentado aquí limitarse a decir acerca de la teoría de la acción social, que el concepto de acción es social y jurídico (concepto social, concepto jurídico). Nosotros también nos preocupamos únicamente por conductas humanas socialmente relevantes. Lo único que no queremos es que su ámbito se nos reduzca de antemano.

Arthur Kaufmann *(Festschrift für H. Mayer,* 1966, ps. 79 y ss. y 116) sustenta un concepto «personal» de acción: «acción humana es la estructuración responsable, provista de sentido, de la realidad, con consecuencias causales que la voluntad está en condiciones de dominar (y, pues, imputables al autor)». También este concepto de acción separa antes de tiempo de la consideración penal formas de conducta excesivamente numerosas; ver lo que se dice en detalle en el § 16, V.

b) Ya se han hecho (números 1, b, y 2) algunas consideraciones relativas a la teoría de la acción finalista. Con respecto a las varias teorías que se sustentan en la actualidad sobre la acción y a la discusión que se desliza a menudo en la polémica, solo daremos una breve idea general acerca del punto de vista propio. Corresponde al estudiante iniciarse en la discusión utilizando los tratados y las monografías existentes y emitir después su opinión.

Como se ha dicho en el nº 1, el concepto de acción es un concepto jurídico que ha de llenar distintas funciones. Las especulaciones ontológicas no son útiles. A lo sumo, impulsan a buscar un concepto jurídico no excesivamente alejado del concepto ontològico de acción. Pero, como ocurre, por ejemplo, a propósito del concepto de cosa (ver el capítulo 3, III, 1, a), la natural significación de las palabras es siempre más importante que el reconocimiento ontològico. La natural significación de la palabra «acción» abarca muchos conceptos, y no exclusivamente el de acción finalista. Así, es el criterio de la practicabilidad el que decide para obtener un concepto idóneo de acción. Puesto que todo hecho punible presupone una acción, es necesario hallar un concepto de acción desprovisto de tipo y válido para todos los hechos punibles (es otra cuestión, completamente distinta, establecer si para formas delictivas determinadas son posibles y útiles los conceptos accesorios). A mi juicio, el concepto de acción sustentado aquí es el que satisface este objetivo de la mejor manera.

La teoría de la acción finalista acentúa excesivamente el disvalor de acto de la conducta (injusto personal) y desplaza la función del derecho penal (ver lo que se ha dicho en el capítulo 1,1). Quien estima que la misión del derecho penal consiste en proteger valores ético-sociales de sentimiento, recalcará el disvalor del acto y, además, propenderá a trasladar a la acción, subjetivándolo, el resultado de disvalor (objetivo de disvalor como elemento de la acción). La concepción del delito como lesión del deber se vincula, pues, estrechamente a la teoría de la acción finalista. Esta sola consideración debería bastar para prevenir contra la aceptación de esta teoría.

La teoría de la acción finalista contiene una disfrazada apreciación normativa de las formas de conducta humanas. Corre siempre el peligro de confundir la acción y la acción típica. Incluye en la acción los objetivos del autor y los compara con las prohibiciones y los preceptos de los tipos de la parte especial. Se correlacionan los fines del autor y los fines de las normas y el resultado se emplea para delimitar el ámbito de la acción; en este aspecto, es una teoría «social» de la acción (Maihofer se expresa de otro modo en Festschrift für E. Schmidt, 1961, ps. 156 y ss.).

Ejemplo. El cazador furtivo *A* dispara en el bosque contra una liebre y alcanza a *V*. ¿Cuál es la acción finalista de *A*? ¿Disparar contra la liebre, cazar en un coto ajeno para enriquecerse, matar la liebre para molestar al titular del derecho de caza, estafar a un traficante de piezas de caza, gastar en bebidas el importe obtenido con la venta, pasar una noche alegre con su amiga Frieda, motivar la paternidad pasando los alimentos al hijo, pagar los estudios de derecho del hijo ilegitimo de Frieda, etc.? O la acción finalista de ese cazador furtivo ¿consiste tan solo en disparar, apretar el gatillo, doblar el dedo? A los fines de la existencia y del alcance de una acción, los fines del autor son, para nosotros, indiferentes. La acción consiste, para nosotros, en doblar el dedo. La teoría de la acción finalista tiene la elección. Podrá estructurar la mayor parte de acciones (dado que un objetivo puede ser presupuesto del objetivo siguiente), pero siempre y solamente podrá tener en cuenta las que son jurídicamente relevantes: posibilidad de incluir la tipicidad.

Ya se ha opinado acerca de las dificultades que ofrece la teoría de la acción finalista en lo que al delito culposo se refiere. Jescheck (Schmidt-Festschrift, p. 149, y en sentido similar el § 23, III, 2, b) se pregunta, con razón, qué significa el objetivo penalmente irrelevante (verbigracia, operar, curar, conducir), si se lo excluye como punto de partida de consideraciones penales. Acción y punto de partida de la cadena causal son el simple movimiento corporal voluntario (cortar con el bisturí, conducir el automóvil, etc.). La teoría de la acción finalista podría replicar, por cierto, que también cortar o conducir es una acción finalista, o sea, un punto de partida suficiente en el aspecto penal. De esta manera, eludiría el reproche dé que impone una pena sin que exista una acción del autor, pero dejaría pendiente la cuestión de por qué se incluyen en la acción objetivos amplios. La réplica (hasta aquí viable) de la teoría de la acción finalista de que hay acción (precisamente, operar, curar, conducir correctamente) porque el autor tiende a estos objetivos aunque no los alcance, es totalmente insatisfactoria mientras dicha teoría exija para la acción finalidad y, además, causalidad. Según Welzel, solo puede existir aquí la tentativa de una acción de curar, y no, por consiguiente, una acción completa.

El hecho tentado, que se invoca preferentemente en favor de la teoría de la acción finalista, no es un argumento, como ya se ha dicho, para hacer una separación contra ella. Quien, como Welzel, incluye la causalidad en la acción, debe negar, si falta el resultado y, por consiguiente, la causalidad, la existencia de una acción (por ejemplo, de una acción homicida). Sin embargo, también el hecho tentado necesita una acción: § 43 en su anterior redacción; el § 22, prácticamente no ha modificado nada: incluso el hecho de «preparar la realización del tipo» presupone una acción).

Al hecho omisivo falta, en la mayor parte de los casos, tanto la anticipación del fin como el establecimiento y la dirección de los factores causales. En consecuencia, la teoría de la acción finalista no puede llegar a la aceptación de una acción. Tampoco está en condiciones de señalar puntos de contacto entre la acción y la omisión (si se prescinde de la capacidad de actuar). Otra incongruencia es la siguiente: Welzel (tomando como punto de partida su interpretación personal de lo injusto y el requisito de la posibilidad de intervención y conocimiento de la situación) exige, para que surja el deber jurídico, el conocimiento de las circunstancias que fundamentan este deber (en la s. 16, 155, y passim, el TF se expresa, aparentemente, del mismo modo). Es imposible admitir este criterio que tampoco corresponde al § 13 (ver el texto de esta disposición). Este retroceso a las teorías de los imperativos debería tener consecuencias insostenibles incluso en otros ámbitos jurídicos: la existencia de un deber jurídico dependería siempre del conocimiento de las circunstancias que fundamentan este deber: el que no toma conocimiento, no está obligado jurídicamente, actúa siempre conforme a derecho. Sería de antemano utópica una reclamación judicial contra quien no conoce su deber! La consecuencia lógica de esta opinión, sustentada por Welzel (§ 28, A, I, 4, b), pero objetada por Maurach (§ 46, III, D), sería exigir incluso en el delito de comisión, para la tipicidad y la antijuridicidad, el conocimiento de las circunstancias que producen el deber jurídico de omitir! Solo entonces podría existir lo injusto personal.

Por último, hay que recordar que las acciones cometidas en estado pasional, no dirigidas, realizan, sí, el concepto de dolo de la doctrina dominante, pero no muestran finalidad. El autor que obra en ese estado no ofrece así un argumento muy sólido en contra de la teoría del dolo (en la s. 2, 206, el TF se expresa de otra manera), sino en contra de la teoría de la acción finalista. Aquí, solo se hará una breve referencia a las dificultades a que da lugar la teoría de la acción finalista en el dolus eventualis. Quien exige para la acción una conducta dirigida a un objetivo, no puede admitir en absoluto un dolo eventual. No puede ser satisfactoria la solución convencional de la teoría de la acción finalista: considerar como objetivos intermedios los resultados accesorios de la conducta consentidos y equipararlos al objetivo final. Si fueran objetivos intermedios, no deberían ser queridos condicionalmente, sino tenidos en miras. Otras objeciones al respecto figuran en el capítulo 6, I ,1 y 2.

4. Capacidad de actuar

Nuestro concepto de acción ya pone de relieve que la capacidad de actuar solo es inherente al ser humano. Puede actuar tanto el menor de edad como el alienado, siempre que esté en condiciones de realizar una conducta guiada por la voluntad.

Se discute y fue siempre discutida la cuestión referente a la capacidad de actuar de las personas jurídicas. El § 14* no ha modifica-

---

* § 14:
1) Si alguien actúa
1. como organismo, provisto de facultad de representación, de una persona jurídica o como miembro de él;
2. como socio, provisto de facultad de representación, de una sociedad personal mercantil ; o
3. como representante legal de un tercero, también se aplicará al representante una ley según la cual cualidades, situación o circunstancias personales especiales (características personales especiales) fundamentan la punibilidad, si estas características no se presentan en él, sino en el representado.
2) Si por el titular de un establecimiento u otra persona autorizada, alguien
1. ha sido encargado de dirigirlo total o parcialmente; o
2. ha sido encargado de manera expresa de cumplir, bajo su propia responsabilidad, deberes que incumben al titular del establecimiento y actúa sobre la base de ese encargo, también se aplicará a quien se lo ha conferido una ley según la cual características personales especiales fundamentan la punibilidad, si éstas no se presentan en él, sino en el titular del establecimiento. Al concepto de establecimiento en el sentido de la primera parte de este párrafo equivale el de empresa. Si alguien actúa, sobre la base de un encargo similar, para una autoridad que atiende las tareas de la administración pública, se aplicará análogamente la primera parte de este párrafo.
3) Los párrafos 1 y 2 también se aplicarán si la actividad jurídica que debía fundamentar la facultad de representación o el encargo carece de eficacia.
(El texto del § 14 es exactamente igual al del § 50 a actualmente en vigor, el cual fue introducido en el código penal por la ley del 24/5/1968, con la única diferencia que en el primer párrafo del § 14 se agregan las palabras «cualidades, situación o circunstancias personales especiales»).

do la problemática. Naturalmente, la persona jurídica no puede actuar sin recurrir a personas naturales. También este criterio se deduce de nuestro concepto de acción que exige conducta humana. La cuestión consiste en establecer si a la persona jurídica puede atribuirse como propia la acción de sus organismos (personas naturales). En el derecho civil no existe al respecto ninguna duda. Tampoco deberían existir reparos, a mi entender, en el derecho penal (ver Baumann, Betriebsberater, 66, 1237). Es el derecho el que en forma soberana determina a quién debe atribuirse una conducta jurídicamente relevante, y no se comprende por qué razón una persona jurídica capaz de celebrar contratos, no pueda también celebrar contratos engañosos o usurarios (ya lo dijo v. Liszt).

Otra cuestión consiste en saber si la persona jurídica puede ser penalmente culpable. La doctrina dominante lo niega. Ver más datos sobre este punto en el capítulo 6, I, 3, c.

II. Causalidad

A fin de evitar toda interpretación falsa, señalamos que el problema de la causalidad solo consiste en la relación existente entre acción y resultado típico. Es más oportuno no afirmar que es problema de la causalidad la cuestión, que se presenta en la misma acción, referente a la causalidad o, mejor, a la relación entre resolución de la voluntad y conducta corporal (en contra de la opinión dominante; ver, por ejemplo, Mezger-Blei, §§ 19, III, y 25). No interesa en absoluto establecer si esta relación es causal o final. En este sentido la teoría de la acción finalista puede tener razón. Indicar ambas relaciones como relaciones de causalidad, mucho ha contribuido, probablemente, a crear la torre de Babel que hoy existe a propósito del concepto de acción.

1. Misión y naturaleza del concepto de causalidad

a) Como ya se ha dicho en el resumen sobre las formas de los tipos penales de la parte especial (capítulo 3, II, 2, c), nuestro código penal contiene tipos que pueden realizarse con una simple actividad, así como también aquellos cuya tipicidad exige un resultado especial en sentido estricto. En los delitos de simple actividad, 'un problema de causalidad no se presenta. La acción es típica cuando corresponde a la descripción contenida en el tipo.

Ejemplos. Es punible con arreglo al § 154 quien jura en falso. La simple actividad de jurar en falso es suficiente para la realización del tipo. No es necesario un resultado ulterior en sentido estricto. Comete incesto en el sentido del § 173 quien realiza el coito con determinados consanguíneos. Si la acción del autor corresponde a la indicada en el texto legal, el tipo está realizado.

En cambio, existe un problema de causalidad en los llamados delitos de resultado. En este caso, se está frente a tipos que señalan el disvalor de un resultado determinado. El disvalor de la simple actividad resulta del carácter socialmente intolerable que ésta tiene, y el disvalor de la conducta en los delitos de resultado se infiere del carácter socialmente intolerable del resultado que la conducta produce. La acción como tal (sin prosecución de la cadena causal) no admite un juicio de disvalor.

Ejemplos. Si *A* hace un disparo con una pistola o golpearon un hacha, estas conductas no son, de por sí, socialmente indeseables. La acción de *A* será objeto de un juicio de disvalor solo cuando el disparo o el hachazo alcanza a *V o* está dirigido contra él. Quien cava al borde de un precipicio en su jardín, realiza una acción muy útil. Pero, si tiene como consecuencia la caída mortal de *V*, esa acción de cavar merece un juicio de disvalor (no importando que la muerte de *V* haya sido causada por *A* dolosa o culposamente).

Por consiguiente, al concepto de causalidad incumbe el cometido, si existe un resultado de disvalor, de producir el que las normas del código penal prohíben y de elegir entre la multiplicidad de las acciones aquellas que han producido este resultado de disvalor y que por esto merecen, ellas mismas, un juicio de disvalor. El concepto desempeña un papel especial en los delitos de culpa inconsciente, en que el autor no ha tenido presente y no ha querido el resultado de disvalor de su acción y en que falta una relación psíquica entre autor y resultado del hecho.

b) También el concepto de causalidad es un concepto jurídico (en contra, Welzel, § 9, I, 2), o sea, la teoría penal de la causalidad no está ligada a nociones correspondientes a las ciencias naturales. También en la causalidad es recomendable, sin duda, aproximarse por lo menos al uso común del idioma, pero también, en lo posible, a las nociones o a la ley causal de las ciencias naturales. Incluso aquí es decisivo el criterio de la practicabilidad. La ciencia jurídica se practica para lograr la verdad jurídica. No puede limitarse a desarrollar, siempre de nuevo, otros y hermosos sistemas, sino que debe servir a los intereses de la práctica. Se promueve de la mejor manera la práctica jurídica empleando una teoría sencilla de la causalidad, que abarque todas las acciones relacionadas, aunque sea a distancia, con el resultado de disvalor, para incluirlas en el examen penal, y que prevea claras excepciones en los casos en que la relación es excesivamente lejana. Una teoría de la causalidad como ésta es preferible a la que ofrece de antemano criterios complicados para evitar todos los excesos.

En el *caso b,* una teoría de la causalidad como la expuesta da buenos resultados. Recurriendo a teorías complicadas sobre la causalidad es imposible abordar la cuestión de si *A,* el automovilista, *W,* la enfermera, u otras personas han causado la muerte de *V.* Para nosotros, todas las personas mencionadas son lo suficientemente sospechosas como para plantear y examinar exactamente la cuestión de si ha sido cometido un injusto merecedor de pena.

2. La teoría de la equivalencia

Por las razones expuestas, la teoría de la equivalencia o de la condición, que predomina en la doctrina y practica siempre la jurisprudencia, es preferible a las demás teorías causales. Según ella, es causal para un resultado toda condición que no puede suprimirse sin que desaparezca el resultado. Se la llama «teoría de la condición» porque no se busca una causa particularmente importante, sino condiciones del resultado, y «teoría de la equivalencia» porque se considera que todas las condiciones tienen el mismo valor (equivalentes).

a) Es importante, ante todo (y esto vale para todas las teorías causales), buscar siempre las condiciones (o causas) de este resultado concreto. Importa establecer si existe la cadena causal entre la acción del autor y este resultado concreto. Es irrelevante que un resultado similar se haya producido de otro modo por otras causas. El asesino no puede alegar que la víctima habría muerto un día, de todas maneras, por enfermedad o vejez. La muerte concreta es él que la ha causado, y es solamente esto lo que nos interesa. Y no importa saber si otra causa ha precipitado la producción del resultado (el TF se pronuncia correctamente al respecto en la s. reproducida en NJW, 67, 551, pero no en la que figura en la misma revista, 66, 1823).

Si en el *caso b, V* hubiera muerto de cáncer pocos días después, subsistiría igualmente la causalidad de las acciones de las personas mencionadas en el caso. Son ellas que han causado *esta* muerte (la septicemia en el hospital), pues su conducta no es condición suprimible del curso causal descrito. El conocido ejemplo de Carnéades demuestra con claridad aún mayor que lo que se tiene en cuenta es únicamente el resultado concreto; si dos náufragos están sentados sobre una tabla que solo puede sostener una persona, y uno de ellos da un empellón al otro, la causalidad de su conducta respecto de la muerte de éste no desaparece por la circunstancia de que de todos modos se habría sumergido a los pocos minutos y habría muerto ahogado. El médico que da a un moribundo una dosis excesiva de morfina (eutanasia), causa esta muerte prematura y es punible con arreglo al § 212. Ver también la s. 21, 59, del TF y lo que al respecto dice Wessels, JZ, 67, 449.

Para la causalidad de una conducta debe hacerse referencia exclusivamente al resultado concreto. De esto también se deduce que la causalidad no puede desaparecer por la circunstancia de que este resultado concreto también se habría producido de otra manera. No se ha producido, precisamente, de otra manera, sino de esta manera! Incluso si se comprueba que la acción de envenenar realizada por el asesino ha causado un paro cardíaco que se habría producido por otras causas (vejez) en el mismo instante, A es el causante de este resultado concreto (paro cardíaco producido por el veneno). Con arreglo a este criterio, pueden también solucionarse el discutido caso de la novocaína (s. del Trib. del Reich, en HRR, 1926, 2302) y el no menos cuestionado del ciclista (s. 11, 1, del TF). En ambos casos, no falta, como se dice a menudo, la causalidad, sino, cuando más, la antijuridicidad.

Caso de la novocaína. Un médico coloca una inyección de cocaína (que, desde el punto de vista de la medicina, no corresponde aplicar). El paciente muere. Pero habría muerto (en el mismo instante y de la misma manera; de lo contrario, no se presentarían problemas!) si el médico hubiera colocado una inyección de novocaína (que la ciencia médica habría sugerido). Aquí hay causalidad (en contra el Tribunal del Reich y Nagler, *Leipziger Kommentar,* 8ª ed., 1957, I, ps. 28 y 29), porque esta muerte es consecuencia de la inyección de cocaína. No se ha producido otra muerte y, por consiguiente, no puede ser objeto de un examen sobre la causalidad. Pero *A* no ha actuado antijurídicamente, ya que el orden jurídico no puede reglamentar resultados inevitables como si pudieran ser evitados. Los límites de las facultades humanas también son las líneas de demarcación de los preceptos o de las prohibiciones que el derecho establece.

Caso del ciclista. Un ciclista en estado de ebriedad es alcanzado por un camión al pasarlo demasiado cerca. Pero el ciclista también habría sido atropellado (por su inexperiencia en el tránsito) si el camionero hubiera respetado el espacio mínimo de un metro a un metro y medio. Aquí también hay causalidad (en contra, la s. 11, 1, del TF y las teorías causales individualizadoras que en parte se sustentan nuevamente: ver al respecto Schönke-Schröder, § 59 en su anterior redacción, nº 159 a). La acción del camionero (pasar al ciclista) no puede suprimirse sin que desaparezca el resultado, consistente en la muerte del ciclista. No puede hacerse referencia a la valoración jurídica (separación de una propiedad de la acción) -»conducir en forma contraria a las disposiciones»- (sería la teoría individualizadora más nítida), y ningún profano puede poner en duda que el camionero ha matado al ciclista. Ver al respecto también lo que se dice en el nº 3, c. En cambio, en caso de inevitabilidad del resultado falta la antijuridicidad.

Si volvemos a meditar que el concepto de causalidad es jurídico, nuestra teoría de la causalidad puede limitarse en forma tal que no se consideren como causados por quien actúa o por quien omite resultados inevitables de una acción y, en los hechos de omisión, resultados inevitables de la omisión (por imposibilidad de actuar). Podría sustentarse que también en la causalidad interesa la cuestión de la imputación, y que es desatinado, por lo tanto, afirmar la causalidad cuando no se quiere imputar la consecuencia. Por último, es, pues, un asunto idiomàtico establecer si está excluida la antijuridicidad o la causalidad entre acción y resultado de la acción. Lo que solo importa es que no desaparezca la culpabilidad. Este criterio debe aprobarse desde todo punto de vista, siempre que este concepto de causalidad no coincida, por supuesto, con la interpretación natural. El caso del ciclista muestra esto con especial claridad. Por consiguiente, tenemos todas las razones para seguir aferrados a la construcción presentada aquí y a nuestro concepto amplio de causalidad. Ver más datos en Baumann, § 19, III, 2, c, y en Wessels, revista cit.

b) La teoría de la equivalencia, fundada por v. Buri (Kausalität, 1873 y 1885), aceptada por el Tribunal del Reich ya en sus primeras decisiones (léase la s. 1, 374) y continuada por el Tribunal Federal (s. 1, 332), parte de la igualdad de todas las condiciones que contribuyen a producir un resultado. Por ello, es causal para la muerte de *V* un sinnúmero de acciones, que se consideran como equivalentes (respecto de su causalidad para este resultado concreto). Causal no es tan solo el disparo efectuado por A contra V, sino también la venta del revólver hecha por X a aquél (porque si esta venta no se hubiera realizado, no se habría efectuado este disparo con este revólver), e incluso el traslado de A al lugar del hecho, llevado a cabo por el taximetrista Y (porque si este traslado no hubiera tenido lugar, no se habría verificado este disparo en este momento), etc. A primera vista esto puede parecer extraño. Solo queremos castigar a A. ¿*Qué* importa incluir entre las condiciones las acciones cometidas por X y por Y? Bien, esta inclusión nos interesa inmediatamente, si X e Y han planeado el hecho mancomunadamente con A. En tal caso tendríamos que examinar (teniendo en cuenta la voluntad de autoría) la coautoría o la complicidad de esta persona en el hecho cometido por A. La extraordinaria amplitud de esta teoría de la causalidad revela entonces sus. ventajas inapreciables.

La admisión de la equivalencia de todas las condiciones (dentro de la causalidad) nos exime de la tarea de buscar la causa o la causa más importante del resultado. Posibilita un examen muy sencillo de la causalidad con arreglo a la conocida fórmula de la conditio. Hay que preguntarse si el hecho A se presenta en forma tal que no se lo puede suprimir sin que desaparezca el resultado B, si el hecho A es conditio sine qua non respecto del resultado B.

En el *caso b*, la acción de *A* es causal respecto de la lesión sufrida por *V* en la taberna; la acción del automovilista es causal respecto del accidente de tránsito y de la lesión que éste produce; la acción de *W* y la de la enfermera son causales respecto de la septicemia y de la muerte de *V* (siendo la acción de *W* -disponer la operación- causal respecto de la cometida por la enfermera -alcanzar los instrumentos contaminados-, la cual también es causal respecto de la acción de *W* -infectar a *V*-). Hay nexo causal incluso entre las distintas acciones. La acción cometida por *A* no puede suprimirse sin que desaparezca este accidente de tránsito; la acción del automovilista no puede suprimirse sin que desaparezcan la entrega de los instrumentos y la operación; etc. Por consiguiente, también la acción del automovilista y la de *A* son causales respecto de la muerte de *V* por infección producida en el hospital. Es un problema completamente distinto establecer si el automovilista y *A* también responden a título de culpabilidad en cuanto a la muerte (no hay dolo, pero podría tenerse en cuenta la culpa).

Tampoco falta la causalidad si una acción pudo convertirse en conditio sine qua non por haberse añadido circunstancias completamente extraordinarias. El conocido caso del hemofílico lo demuestra de la manera más clara. Si en el caso b, *V* hubiera sido lesionado por A muy levemente, pero, siendo hemofílico, hubiera muerto a causa de esa lesión, la conducta de A no sería condición que pueda suprimirse respecto de esta concreta muerte de *V* (ver el caso del hemofílico en la s. 54, 349, del Tribunal del Reich). La constitución del lesionado es una condición equivalente a la conducta de A. A los fines de la causalidad no interesa la previsibilidad general de este resultado o la previsibilidad para el autor A.

c) Dado que afirma la equivalencia, a esta teoría no le importa el número de las partes intermedias. Debiéndose atribuir cada condición, a su vez, a condiciones preexistentes, la cadena causal es interminable y se amplía siempre. Fundamentalmente, no interesa establecer si también actúa causalmente la víctima del mismo hecho o si en el curso causal se realizan intervenciones de terceros.

Ejemplos. En contra de la teoría de la llamada prohibición de regreso, que sustentaba Frank*, no resulta impedida la causalidad ni

* Según esta teoría, no deben considerarse como causas las condiciones preexistentes de una condición que estaba dirigida libre y conscientemente (dolosa y culpablemente) a la producción del resultado. Quien ha puesto una condición previa, solo puede responder como partícipe (siempre que existan los presupuestos de la participación). Para ilustrar su teoría, Frank ofrece algunos ejemplos

la imputación por la intervención dolosa o culposa de terceros. Si en el guardarropa de una taberna un cazador cuelga su escopeta y *A* la toma para matar a *V*, respecto del resultado no es causal solamente la conducta de *A*, sino también la del cazador (a éste se lo debería castigar por homicidio culposo y a *A* por homicidio doloso). Si *A* deja despreocupadamente en un lugar cualquiera un veneno y *V* lo ingiere, la conducta de *A* no es condición que pueda suprimirse (se lo debería castigar por homicidio culposo).

No se rompe, en uno y otro caso, la cadena causal. Existen, por cierto, casos de «curso causal interrumpido» o de «causalidad anticipadra" (esta última expresión es preferible): esto sucede únicamente cuando esta cadena causal «anticipadora» no ha sido impulsada, de ninguna manera, por la otra superada, o sea, cuando produce el resultado tan solo una cadena causal.

Ejemplos. X suministra un veneno a *V*. Antes de que surta efecto, aparece *Y* y de un tiro mata a *V*. Aquí, la cadena causal -suministración del veneno y muerte de *V*- está interrumpida o superada por la cadena causal que actúa con mayor rapidez: el disparo y la muerte de *V*. *X* no ha matado a *V* y solo se lo podría castigar a título de tentativa de homicidio. No así en caso de que *V*, ya paralizado por el efecto del veneno, no hubiera podido acercarse a la puerta o a la ventana. Si ahora *Y* mata a *V* inmovilizado, *esta* muerte también es consecuencia de la acción de *X*. Éste e *Y* serían, ambos, autores (autoría accesoria) y se los debería castigar con arreglo a los §§ 212 y 211 (si no se admite en *X* una desviación considerable entre el curso causal imaginado y el real). Lo mismo, en caso de que el veneno no hubiera aún surtido efecto e *Y* actúe de esta manera

---

entre los cuales figura el del cazador que Baumann menciona para sostener su punto de vista divergente; dice Frank que el cazador que imprudentemente ha llevado consigo a una taberna una escopeta cargada, no es responsable si otra persona la utiliza para matar culpable y dolosamente a un tercero (pero lo es si esa persona es inimputable o solo actúa culposamente y en este caso no puede aplicarse, por lo tanto, el criterio de la prohibición de regreso). Otro ejemplo: no responden por lesión corporal culposa los padres que dejan sus hijos a cargo de un maestro que los somete a castigos corporales. En el derecho positivo, la prohibición de regreso encuentra su reconocimiento -dice Frank- en el I 48. Esta disposición castiga a quien determina a otro a cometer un hecho punible no como autor, sino como instigador (ver en detalle Frank, *Das Strafgesetzbuch für das Deutsche Reich*, 18ª edición, 1931, § 1, III, 2, a). (N. d. T.).

por haberse enterado del comportamiento de *X* (K quiere vengarse). También aquí ha seguido obrando la condición puesta por *X*. £1 TF pasa por alto esta relación causal (NJW, 66, 1823). Ver también la nota de Kion (JuS, *67*, 499) y Hertel (NJW, 66, 2418).

d) La teoría de la equivalencia presenta dos puntos débiles; pero creo que no son tan graves como para aconsejar que se abandone esta teoría de la causación; pueden tener únicamente como consecuencia excepciones firmemente perfiladas. La teoría de la equivalencia -y, por lo menos, la fórmula de la condición- no procede en caso de causalidad doble evidente, pero esto no importa mucho, porque casos de esta naturaleza han ocupado la práctica solo pocas veces (ver, sin embargo, el pronunciamiento del Tribunal Supremo de Baviera en NJW, 60, 1964). Si se hace siempre referencia al resultado concreto, se descomponen, de cualquier manera, casi todos los casos y se presentan como casos de causalidad simple. Existiría causalidad doble si X e Y mataran o envenenaran a F en forma independiente y simultánea (sin que por el concurso de las condiciones, el tiempo y la forma del resultado experimenten un cambio).

Si *X* e *Y* suministran a *V* por separado una dosis de veneno que le produce la muerte en forma inmediata, puede suprimirse la conducta de *X* sin que desaparezca el resultado. Lo mismo, respecto de la conducta de *Y*. Pero es evidentemente inexacto afirmar que ni *X* ni *Y* han matado a *V*. Se los debe castigar a uno y a otro a título de homicidio consumado. Si el veneno suministrado por *Y* hubiera apresurado la muerte, aunque solo por poco tiempo, no se presentaría un caso de causalidad doble, porque la conducta de *Y* no podría suprimirse sin que desaparezca este resultado (más rápido).

La circunstancia de que los casos de causalidad doble auténtica hayan ocupado la práctica en tan escasa medida, también se desprende de razones procesales. Nunca se presenta un caso en que conste con seguridad que ambos autores han producido el mismo resultado exactamente en el mismo instante. Pero si se duda acerca de la simultaneidad del efecto de la conducta de los autores, se invocará la circunstancia (según el principio de la prueba in dubio pro reo) de que la cadena causal había sido en cada uno de ellos la más lenta. Si X e Y matan a tiros a *V* al mismo tiempo, debe alegarse en favor de X que Y fue más rápido (.Y: solo homicidio tentado) y en favor de Y debe admitirse que X había sido más rápido (también Y: solo homicidio tentado).

No así, en caso de que *X* e *Y* fueran coautores (pelotón de fusilamiento). Aquí, debería imputarse a cada uno la producción del resultado y todos serían responsables de homicidio consumado.

Mucho más importante es el otro punto débil de la teoría de la equivalencia, el relativo a la causalidad completamente imprevisible. No se incluyen los casos en que a la conducta del autor se añaden circunstancias extraordinarias que producen el resultado en contra de toda previsión (recuérdese el caso, mencionado antes, del hemofílico), sino estructuraciones que se caracterizan, tan solo si no se produce el resultado, como tentativas supersticiosas (no punibles; el § 23, párr. 3, se refiere a otros casos): verbigracia, rezar por la muerte de una persona, maldecir, enviar a la víctima a un bosque para que un rayo la fulmine. Mientras que las dos primeras acciones no pueden producir nunca un resultado (no así, tal vez, en caso de que se tengan facultades especiales para influir psíquicamente), podría suceder que V, enviado al bosque para que allí encuentre la muerte, resulte efectivamente fulminado por un rayo, y que el tío rico, colocado en un tren con fines homicidas, muera. Aquí no puede negarse, a mi juicio, que con arreglo a la fórmula de la condición, existe causalidad: si A no hubiera enviado al bosque a V, éste no habría sido fulminado (o no hubiera sido fulminado en esa forma, en ese lugar y en ese momento).

Se han realizado múltiples intentos para solucionar estos casos. Ninguno es satisfactorio. Mezger, Frank y Beling niegan al respecto el dolo (la causalidad queda en tela de juicio). El autor puede no «querer», sino tan solo «desear» un resultado de esa naturaleza (rayo). Esta solución no convence. Los deseos pueden verse satisfechos, pero no la voluntad. En consecuencia, el deseo y la voluntad solo se diferencian por la intensidad del anhelo. Pero el anhelo del sobrino de que el tío muera, puede ser muy intenso. En parte, se niega la causalidad por la total imposibilidad de dominar el suceso o por la total improbabilidad de la consecuencia (Krauss). En parte, se afirma la causalidad y solo se niega la antijuridicidad, con o sin la ayuda de la teoría de la adecuación social. Esta teoría podría excluir la tipicidad (Welzel, 2ª edición, p. 37, y ahora § 10, IV) o la antijuridicidad (Welzel, 4ª-8ª ed.), alegando que el hecho de enviar al bosque o el de colocar en las vías del ferrocarril representan una conducta socialmente normal y no objetable. También estas construcciones son peligrosas. Si el bosque está expuesto a rayos o las vías del ferrocarril se encuentran en mal estado y esto solo lo sabe el autor, su conducta es, indudablemente, punible. Es problemático si también es socialmente adecuada (negarlo solo es posible si en la adecuación social se introduce, como lo hace Welzel, un elemento subjetivo).

Quien exige, para la realización dolosa del tipo, la guía y el dominio del nexo causal (Welzel, § 9, III, 1), podría negar la relevancia penal de la causalidad existente, por faltar el dominio del curso causal. A mi entender, el problema no se soluciona de esta manera. Quien procura un revólver al autor, no domina el ulterior curso causal. No obstante, puede ser cómplice o (por la teoría del dolo) también coautor. No hay dudas, por lo menos, en cuanto a la causalidad de su conducta. Algunos autores también quieren castigar los dos casos mencionados del rayo y del tren (basándose en consideraciones dogmáticas generales, pero estimo que es excesivamente estirada la significación que éstas tienen. La opinión dominante está en favor de la impunidad, pero no hay unanimidad de criterios en cuanto a la fundamentación correspondiente).

A mi entender, es preferible negar la causalidad cuando el nexo causal es extraordinariamente débil (si el resultado no se hubiera producido; inclusión en la tentativa supersticiosa). En su comentario (NJW, 61, 1153, con remisión a NJW, 52, 606), Rutkowski critica esta solución propuesta en mi Lehrbuch (§ 17, II, 4). Pero estimo que es imposible tratar de otro modo la causalidad psíquicamente tramitada. Quien en la oscuridad envía a *V* a la grieta de un glaciar, causa su muerte. Es posible, por cierto, despertar impunemente en un hombre la resolución de exponerse a un riesgo que hace peligrar su vida (ya que es impune incluso la instigación al suicidio). Pero los casos que deben solucionarse aquí están estructurados de muy distinta manera. En este caso, *V* no tiene la conciencia de exponerse a un peligro o incluso a la muerte y, por consiguiente, tampoco el causante puede invocar la libre resolución de V.

3. Otras teorías causales

Las teorías sobre la causalidad que se siguen sustentando junto a la de la equivalencia, están empeñadas en evitar la amplitud a veces extraordinaria de ésta y, así, la ampliación del grupo de los posibles autores; también pretenden superar las dificultades señaladas en el n° 2, d. Pero corren el peligro de ser demasiado limitadas y de no abarcar suficientemente cadenas causales largas y enredadas y, además, de mezclar la causalidad y la culpabilidad. No obstante, considero que no pueden pasarse por alto estas teorías, si la opinión dominante se resiste con obstinación a reconocer nuevas causas de justificación (por ejemplo, la conducta correcta en el tránsito, la inevitabilidad del resultado, la imposibilidad de obedecer la orden). Si se impone cada vez más el criterio (acerca del cual me parece que no pueden caber dudas) de que las estructuraciones mencionadas tienen significación no exclusivamente en el ámbito de la culpabilidad y si se limita una justificación a las causas clásicas, solo queda la válvula de escape de limitar la causalidad o de sustituirla por nuevas «teorías de la imputación» (por ejemplo, Roxin). Una evolución de esta naturaleza sería tanto más lamentable, por cuanto, precisamente en los últimos tiempos, han comenzado a anunciarse también en el derecho civil considerables dudas acerca de la utilidad de la teoría de la adecuación.

a) Por teoría de la adecuación se entiende la teoría de la causalidad con arreglo a la cual solo son causales las condiciones generalmente apropiadas (o, de todos modos, generalmente no inapropiadas) para producir este resultado concreto. En el derecho civil se practica habitualmente esta teoría, desarrollada por v. Bar y v. Kries. En el derecho penal fue sustentada sobre todo por v. Hippel y Sauer, y en el campo de la acción culposa, por Welzel *(Neues Bild,* p. 32, y tehrbuch, § 9, III, 2).

En el *caso b* se da, según la teoría de la adecuación, causalidad entre los golpes inferidos por *A* y la lesión en la taberna, pero no entre los golpes de *A* y la muerte de *V* por septicemia. Una lesión de poca importancia no es generalmente apropiada para tener como consecuencia un accidente automovilístico y posteriormente la muerte por una operación realizada imprudentemente. Es dudoso si según la teoría de la adecuación puede comprobarse causalidad entre la conducta del automovilista y la muerte de *V.* De todos modos, la lesión producida en un accidente de tránsito puede ser apta para que la víctima .sea objeto de un tratamiento equivocado en el hospital.

Este ejemplo revela las dificultades a que da lugar la teoría de la adecuación. Hay una cantidad de casos-límite en que no se sabe a ciencia cierta (a menudo, por la experiencia sobre la causalidad de parte de quien juzga!) si una causa es .generalmente apropiada para producir un resultado determinado.

Esto torna difícilmente practicable la teoría de la adecuación en el derecho penal (con su mayor anhelo a la seguridad jurídica). Y nunca se sabe exactamente cuál es el criterio que debe adoptarse a propósito de lo que es apropiado. ¿Hay que juzgar ex ante o ex post (o sea, con la experiencia adicional obtenida, precisamente, por este curso causal)? ¿Hay que tomar como punto de arranque el conocimiento causal del autor o el de un observador objetivo cuyo conocimiento causal puede ser mayor o menor (por ejemplo, el autor como experto en este ámbito)? El criterio, al parecer, más útil -de juzgar objetivamente ex post (la opinión del juez después del hecho)- conduce, casi sin excepciones, a las inmediaciones de la teoría de la equivalencia; en efecto, lo que una vez ha demostrado ser causal, de mal grado podrá considerarse como generalmente inapropiado para producir este resultado. De ahí que, en cuanto al resultado, el juicio termine, casi siempre, en consideraciones de equidad (ver al respecto las s. 3, 267, y 18, 288, del TF en materia civil y las consideraciones críticas que formula a estas decisiones Esser, Schuldrecht - Lehrbuch (Tratado del derecho de obligaciones), 2ª ed., 1960, § 44, III, 1).

b) La teoría de la relevancia se diferencia de la teoría de la adecuación, que se acaba de examinar, solamente porque, aun siguiendo la teoría de la causalidad de las ciencias naturales, no otorga relevancia jurídica a todos los sucesos causales en el sentido de dichas ciencias. En el ámbito del derecho penal la sustentan sobre todo Maurach (aunque él mismo se considere como partidario de la teoría de la adecuación) y Mezger. En consecuencia, según esta teoría, los sucesos atípicos son completamente causales, pero no jurídicamente relevantes. Naturalmente, la dificultad estriba en establecer cuál es el suceso que debe considerarse típico o atípico. De ahí que, en cuanto al resultado, existan las mismas dificultades de deslinde que se presentan en la teoría de la adecuación. Son consideraciones de equidad las que deciden acerca de lo que es típico y atípico. Hay que consentir en que también nuestra teoría de la causalidad, expuesta en el número 2, es, en cierto aspecto (eliminación de la causalidad completamente imprevisible), una teoría de la relevancia.

c) Por teorías de la causalidad individualizadoras se entendían antes las teorías sobre la causalidad empeñadas en encontrar, sobre la base de criterios fácticos determinados, la causa con influencia preponderante entre un gran número de condiciones. Es conocida la teoría de la preponderancia sustentada por Binding. Otros autores se han referido a la causa más eficaz (Birkmeyer) o a la que surte efecto en último término. La dificultad que presentan todas estas teorías ha consistido y consiste en que, según la forma de las circunstancias del caso particular, la condición (generalmente) más insignificante adquiere con frecuencia una eficacia particular (la «piedrita que entorpece el funcionamiento del engranaje»). Es, pues, imposible hacer declaraciones generales.

En los últimos tiempos han aparecido teorías sobre la causalidad que individualizan la causa de otra manera, puesto que (sin poner en tela de juicio la causalidad en el sentido de las ciencias naturales) aíslan, entre el gran número de acciones del autor (las que influyen en un resultado determinado), distintas acciones, cuya causalidad se investiga después. De este modo, se introducen en el examen de la causalidad investigaciones relativas a la antijuridicidad. Recuérdense los casos, expuestos en el n° 2, a, de la novocaína y del ciclista. No puede ponerse en duda que el médico y el camionero han matado a sus víctimas. Si uno y otro se hubieran quedado esa mañana en su casa, esta muerte del paciente o del ciclista no se habría producido. Es una pura ficción afirmar que la «conducta descuidada y contraria al deber» no ha sido causal (porque el resultado era inevitable incluso si la conducta hubiera sido cuidadosa). Nadie pondría en duda la existencia de la causalidad si con intención homicida el camionero hubiera pasado a tan escasa distancia del ciclista, enemigo suyo.

Para profundizar estos problemas, ver los casos 6, 9, 14 y 15 en Baumann, *Strafrechtsfälle und Lösungen - Allgemeiner Teil* (Casos penales y soluciones - Parte general), 3ª ed., 1969 (el caso 15 constituye una modificación del caso del ciclista en lo que respecta al hecho doloso).

III. El delito de omisión

1. Delitos propios e impropios de omisión

a) Nuestro código penal de 1871 ha aparecido en una época que no admitía que se exigiera al ciudada no una conducta especial y tampoco una actitud especial (por ejemplo, ético-social). Era un documento de concepción liberal del Estado y del derecho y lo sigue siendo también después de las dos leyes de reforma de 1969. El legislador no ha establecido innumerables preceptos de conductas o de actitudes, sino que ha prohibido conductas particularmente perjudiciales (con efecto en la estructura social). En consecuencia, las normas de nuestro derecho penal contienen en su mayoría prohibiciones (prohibición de matar, injuriar, lesionar, etc.) y solamente en pocos casos preceptos. Los preceptos más importantes se encuentran en los tipos de los §§138 y 330 c (precepto de denunciar crímenes y de prestar auxilio en caso de accidentes, respectivamente).

Los tipos que contienen prohibiciones se realizan mediante la comisión de la acción descrita (y prohibida); los tipos que contienen preceptos se realizan mediante la omisión de la acción descrita (y debida). En el primer caso, se habla de delitos de comisión y en el otro de delitos de omisión. El deslinde entre ambos ofrece algunas dificultades, que aquí no pueden examinarse en detalle. En cambio, es importante el criterio según el cual también los tipos comisivos pueden realizarse no solo mediante una acción positiva, sino también (valorativamente) mediante omisión. Contrariamente a lo que ocurría antes, el § 13 afirma ahora este criterio (aunque con una formulación demasiado vaga; ver el proyecto alternativo, parte general, ps. 203-204). Desde el punto de vista valorativo, es lo mismo que una madre mate al hijito asfixiándolo o porque no le da de comer. En el primer caso, realiza el tipo comisivo del § 212 mediante una acción positiva (consistente en poner la almohada sobre los órganos respiratorios del hijo) (delito de comisión), y en el otro mediante omisión (falta de suministración de los alimentos) (delito de comisión cometido mediante omisión: delictum commissivum per omissionem).

b) Existen, pues, dos formas de delitos de omisión: delitos propios de omisión, en que se infringe una norma preceptiva mediante, omisión, y delitos impropios de omisión, en que se trasgrede mediante omisión una norma prohibitiva (que se contraviene, de lo contrario, con una acción positiva). Ver más datos al respecto en Baumann, § 16, II, 4, a. En los delitos propios de omisión, la omisión es típica si corresponde a la descripción del tipo, o sea, si hay inactividad, aunque la situación señalada en él exige que el autor actúe.

De esta manera está indicada, al mismo tiempo, la antijuridicidad de la omisión. No obstante, los delitos impropios de omisión presentan dificultades especiales, porque las normas prohibitivas están referidas en primer término a infracciones cometidas mediante una acción positiva, y la omisión puede ser equiparada a la acción positiva solamente en los casos en que existe una particular proximidad frente al bien jurídico lesionado.

Ejemplo. En el caso de la madre que tiene el deber de cuidar al hijo (§ 1626 del código civil), se equiparará la omisión (la falta de suministración de los alimentos) a la acción positiva (asfixia). La norma contenida en el § 212 solo prohíbe que *X*, que no tiene relación alguna frente al niño, lo mate mediante una acción positiva. Si no lo alimenta, se puede estar frente a un caso de omisión de prestación de auxilio (§ 330 c), pero *X* no comete un homicidio.

2. La problemática

Nos limitaremos a estudiar, a continuación, algunos de los problemas que plantean sobre todo los delitos impropios de omisión.

a) Se discute si es posible encontrar un concepto (general) de acción unitario para la acción positiva y la omisión. Se ha afirmado que la omisión (en los dos grupos de los delitos de omisión) no constituye, precisamente, una acción, sino su contrario. Sobre todo Radbruch (*Handlungsbegriff* [Concepto de acción], 1904) ha argumentado que no puede existir un concepto general unitario para A y no-A (hacer y no hacer). Este razonamiento no es contrario al concepto de acción que hemos expuesto: la acción es conducta humana guiada por la voluntad. La conducta humana no puede consistir únicamente en realizar un movimiento corporal -por ejemplo, levantar un brazo-, sino también en no realizarlo -dejar el brazo caído-. No hacer nada es una conducta corporal muy difundida. Quien intenta agregar otros elementos al concepto de acción, tropezará inmediatamente con dificultades insolubles y se verá obligado a abandonar el concepto general común a la acción y a la omisión, que exige el § 15[*] juntamente con el § 13. También esta considera-

[*] § 15:
Solo es punible la acción dolosa si la ley no amenaza de manera expresa con pena la acción culposa.

ción habla en favor del concepto de acción -no causal ni finalista- sustentado por nosotros.

Por consiguiente, los principios expuestos en el nº I, 2, son válidos del mismo modo respecto de la omisión. Falta la omisión si quien omite queda obligatoriamente inactivo por inconciencia o vis absoluta (verbigracia, por haber sido sujetado). Si en el *caso c* la madre, aterrorizada, se hubiera desmayado y la niñera hubiera sido sujetada por quien habría arrojado al agua al niño, no habría acciones de la madre y de la niñera.

Son partidarios de un concepto de acción unitario para acción y omisión: Beling (*Lehre vom Verbrechen,* 1906, p. 15); Dohna (ZStW, 27, 332); Hegler (ZStW, 36, 24); Jescheck (*Festschrift für E. Schmidt,* 1961, p. 140, y § 23); Kollmann (ZStW, 28, 455); Kriegsmann (ZStW, 30, 444); v. Liszt-Schmidt (p. 152); Maihofer (*Handlungsbegriff,* 1953, p. 14); Maurach (§ 16, I, A, 1); Mezger (*Lehrbuch,* p. 102); Mezger-Blei (I, § 23, I), y E. A. Wolff *(Handlungsbegriff,* 1964).

Los autores que se oponen a dicho concepto son, sobre todo: Radbruch (ob. cit., ps. 76 y 131); Androulakis (*Unechte Unterlassungsdelikte* [Delitos impropios de omisión], 1963, ps. 56 y ss.); Bockelmann (*Über das Verhältnis von Täterschaft und Teilnahme* [La relación entre autoría y participación], 1949, p. 24; Gallas (ZStW, 67, 13), y Schönke-Schröder (números 26 y 81 antes del antiguo § 1).

Quien intenta descubrir otros puntos de contacto entre acción y omisión y utilizarlos para el concepto de acción, no solo pierde el concepto general común, sino que también arriesga abordar prematuramente problemas de tipicidad y antijuridicidad. Esto sucede sobre todo si se considera que un punto común de referencia entre acción y omisión consiste en hacer y omitir «algo» (MEZGER y la doctrina dominante). A la omisión esperada en la acción positiva corresponde, por cierto, la acción positiva esperada en la omisión: del homicida, espero que se abstenga del hachazo y de la madre que alimente a su hijo. Pero estas consideraciones no van más lejos. Como sucede en la acción positiva, también en la omisión, al preguntarse qué se espera del autor, se pone sobre el tapete la tipicidad y la antijuridicidad de la conducta. En uno y otro caso, la totalidad de las normas jurídicas dice cuál es la conducta que el orden jurídico «espera» del autor. Así como la acción positiva no existe solamente cuando la norma penal espera una omisión, del mismo modo la omisión no existe únicamente cuando la norma jurídica exige una acción positiva.

Los partidarios de la teoría de la acción finalista (Armin Kaufmann, Welzel) aprueban el concepto general de la conducta, pero este concepto (en forma consecuente desde el punto de vista de esta teoría) no se lo puede admitir como concepto de acción. La omisión es, ciertamente, un subcaso de conducta, pero no es una acción, sino su contrario. Según esta opinión, corresponde a la omisión el hecho de que el autor tenga la posibilidad de actuar y, además, conozca la situación. En contra de este punto de vista, es viable afirmar, en primer término, que se puede omitir algo incluso por olvido (por ejemplo, la madre olvida que debe dar al hijito una colación) y que también se omite en caso de que sea imposible otra conducta (si el papel se acaba, no se sigue escribiendo). Otra consecuencia de esta interpretación que a mi juicio debe rechazarse, es la siguiente: la teoría de la acción finalista exige, para que surja el deber jurídico de actuar, que se conozcan los presupuestos de la posición de garantía. Esto coincide con la concepción de lo injusto personal de esta teoría, pero lleva al resultado inadmisible, ya señalado (capítulo 1, I, 2, b), que no es el cumplimiento de los presupuestos jurídicos que crea el deber jurídico, sino el conocimiento de parte del autor acerca del cumplimiento: quien no sabe nada, no está obligado.

En el *caso c*, el deber de *P*, que ha procreado al niño, de salvarlo, no puede depender del conocimiento de la situación de parte de él, y tampoco su deber de hacerse cargo del mantenimiento (§ 1615 *a* y ss. del código civil). La afirmación dogmática de que a la omisión corresponde el conocimiento de la situación, no puede formularse en forma aislada, solo válida para el derecho penal. Su reconocimiento en el derecho civil (por ejemplo, en los parágrafos mencionados) daría lugar a dificultades insolubles en la dogmática del derecho civil. El mismo criterio vale para el derecho público, y sobre todo para el derecho de policía (concepto de perturbador, etc.).

b) La teoría más reciente pone cada vez más en duda –a mi entender, sin razón– la causalidad de la omisión (en los delitos impropios de omisión). Antes se pensó que se podía afirmar la posibilidad de la causalidad de una omisión, pero que so. la debía limitar a los casos del deber de garantía (ver Mezger, Lehrbuch, ps. 133 y ss.). En la actualidad, es un hecho indiscutible que la cuestión del deber de garantía corresponde al ámbito de la tipicidad o de la antijuridicidad y que no puede existir una especial causalidad de la omisión. Se niega a menudo, en general, la posibilidad de la causalidad. No hay causación, sino evitación de un resultado. Se argumenta que nada no puede originar nada. Se habla de una causalidad, tan solo potencial, de la acción esperada y omitida (ver Welzel, §§ 26,1, y 28, A, I, 3, c). Al respecto no se tiene en cuenta que la conducta corporal de la omisión no es un nullum material ni jurídico. Negar una causalidad de la conducta omisiva tendría como consecuencia la admisión de delitos de resultado en que no existiría ninguna causalidad entre la conducta del autor y el resultado. En el § 212, por ejemplo, solo se castiga la causación del resultado mortal. ¿Se pretende realmente afirmar que la madre que no alimenta a su hijo no ha causado su muerte?

A mi juicio, el sofisma de la no existencia de la causalidad de la conducta omisiva se funda sobre todo en la circunstancia de que a la omisión le falta evidencia. En la acción positiva se puede siempre observar algo, y en la omisión no se ve, casi siempre, nada. Si la omisión se vuelve evidente, pierde rápidamente terreno la tesis según la cual *ex nihilo nihil fit.* Si alguien deja correr cuesta abajo un cochecito para niños hacia un obstáculo sujetado por *T,* y después éste, ya cansado de este juego, se aleja cuando el cochecito se aproxima (o sea, omite sujetar el obstáculo), con la consecuencia de que el cochecito y el obstáculo caen al precipicio, no podrá haber dudas en cuanto a la causalidad entre la conducta de *T* Y la muerte del niño. Lo mismo si *T* hubiera frenado el cochecito con su cuerpo, pero se hubiera alejado de él de repente (omite frenarlo con su cuerpo).

En consecuencia, nos atenemos, incluso respecto de los delitos impropios de omisión, a la exigencia general de la causalidad entre la acción y el resultado típico (en los delitos de resultado). Habrá que examinar siempre si la omisión (o una acción positiva) no puede suprimirse sin que el resultado desaparezca (s. 75, 49, del TdR).

c) Dado que las normas prohibitivas del código penal se relacionan con infracciones cometidas con una acción positiva (prohibida), pero a esta acción positiva no equivale jurídicamente cada omisión de cada persona, sino tan solo la omisión de determinadas personas, particularmente obligadas a actuar (ver lo que se ha dicho en el n° 1, b), se plantea el problema de cuáles son los casos en que existe un deber jurídico de actuar que justifique, con arreglo al § 13, la equiparación; otro problema es el relativo a la forma en que debe clasificarse este deber jurídico (o deber de garantía). En cuanto a este último punto, se afirmó casi en general que la existencia del deber de garantía no es necesaria para la tipicidad, sino para la antijuridicidad de la omisión (casi siempre se pronunció en este sentido el TdR: ver las s. 63, 394; 74, 286, y 75, 246).

La opinión según la cual el deber de garantía corresponde a la tipicidad de la omisión (ya sustentada también por el TF en las s. 2, 155, y 3, 89), ha sido prácticamente abandonada a partir de la decisión 16, 155, del Gran Senado del TF. Coincidiendo con lo que ya habían afirmado Börker, Dreher, Maurach y otros autores, el TF y la .doctrina dominante diferencian: la posición de garantía, o sea, las circunstancias de las cuales se deduce un deber especial, tiene que pertenecer al tipo y el deber resultante a la antijuridicidad. De esta manera, el problema de la garantía sigue siendo un problema del tipo, dado que la posición de garantía ha de ser característica tácita del tipo. La separación y dislocación del deber de garantía adquieren especial significación en virtud de la teoría de la culpabilidad codificada ahora en el § 17, con arreglo a la cual el error del autor sobre el deber jurídico excluye el dolo (§ 16)* solamente si el deber jurídico pertenece al tipo. El TF se pronunció en favor de la exclusión del dolo en el error sobre el deber jurídico en los delitos propios e impropios de omisión en las s. 1, 27; 2, 155 y 297; 3, 20 y 89, y 7, 212; en cambio, después de la mencionada decisión del Gran Sena-

* § 16:
1) El que al cometer el hecho no conozca una circunstancia que pertenece al tipo legal, no actúa dolosamente. No resulta afectada la punibilidad por comisión culposa.
2) El que al cometer el hecho admita erróneamente circunstancias que realizarían el tipo de una ley más benigna, podrá ser castigado por comisión dolosa solamente con arreglo a la ley más benigna.

do, la exclusión del dolo solo se tiene en cuenta si el autor yerra sobre los presupuestos de la posición de garantía; si yerra sobre el deber resultante, habrá un «error sobre el precepto» correspondiente al error sobre la prohibición que se tratará sobre la base del § 17. Según la s. 19, 295, del TF, también en los delitos propios de omisión el deber jurídico pertenece a la antijuridicidad.

No obstante, la exclusión del dolo por error sobre los presupuestos de la posición de garantía no se puede aplicar si, para que surja el deber jurídico, el TF exige que se conozca la posición de garantía. Si este conocimiento no existe, el deber jurídico desaparece y, así, la antijuridicidad de la realización del tipo.

El TF también podría aclarar cómo debe clasificarse el error de una enfermera que cree que su contrato de empleo ha vencido. Precisamente estos casos revelan, a mi juicio, que es imposible o, por lo menos, injusto hacer una diferenciación entre deber básico y deber, y error sobre el tipo y error sobre la prohibición.

La opinión de que el deber de garantía (o las circunstancias que lo fundamentan) pertenece al tipo, tuvo que vencer, antes de la introducción del § 13, no pocas dificultades. El anterior derecho penal no preveía tipos especiales de omisión impropia, y en cierta medida era difícil afirmar circunstancias de hecho que no se encontraban en ningún tipo. Se planteó el problema de si era contrario al principio nullum crimen (art. 103 de la Ley Fundamental) tratar la simple omisión como realización del tipo y castigar a título de omisión impropia. La doctrina dominante invocó la circunstancia de que el legislador, al crear el art. 103, conocía la situación del delito impropio de omisión y que, consecuentemente, la había aprobado.

Introducido en el código penal el § 13, ya no es necesario recurrir, en casi todos los casos, a esta argumentación poco satisfactoria. No obstante, esta cláusula general no basta, en el delito impropio de omisión, para consolidar el tipo y descubrir más exactamente lo injusto. Es imposible encontrar una formulación típica para todos los casos merecedores de pena, pero, siguiendo la sugerencia del proyecto alternativo, el legislador habría debido empeñarse en redactar el tipo en forma más concreta. La característica decisiva del deber de responder de la no producción del resultado, prevista en el § 13, es mucho más indeterminada que la descrita en el § 12 del proyecto alternativo (ver la exposición de motivos, parte general, ps. 49 y 203).

A mi juicio, toda la discusión sobre la clasificación del deber de garantía depende del desconocimiento de la relación complementaria existente entre tipo y antijuridicidad, norma y contranorma. Quien solo ve en el tipo el empeño (siempre imperfecto) del legislador de señalar en la forma más exacta posible la conducta socialmente perjudicial, no cae en la tentación de negar la tipicidad de la omisión. La persona cuya conducta omisiva es causal respecto de un resultado típico, realiza el tipo aunque tuviera un deber especial de evitar el resultado. Pero su conducta es antijurídica solamente si tenía el deber de evitarlo. El precepto de actuar que crea el deber jurídico correspondiente, completa la norma típica, así como los principios de permiso que en caso de tipicidad excluyen la antijuridicidad. La tesis sustentada aquí (deber de garantía, importante en el ámbito de la antijuridicidad) no se opone al art. 103 de la Ley Fundamental. También habla en favor de ella la circunstancia de que pertenecen al ámbito de la antijuridicidad incluso los demás deberes jurídicos en los delitos de comisión (por ejemplo, causas de justificación en las atribuciones del cargo, deberes del cargo). ¿Por qué razón no se restringe la tipicidad también en ellos y a través de ellos? Finalmente, el policía que detiene a un pendenciero y actúa típicamente con arreglo *a los* §§ 239 y 223 (privación de la libertad y lesiones corporales leves, respectivamente), pero no en forma antijurídica (§ 127 de la ordenanza procesal penal), puede sentirse tan desacreditado como el que presencia la pelea, que no está obligado a intervenir y no interviene.

Ejemplo. Si la madre y otra mujer que no tiene lazos de parentesco con el niño no actúan mientras éste se muere de hambre, una y otra obran del mismo modo y causan su muerte. El especial deber de la madre no tiene nada que ver con la acción y la causalidad. Tampoco afecta la tipicidad (no así la doctrina dominante), dado que ambas mujeres han producido, con su conducta, el resultado qué es, según el § 212, socialmente perjudicial, o sea, han realizado este resultado típico. Solamente la madre, obligada a actuar, ha cometido lo injusto previsto en el § 212, en tanto que la otra mujer puede ser punible únicamente con arreglo al § 330 c.

Mientras la clasificación del deber jurídico de actuar (deber de garantía) es objeto de continuas discusiones, existe unanimidad de pareceres respecto de los casos relativos al deber de garantía. El § 13 no ha modificado nada sobre el particular (y tampoco ha restringido, desgraciadamente, la abundante jurisprudencia). Por lo común, se mencionan cuatro grupos: deber de garantía fundado en la ley, en negocio jurídico, en acción precedente y en relaciones concretas de vida. Se coincide en que los simples deberes morales no bastan para crear un deber de garantía, y tampoco los preceptos de actuar contenidos en los delitos propios de omisión (por ejemplo, §§ 138 y 330 c). Son numerosas las divergencias con respecto al deslinde de los distintos grupos (por ejemplo, un negocio jurídico nulo corresponde, según la opinión dominante, al segundo grupo, y a mi entender, al tercero), así como también al alcance del cuarto. Aquí es suficiente mencionar los casos del deber de garantía y dar un ejemplo demostrativo.

Caso c. Por ley (§§ 1705 y 1626, párr. 2, del código civil), la madre tiene el deber de cuidar a su hijito y, pues, a evitar el resultado. Para la niñera existe el deber de evitar el resultado en virtud de negocio jurídico (contrato con la madre, deber contractual de evitar el peligro). Al arrojar descuidadamente al niño al agua. *A* ha causado la situación de peligro. Esta acción precedente también lo obliga a evitar el resultado. Incluso quien ha procreado al niño está ligado por parentesco a él (§ 1589 del código civil, no así él § 1589, párr. 2, derogado) y su deber de garantía se infiere de esta relación de parentesco. Es dudoso si existe para el vecino el deber de evitar el resultado por relaciones concretas de vida (opto por la negativa). El transeúnte no tiene ninguna relación de garantía frente a la víctima. El deber moral y también él deber que deriva del § 330 *c* no bastan para fundamentar una posición de garantía. Al transeúnte no se lo puede castigar por homicidio mediante omisión según el § 212 (delito impropio de omisión), sino únicamente por omisión de prestación de auxilio con arreglo al § 330 *c* (delito propio de omisión).

d) El delito de omisión (delitos propios e impropios de omisión) presenta peculiaridades también en el ámbito de la antijuridicidad y de la culpabilidad. La antijuridicidad de la omisión propia o impropia desaparece en caso de imposibilidad de actuar (en cambio, según la doctrina dominante, no hay omisión o exclusión del tipo). Se trata de un subcaso del principio general y particularmente actual en los delitos culposos, con arreglo al cual la inevitabilidad del resultado hace desaparecer la antijuridicidad de la conducta que realiza el tipo. Como ya se ha dicho (II, 2, a), el orden jurídico no puede considerar como evitables resultados inevitables; los límites de las facultades humanas también son los límites de los preceptos y de las prohibiciones. La omisión es una acción, y es también causal (concepto discutido) y típica, pero no antijurídica.

Ejemplos. Si en el *caso c* la madre no sabe nadar, no puede salvar al niño. No tendría sentido decir que tiene el deber jurídico de saber nadar y de salvar. Si el medico mencionado a propósito del caso de la novocaína (II. 2, a), no aplica la inyección que corresponde desde el punto de vista de la medicina, porque es imposible conseguir .el medicamento, el resultado es inevitable como en el otro caso. Si alguien se entera de un asesinato inminente y no lo denuncia por no disponer de todos los servicios informativos, no falta la tipicidad de su omisión con arreglo al § 138, pero sí la antijuridicidad.

Si la evitación del resultado no es imposible, pero no exigible a quien omite, no resulta excluida la antijuridicidad, sino tan solo la culpabilidad. En consecuencia, la exigibilidad de la conducta es presupuesto general (en el § 330 c, es circunstancia del hecho) de la lesión culpable del deber jurídico de actuar (y no de la existencia de este deber jurídico): ver la s. 58, 97 y 227 del TdR y las s. 4, 23; 6, 57. y 11, 135 y 353 del TF.

Si en el *caso c* el transeúnte considera, aunque sea buen nadador, que la acción de salvar al niño pone en peligro su vida por la corriente impetuosa, el tipo previsto en el § 330 c no se realiza. Si el tipo de un delito propio de omisión no contiene la característica de la exigibilidad, solo resulta excluida la culpabilidad en caso de que sea posible, pero no exigible, la evitación del resultado. Si en el *caso c* la débil niñera corriera el peligro de morir ahogada si quisiera salvar al niño, infringiría su deber de garantía, pero no se le podría reprochar culpabilidad.

En lo que se refiere a los problemas del error, ver lo que se ha dicho, a manera de introducción, en el n° 2, c. En cuanto a los pormenores, deben consultarse los tratados.

IV. Síntesis

El tipo de una ley penal debe realizarse mediante una acción: ver el § 15. Acción es conducta humana guiada por la voluntad, siendo indiferente que esta conducta corporal consista en una acción positiva o en una omisión. El elemento de la conducta corporal humana excluye del concepto de acción tanto las formas de conducta animales y los fenómenos de la naturaleza como las simples actitudes internas. Nuestro concepto de acción es un concepto jurídico que, independientemente de criterios presuntamente ontológicos, debe ser practicable para todas las formas delictivas. No es ni causal ni finalista: en efecto, en el primer caso no correspondería a los delitos de simple actividad, y en el segundo a los delitos culposos. No pertenecen a la misma acción el resultado de una acción, ni los objetivos del autor. Basta que éste quiera la conducta corporal (no en los movimientos reflejos, en la inconciencia, en la vis absoluta). Respecto de la cuestión de si existe una acción, no tiene importancia alguna establecer lo que el autor tiene en mira.

Solo puede actuar quien es capaz de actuar. Lo es toda persona natural que está en condiciones de realizar una conducta corporal voluntaria (esto es, incluso el niño y el alienado). La persona jurídica es capaz de actuar si el derecho atribuye a ella, como acción propia, las acciones de sus organismos (las personas naturales).

Una acción es típica si corresponde (en los delitos de simple actividad) a la descripción hecha en el tipo o si produce (en los delitos de resultado) el resultado indicado en él. En este último caso debe existir un nexo causal entre la acción y el resultado típico. Hay que referirse siempre al resultado concreto. Para la cuestión de la causalidad, no tiene ninguna importancia que este resultado se haya producido después o en otra forma.

Según la teoría dominante de la condición o de la equivalencia, es causal toda condición que no puede suprimirse sin que desaparezca el resultado (conditio sine qua non). Entre sí, todas las condiciones son (en el marco de la causalidad) equivalentes. Hay nexo causal incluso entre las condiciones más insignificantes y el resultado. El número de las partes intermedias o condiciones intermedias es fundamentalmente ilimitado. Se da causalidad anticipadora solamente si la cadena causal más rápida no ha sido impulsada o influida de otro modo por la más lenta. La fórmula de la condición no procede cuando se da la llamada causación doble -la equivalencia realizada rígidamente en caso de causalidad completamente improbable e imprevisible (los casos de la tentativa supersticiosa)-.

La teoría de la adecuación y la teoría de la relevancia se empeñan en evitar la amplitud -que a menudo se presenta en forma ilimitada- de la teoría de la equivalencia, aumentando las exigencias respecto de la intensidad del nexo causal. Según estas teorías, un resultado está causado o debe considerarse causado, únicamente si es la consecuencia típica de la acción. A la inversa, es causa tan solo la acción que es generalmente apropiada para producir un resultado de esta naturaleza. Estas teorías desembocan, en cuanto al resultado, en deslindes de equidad.

También la omisión es una acción, que puede ser causal respecto de un resultado determinado (criterios discutidos). Si la omisión del autor realiza un tipo de omisión (con norma preceptiva), se habla de delito propio de omisión y si realiza un tipo de comisión (con norma prohibitiva, trasgredida comúnmente por una acción positiva), se está frente a un delito impropio de omisión. Este último delito se presenta únicamente si existía para quien omitió un especial deber jurídico de actuar (deber de garantía); ver la formulación del § 13. La clasificación de este deber de garantía es objeto de discusiones. La teoría que dominaba anteriormente incluyó dicho deber en la tipicidad de la conducta. A partir de la s. 16, 155 (importante para el tratamiento del error), el TF situó en el tipo las características fundamentadoras del deber y en la antijuridicidad (como nosotros) el deber resultante. La teoría dominante ha aprobado este punto de vista.

A la antijuridicidad de la omisión (criterio discutido), corresponde la posibilidad de la acción que evita el resultado. En cambio, la no exigibilidad de la acción no excluye la antijuridicidad, pero sí la culpabilidad. Según la opinión dominante, un error sobre la posición de garantía hace desaparecer el dolo, en tanto que un error sobre el deber es un error relativo al precepto, el cual ha de ser tratado como el error sobre la prohibición.

Ver, para profundizar estas cuestiones, la bibliografía siguiente: Baumann, §§ 16 a 18; Jescheck, §§ 23, 28 y 58 a 60; Maurach, §§ 15 a 18, 45 y 46; H. Mayer, § 17, y Libro de estudio, §§ 15 y 16; Mezger-Blei, §§ 18 a 21 y 23 a 29; Schönke-Schröder, números 25 a 36 y 56 a 144 antes del § 1 derogado; Stratenwerth, §§ 7, 9, 14 y 16; Welzel, §§ 8, 9 y 26 a 28.

CAPÍTULO 5

ANTIJURIDICIDAD

Casos:

a) El ladrón *A* ES sorprendido por un policía cuando sale de la sucursal de la caja de ahorros. Al verlo, *A* huye. Pero el policía logra alcanzarlo y sujetarlo después de una breve resistencia. *A* ES llevado a la comisaria. ¿Lesión corporal? ¿Privación de la libertad?

b) Al automovilista *A* que conduce prudentemente, se le cruza de repente un niño delante del vehículo. No puede evitar que el niño resulte lesionado mortalmente. ¿222 (homicidio culposo)? ¿Qué sucedería si *A* hubiera superado el límite de velocidad permitido para el tránsito en la ciudad, pero el niño hubiera sido atropellado y matado aun en caso de marcha lenta del automovilista?

c) El guardabosque Teobaldo divisa en el coto de caza a su enemigo, el cazador furtivo C; no ve que éste ya había apuntado la escopeta contra él para matarlo. El guardabosque lo mata de un tiro. ¿Legítima defensa?

I. Tipo e injusto

1. El efecto indiciario del tipo

Dado que, como se ha dicho en el capítulo 3, los tipos de la parte especial constituyen lo injusto penal (limitándose a describirlo), una conducta típica también es, por regla general, antijurídica. Se acostumbra decir que la realización del tipo es un indicio de la antijuridicidad. Al hablar de los elementos del hecho punible (capítulo 2, 2, c), hemos visto que este juicio de antijuridicidad es de todos modos provisorio, y que antes de afirmar la existencia de la antijuridicidad debe examinarse si la conducta del autor no puede justificarse recurriendo a normas especiales de excepción. Se ha demostrado esta intervención de normas de justificación a propósito de la legítima defensa prevista en el § 32 y es conveniente que se vuelva a leer esas explicaciones.

a) Mientras este reconocimiento (muy simple) del efecto indiciario del tipo casi no ha sido objetado desde Beling, las opiniones sobre la relación entre tipo e injusto, norma típica y norma de justificación discrepan considerablemente. De una total equiparación y fusión del tipo y de la antijuridicidad, se va al otro extremo de separar completamente a uno y a otra. A nuestro juicio, el tipo es el intento (necesariamente imperfecto) del legislador de tipificar lo injusto punible. La tipificación de lo injusto se realiza casi siempre de modo que la norma del tipo se extienda mucho, y también incluya casos que el orden jurídico no considera como injusto. Por consiguiente, es necesario crear, mediante disposiciones de excepción, causas de exclusión de lo injusto que hagan aparecer como no existente la antijuridicidad indiciada por la realización del tipo (vaciar, en cierto modo, el indicio). La ley procede según el principio de la regla-excepción, o sea, establece siempre en forma generalizadora normas y contranormas, de cuyo concurso se deduce el verdadero precepto de la conducta.

En el *caso a* el policía ha realizado los tipos de los §§ 223 y 239. Al sujetar al ladrón lo ha maltratado en el cuerpo, y al llevarlo a la comisaría lo ha privado de su libertad corporal de movimiento. No obstante, la conducta del policía resulta justificada por las causas de justificación del § 32 (legítima defensa contra la agresión antijurídica del ladrón) y del § 127 de la ordenanza procesal penal (derecho de detener en flagrante y sospecha de fuga). Si se quisiera fusionar tipo y antijuridicidad, se negaría en este caso la tipicidad de la conducta del policía. Se correría el peligro de no examinar exactamente las causas de justificación. En cambio, la intervención en la invulnerabilidad corporal y en la libertad de quien infringe el derecho es, para nosotros, suficientemente sospechosa como para admitir la tipicidad y examinar exactamente si también existen realmente los presupuestos del § 127 de la ordenanza procesal penal. Tal vez, no venía al caso pensar que *A* quería huir (por ejemplo, él era el sereno que deseaba ir con toda prisa a su casa).

De esta manera, el tipo se presenta como el primer tamiz que separa las conductas penalmente relevantes de las que no lo son. Solamente las conductas que realizan el tipo pasan por él y después son objeto de examen penal, o sea, se estudia su antijuridicidad. (Aquí debe leerse de nuevo lo que se ha dicho en el capítulo 3, I, 1, y IV, a propósito de la función de garantía del tipo). Esta función de selección del tipo no debe sobrevalorarse y en la realización del tipo no debe verse una incriminación del autor. Para no perder de vista la imagen, diremos que el tamiz realización del tipo es necesariamente simple y que por él muchas conductas conformes a derecho se estudiarán detenidamente respecto de su antijuridicidad. Si el tamiz fuera demasiado ajustado, surgiría el peligro de que conductas merecedoras de pena no pasen por él y queden exceptuadas del examen, y que la lesión de bienes jurídicos a veces importantes no sea objeto de un estudio detallado.

La red del tamiz sería excesivamente densa si se uniera tipo y antijuridicidad con el afán de presentar como no típico el mayor número posible de conductas conformes a derecho. Se ha vuelto famoso el ejemplo del verdugo (en un Estado que prevea la pena de muerte). Aquí se dice que no tiene sentido afirmar en primer término la tipicidad de la acción homicida y negar inmediatamente después la antijuridicidad (sentencia penal y medida de ejecución de la ordenanza procesal penal como causa de justificación). Para nosotros, un homicidio es suficientemente sospechoso como para afirmar la tipicidad y examinar luego con precisión si la sentencia podía ejecutarse (y si no era, verbigracia, nula o firme).

El principio de la regla y excepción, expuesto aquí, es abstracto y también numérico en muchos tipos, pero no en todos. Al hablar de los tipos, se ha hecho referencia a los llamados «tipos abiertos» (capítulo 3, III, 1, d). Se ha dicho que algunos tipos encierran un ámbito muy amplio de conductas humanas (ver, por ejemplo, el § 240), tan amplio que el número de las conductas conformes a derecho que realizan el tipo es más grande que el de las realizaciones antijurídicas del tipo. La lesión de un bien jurídico (y la realización de un tipo que lo protege) socialmente deseada (por ejemplo, medidas educativas de los padres) se produce con mucha frecuencia. Según la forma del bien jurídico protegido en el tipo, solo existen, por consiguiente, pocas o muchas contranormas justificantes (bien jurídico vida o libertad de la coacción, respectivamente). No obstante, sería un error restringir las normas típicas únicamente por este exceso de lesiones justificadas de bienes jurídicos. El orden jurídico no es tan primitivo (y no puede serlo por los vínculos sociales del hombre cada vez más importantes), como para proteger bienes jurídicos teniendo en cuenta tan solo el grado de los perjuicios que ocasionan. El orden jurídico debe tener en cuenta las múltiples obligaciones del individuo, renunciar a bienes jurídicos en ámbitos determinados y en otros admitir agresiones determinadas contra bienes jurídicos, etc. Esto pone de manifiesto que no pueden existir unas pocas causas de justificación. En todos los campos del derecho se encuentran disposiciones que consienten o incluso exigen, bajo presupuestos determinados, una conducta típica lesionadora del bien jurídico. Piénsese tan solo en las facultades y en los deberes de intervención que se infieren, por ejemplo, del derecho de policía o del derecho sobre la ejecución forzosa.

b) En consecuencia, entre la norma típica y la norma de exclusión de lo injusto (norma de justificación) existe una auténtica relación complementaria. Hoy ya no se duda de que las causas de justificación solo deben tratarse, en el aspecto procesal, como la realización del tipo. En el proceso penal se debe demostrar al autor no solo que ha realizado él tipo, sino también que no existen causas de justificación (por ejemplo, que ha matado a *V* y que no se da legítima defensa). Aquí, A no tiene, de ninguna manera, la carga de la prueba. No obstante, en el derecho material se afirma a menudo que ambos grupos de normas presentan una estructura diferente y se asigna más trascendencia a la norma típica, como si el juicio sobre la realización del tipo ya fuera un juicio de disvalor sobre la conducta de quien lo ha realizado.

Hay que admitir que el tipo no «carece de valor». La comprobación de que el tipo se ha realizado, contiene, desde todo punto de vista, una valoración de la conducta del autor: ésta lesiona bienes jurídicos protegidos penalmente (*y* no la protección penal de bienes jurídicos, porque esto ya significaría afirmar la antijuridicidad de la conducta del autor). La lesión de bienes jurídicos protegidos penalmente no es un nullum, sino que para nosotros representa el motivo para investigar esta conducta en su antijuridicidad y examinar si existe realmente un injusto penal. Creo que Beling (a quien se imputa el «tipo carente de valor») aquí ha sido fundamentalmente mal interpretado. Por otra parte, la afirmación de la tipicidad no es, para nosotros, un juicio de valor (en el sentido de un juicio de disvalor) sobre la conducta del autor y tampoco un juicio provisorio. No puede serlo en vista de la superioridad numérica, que debe comprobarse con frecuencia, de realizaciones del tipo conformes a derecho. Por lo tanto, tampoco es coz-recto que en la comprobación de lo típico -pero conforme a derecho (porque existe una causa de justificación)- se vea, desde el punto de vista jurídico, algo más que en la no comprobación de la tipicidad. Desde el punto de vista jurídico y, precisamente, respecto del juicio que debe pronunciarse acerca de la anlijuridicidad, el hecho de matar a un hombre en estado de legítima defensa equivale a no matarlo o equivale, para mencionar un ejemplo antiguo y conocido, a matar un mosquito (en contra, Welzel, *Neues Bild*, p. 17, y Lehrbuch, § 14, I, 1). ¡Una conducta es legítima o no! Nadie ha puesto todavía en duda que el hecho de matar a un hombre sea materialmente algo distinto que matar, verbigracia, un bacilo. La norma prohibitiva y la norma permisiva son jurídicamente equivalentes, el permiso anula la prohibición o a la inversa, y no existe ningún motivo (como dice Welzel, ob. y lug. cit.) para hablar de normas prohibitivas y de simples principios permisivos. También las normas que permiten intervenir en bienes jurídicos protegidos penalmente, son normas que tienen la misma eficacia. Del concurso de ambos grupos de normas se infiere el ámbito de la protección penal, o sea, el ámbito de lo injusto penal.

c) Esta relación complementaria entre norma típica y norma de justificación se pone de manifiesto con mucha claridad, a mi entender, en la permutabilidad de circunstancias de hecho y circunstancias de justificación. La «antijuridicidad» no es, por cierto, una circunstancia del hecho, sino una característica general del delito, incluso cuando el legislador introduce en el tipo, en cierto modo como una referencia dirigida al juez, el concepto de la antijuridicidad (como sucede, por ejemplo, en el § 303). Se causan tantos daños conformes a derecho a cosas ajenas (piénsese en las innumerables posibilidades de justificación derivantes de contratos de derecho civil, por ejemplo, relación entre arrendatario y arrendador), que el legislador consideró oportuno recordar al juez el carácter provisorio y el simple efecto indiciario de la realización del tipo. Sin embargo, sería perfectamente imaginable una ley penal que exija en cada tipo la antijuridicidad de la conducta del autor. También sería perfectamente imaginable convertir esta característica en circunstancia del hecho, con la consecuencia de que un error sobre la antijuridicidad excluiría el dolo. Por último, muchos tipos contienen conceptos como «no autorizado», «competente», «jurídicamente válido», o sea, circunstancias de hecho que en cierta medida exigen siempre, para un recorte de la descripción del tipo, un examen sobre lo que es conforme a derecho (por ejemplo, la competencia con arreglo a la ley orgánica del poder judicial). También se puede pensar que lo injusto penal que describe el tipo, sea más limitado que como injusto o antijuridicidad a secas (por ejemplo, lo injusto del derecho civil). En consecuencia, no sería una tautología que un legislador, al introducir la circunstancia de hecho «antijurídico», aclarara que lo injusto penal solo existe cuando de otros ámbitos parciales del derecho no se infiere una justificación de la conducta del autor.

Si nos atenemos a nuestro derecho penal en vigor que no prevé una circunstancia de hecho de la antijuridicidad, se pone de relieve, aquí también, que los elementos de la justificación son permutables con los elementos de la tipicidad. Así, se admite que el consentimiento del lesionado sea una causa general de justificación en los tipos que protegen bienes jurídicos disponibles. El legislador habría podido dar a esta causa de justificación un signo negativo y agregarlo, por ejemplo, a los tipos sobre la protección del patrimonio. Entonces, la redacción del § 246 habría sido ésta: «El que se apodere, sin el consentimiento del titular, de una cosa mueble ajena, será castigado»... Que el legislador considere como causa de justificación el consentimiento del guardador o, como ha ocurrido, agregue al § 236 sobre el rapto, como característica del tipo, la falta de consentimiento, es, en cuanto al resultado, indiferente y representa una cuestión de practicabilidad.

d) Desde este punto de vista de la relación complementaria y de la permutabilidad, por lo menos, de los elementos del tipo y de la justificación, también debe considerarse la teoría de las llamadas «características negativas del tipo». Según esta teoría, fundada por el penalista de Tubinga Frank y por Merkel y que sigue siendo válida, con razón, en cuanto al resultado (ver la jurisprudencia del TF acerca del error sobre causas de justificación), todas las causas de justificación son características negativas del tipo. Por lo tanto, debe añadirse a cada tipo la suma de las normas justificantes que vienen al caso. De ahí, por ejemplo, que el tipo del § 212 deba completarse con la expresión: sin estar en situación de legítima defensa. La teoría de las circunstancias negativas del hecho es sustentada aún hoy abiertamente, pero se la practica con timidez (ver la jurisprudencia del TF acerca del error). Francos partidarios de esta teoría son, por consiguiente, todos aquellos que, aunque no fusionen tipo e injusto, los equiparan en amplia medida y ven en el tipo la (excluyente) ratio essendi de lo injusto penal.

Cuando se habló de una tipificación de lo injusto a través del tipo, solo se quiso afirmar la determinación típica y no completa de lo injusto penal (Mezger y Sauer se expresan, en parte, de otro modo). A nuestro juicio, el tipo se realiza incluso si existen causas de exclusión de lo injusto. Para nosotros, no existe únicamente la realización antijurídica del tipo, sino también la realización conforme a derecho del tipo. No negamos que en el *caso a* el policía haya actuado típicamente. Al contrario, esta comprobación puede ser motivo para que examinemos en detalle la antijuridicidad.

Según la opinión sustentada aquí, se deduce que la verdad de la teoría de las circunstancias negativas del hecho reside en la equivalencia de elementos que constituyen el tipo y son justificantes. No son antagónicos, sino que se complementan (relación complementaria). El consentimiento como causa de justificación no es una circunstancia de hecho, si no se lo agrega al tipo en forma negativa, por ejemplo, al tipo de un delito contra el patrimonio. Pero, y sobre todo respecto del tratamiento del error, es equivalente a las circunstancias de hecho. Esta teoría puede mencionarse en apoyo, de la opinión afirmada aquí.

Roxin, en la nota bibliográfica que dedica a mi tratado y a este trabajo (ZStW, 80, 694 y ss.), tiene perfectamente razón cuando dice que mi estructura del delito contiene dos grados. Es exacto que aquí no se acepta una antijuridicidad rígidamente separada de la tipicidad.

e) Si la tipicidad de una conducta es el fundamento de lo injusto penal y es indicio de él, puede deducirse, de la estructura de nuestros tipos, la estructura de lo injusto. Si en nuestro código penal tuviéramos tipos que amenazaran con pena una actitud interna del autor, se debería definir lo injusto penal como un «injusto referido a la actitud». Pero, si nuestros tipos describen una conducta externa (en los delitos de simple actividad) o si señalan la Conducta no deseada únicamente a través de la descripción del resultado desaprobado (en los delitos de resultado), lo injusto penal es un injusto de conducta o de resultado. Por consiguiente, el acento se encuentra en el resultado en el mundo externo en sentido amplio (en los delitos de simple actividad) o en el resultado en sentido estricto (en los delitos de resultado); de ninguna manera se encuentra en la actitud, en la voluntad o, en general, en lo que existe subjetivamente en el autor. Nuestro injusto es un injusto referido al hecho, y no al autor. El resultado en el mundo externo en sentido amplio constituye lo injusto solamente si lo causa un hombre (ver lo que se ha dicho en el capítulo 4,1).

De la tesis, ya expuesta, sobre la función de nuestro derecho penal (capítulo 1, 1, 2), pero también de la estructura de nuestros tipos (que constituyen lo injusto penal), se deduce que debemos negar una prioridad al disvalor del acto (en que el acento se encuentra en los elementos subjetivos del autor) y un concepto personal de lo injusto. Tenemos tipos de hechos y no «tipos de autores». No es un hallazgo sensacional afirmar que para la realización del tipo, o sea, para la comisión de un hecho, necesitamos un hombre como autor. Injusto y antijurídico no es este autor, sino el hecho que ha cometido. Una concepción de lo injusto personal en el verdadero sentido de la palabra corre siempre el peligro de hacer depender la existencia de un hecho antijurídico de los fines, intenciones, conocimientos y comprensiones del autor. Un nítido ejemplo de esta especie lo ofrece la tesis de la teoría de la acción finalista, o sea, que a la omisión corresponde el conocimiento de la situación y al deber de garantía el conocimiento de las circunstancias fundamentadoras del deber. Para una concepción de lo injusto personal, sería lógico exigir, respecto de la comisión de lo injusto, no solo el conocimiento de las circunstancias de hecho, sino también de la comisión de lo injusto: infringe la prohibición de matar únicamente quien sabe que mata y que no debe matar. Pero nunca nos haremos cargo de estas consecuencias. Desconocer la relación complementaria entre norma típica y contranorma es un intento para eludir consecuencias de esta especie.

2. El juicio de antijuridicidad

a) Mientras la anterior dogmática penal no diferenciaba entre injusto y antijuridicidad y aún hoy se emplean estas palabras como si fueran sinónimas, son ahora cada vez más numerosos los intentos para hacer un distingo al respecto. Así, se afirma (Welzel, § 10, II; Engisch, Festschrift zum Deutschen Juristentag, 1960, p. 402, y con frecuencia Arthur Kaufmann, recientemente en ZStW, 76, 543) que injusto es algo sustancial (el hecho antijurídico) y antijurídico el predicado para una conducta determinada. Si esta diferenciación aclara que la calificación antijurídico corresponde o no a una conducta (o sea, que no existe un aumento de lo antijurídico o de lo conforme a derecho; ver lo que se ha dicho en el n° 1, 1, b), nada hay que objetar. Más importante me parece admitir que injusto (así como la culpabilidad) es un concepto aumentado, en tanto que antijuridicidad corresponde o no a una conducta determinada. En el ámbito de la conducta antijurídica se dan distintos grados de injusto; se han ocupado de este punto sobre todo Kern (ZStW, 64, 255) y Lenckner (*Der rechtfertigende Notstand* [El estado de necesidad que justifica], 1965, ps. 32 y ss.). Lo injusto penal es injusto aumentado frente a lo injusto civil e incluso en lo injusto penal lo injusto referido al homicidio se sitúa en un plano más alto, por ejemplo, que el de la lesión corporal. Esto tiene significación particular para la teoría del error, ya que consiente establecer un distingo entre el simple conocimiento de la antijuridicidad (conocimiento de la prohibición) y el de lo injusto. Una prohibición existe o no existe. Por lo tanto, el conocimiento de la prohibición no es graduable. Lo es, en cambio, lo injusto. En consecuencia, también lo es la conciencia de lo injusto. Debe siempre exigirse que el -autor conozca no solamente la antijuridicidad de su conducta, sino también lo injusto específico. Solo de esta manera puede fundamentarse la teoría de la divisibilidad de la conciencia de lo injusto (s. 10, 35, y 15, 377, del TF). Sobre todo Arthur Kaufmann se ha referido a este asunto en su escrito sobre la conciencia de lo injusto en la teoría de la culpabilidad del derecho penal (1949, p. 128).

b) Como ya se ha dicho, el juicio de antijuridicidad no se refiere al autor, sino al hecho. Éste es objeto del juicio que debemos pronunciar. «Antijurídico» significa que este hecho es contrario al orden jurídico. En este sentido, el juicio es objetivo, por ser un juicio impersonal emitido por el orden jurídico (y llevado a la práctica por el juez) acerca *del suceso. También el juicio de culpabilidad es* objetivo e impersonal, no referido al suceso, sino a la relación existente entre el hecho y el autor: la responsabilidad del autor por el hecho.

En cambio, antes se afirmaba con frecuencia que «la antijuridicidad es algo objetivo», en el sentido (le que solo son decisivos, para la cuestión de la antijuridicidad, elementos objetivos, y que lo injusto es algo simplemente objetivo. Fue sobre todo Beling quien, en su afán de elaborar el tipo en sentido estricto y separar la antijuridicidad de la culpabilidad, equiparó el límite entre una y otra al límite entre elementos objetivos y subjetivos. Ya hemos visto (capítulo 3, III, 1) que estos límites no pueden equipararse y que, al lado de características objetivas del tipo, también existen características subjetivas, a saber, fundamentos subjetivos de lo injusto. Más adelante (III) se hablará en detalle de la teoría de los elementos subjetivos de lo injusto. Solo es exacto que procede correctamente un legislador que, pretendiendo conservar el orden externo en la estructura social (y no castigar únicamente, verbigracia, los sentimientos), describa lo injusto penal empleando circunstancias de hecho en su mayoría objetivas, o sea, lo constituya con datos objetivos. Aún hoy el límite trazado por BELING puede interpretarse como una advertencia dirigida al legislador.

En cambio, la teoría de la acción finalista sustenta el criterio de que la dogmática penal dominante ha quedado a mitad del camino en el reconocimiento de los elementos subjetivos de lo injusto y que debe admitirse especialmente el dolo como elemento subjetivo de lo injusto. De la existencia de elementos subjetivos de lo injusto (por ejemplo, la intención del § 242) no deducimos una estructura particularmente subjetiva de lo injusto; del mismo modo no pueden deducirse apreciaciones generales de la posibilidad, admitida por la ley, de castigar la tentativa. De la excepción (la anticipación de la punibilidad) no puede inferirse la regla (la estructura general de lo injusto penal).

Las explicaciones relativas al objeto del juicio de antijuridicidad y al sujeto del juicio serían muy incompletas si no se hablara de la teoría de la doble función de la norma. Esta teoría, patrocinada especialmente por Mezger (Der Gerichtssaal, 89, 207 y ss.) y descuidada sin razón en la actual discusión sobre lo injusto, toma como punto de partida una doble dirección de la norma penal. Según ella, la norma penal es una norma de apreciación que considera como conforme a derecho una situación determinada en la estructura social y la ordena («debe ser de esta manera»; ver, por ejemplo, el § 242: no se debe intervenir en una propiedad ajena), y también una norma de determinación que impone al destinatario de la norma un deber determinado y ordena una conducta («debes»; por ejemplo, en el § 242: no debes hurtar). Si la conducta humana no concuerda con la norma de apreciación, es antijurídica. Si quien está sometido al derecho es destinatario idóneo de la norma de determinación (puede comprender la orden jurídica y obedecerla), la lesión de la norma es culpable, o sea, actúa con culpabilidad (en tanto que los §§ 20 y 35 hablan, respectivamente, de inculpabilidad cuando se presentan las circunstancias indicadas en esas disposiciones). Por consiguiente, un hecho es antijurídico si lesiona la norma de apreciación y si la conducta humana crea en la estructura social una situación que el orden jurídico desaprueba.

c) Si en virtud del juicio de antijuridicidad se afirma que un hecho es contrario al orden jurídico, ya está indicada la medida que debe aplicarse para hacer efectivo ese juicio. El hecho (típico) no se mide exclusivamente con arreglo a las normas del derecho penal, sino también a la totalidad del orden jurídico. Para nuestro principio de regla y excepción, esto significa que causas de justificación (contranormas) no se encuentran tan solo en el código penal, sino también en otros ámbitos del derecho. Si la protección de bienes jurídicos, otorgada por la norma del derecho penal, resulta suprimida en un ámbito especial del derecho y dentro de presupuestos especiales, no son antijurídicas las acciones del autor que, si bien lesionan el bien jurídico protegido penalmente, corresponden a los presupuestos especiales de la contranorma.

Este punto de vista se pone de manifiesto con toda claridad en el *caso a.* Los §§ 223 y 239 protegen penalmente los bienes jurídicos de la integridad corporal y de la libertad de movimiento. Pero su protección tiene que limitarse y quebrantarse para el fin de la persecución. Asume este cometido el § 127 de la ordenanza procesal penal. Un cuadro completo de la protección, por ejemplo, de la libertad de movimiento, solo se obtiene cuando se miran conjuntamente el § 239 y todas las causas de justificación posibles en este caso.

Es tarea del penalista tener en cuenta en su conjunto las normas y las contranormas repartidas en todos los ámbitos del derecho; esta visión total permite observar el alcance de la protección penal. El penalista enfrenta una cantidad de problemas de coordinación. Dado que el legislador trabaja a menudo de prisa y siempre en forma incompleta, surgen vaguedades y contradicciones. Es tarea del jurista crear, de la multiplicidad de las reglamentaciones legales, el edificio del derecho de por sí cerrado y no contradictorio, recurriendo a la sistematización, a la interpretación rectificadora y al complemento. Porque el jurista sabe que existe en el código civil (§§ 1626 y 1631) el derecho de los padres de educar a los hijos -y también conoce sus límites-, porque sabe que nuestro código penal no prevé la pena corporal -pero conoce las facultades coercitivas de los empleados de los establecimientos penales-, por ello se ve inducido a investigar en el aspecto penal, con arreglo al § 223, no la bofetada de un padre, sino un maltrato que se sufra en la cárcel.

Para examinar la antijuridicidad de la conducta del autor no debe recurrirse únicamente a las normas jurídicas de todos los ámbitos del derecho. La conducta del autor no se mide sobre la base del orden legal, sino del total orden jurídico. De ahí que la justificación de un hecho también pueda deducirse del derecho consuetudinario (no escrito) y, si admitimos un derecho superpositivo, de principios generales del derecho natural. Incluso en el total orden jurídico, los principios jurídicos que deben comprobarse (y desarrollarse por analogía) son aptos para relajar en el caso particular la protección penal de los bienes jurídicos y justificar la conducta del autor. Así, la causa de justificación del «estado de necesidad supralegal» se basaba, hasta su codificación en el § 34* (cuyo texto deriva del §

* § 34:
No actúa antijurídicamente el que cometa un hecho en un peligro actual no evitable de otra manera para la vida, el cuerpo, la libertad, el honor, la propiedad u otro bien jurídico, para evitar el peligro o evitarlo a un tercero, si al ponderar los intereses divergentes y sobre todo los bienes jurídicos alcanzados y el grado de los peligros que los amenazan, el interés protegido supera esencialmente al perjudicado. Este criterio solo se aplicará si el hecho representa un *medio* adecuado para *evitar el* peligro.
(El texto de esta disposición es exactamente igual al del § 39, párr. 1, del proyecto de 1962).

12 de la ley sobre trasgresiones al orden del 24/5/1968) en el principio general según el cual, en caso de colisión de dos bienes jurídicos o dos deberes jurídicos, debe salvarse el bien de mayor valor a costa del menos valioso, imponerse el deber de mayor valor y suspenderse el menos valioso. Quien puede salvar la vida humana únicamente lesionando valores patrimoniales ajenos, puede realizar tipos penales, pero su conducta es conforme al orden jurídico y está justificada por estado de necesidad justificante (antes se decía «supralegal»). Por otro lado, causas legales de justificación del código penal o de otras leyes pueden limitarse o modificarse por una lex posterior, una *lex specialis*, una norma jurídica de categoría más elevada, pero también por derecho superpositivo. Un ejemplo significativo lo ofrecen la restricción de la legítima defensa (criterio discutido) del § 32 y el § 227 del código civil, por el art. 2, párrafo 2, de la convención sobre derechos humanos.

3. La validez, de estos principios respecto del delito de omisión y la acción culposa

a) También en el delito de omisión, la tipicidad de la omisión es indicio de su antijuridicidad. La causalidad de la omisión nos impulsa a examinar la conducta de quien omite respecto de su antijuridicidad. Las realizaciones del tipo conformes a derecho son mucho más numerosas que las antijurídicas. De esto ya se ha hablado en el n°1, 1, a.

La teoría hoy dominante examina las normas de justificación en los delitos propios e impropios de omisión en el ámbito de la antijuridicidad. A partir de la s. 16, 155, del TF, allí también sitúa el deber de garantía, en tanto que sigue incluyendo en el tipo la posición de garantía (capítulo 4, III, 2, c). Para quien toma como punto de arranque una auténtica relación complementaria entre norma típica y norma de justificación (y está dispuesto a incluir en la teoría del error también las consecuencias), la cuestión de la clasificación tiene menos importancia. Hay que determinar siempre que incluso la inexistencia de un deber de garantía puede interpretarse como característica típica negativa de una realización del tipo mediante omisión. El mismo criterio vale para la existencia de un deber de garantía y para la inexistencia de una causa de justificación, y a la inversa. Tanto el deber de garantía (deber de protección) como la exención del deber de no lesionar el bien jurídico protegido (causa de justificación) conciernen al alcance de protección del tipo del Estado de derecho. Mientras ambas modificaciones del alcance de protección no se sitúen en el tipo, sino en normas complementarias, no es conveniente incluirlas en la tipicidad. El mismo criterio vale respecto de las circunstancias que fundamentan el deber de garantía (sobre este punto la opinión dominante se expresa de otro modo).

b) El efecto indiciario de la realización del tipo vale también respecto de la realización culposa del tipo.

La teoría de la acción finalista ha tomado, en el trascurso del tiempo, posiciones muy diferentes. En primer término, Welzel (Lehrbuch, 2ª ed., p. 85, y ZStW, 58, 565) dijo que la acción culposa era causación objetiva del resultado impulsada por un acto de voluntad, pero finalísticamente evitable, a diferencia de lo que ocurre con el fenómeno ciego de la naturaleza. En la acción dolosa existe finalidad actual, y en la culposa, finalidad potencial. La evitabilidad finalista y la lesión del deber de cuidado forman parte del tipo subjetivo (y no de la antijuridicidad) del delito culposo. Después, y bajo la influencia del escrito de Niese (Finalität, *Vorsatz und Fahrlässigkeit* [Finalidad, dolo y culpa], 1951), se abandona el intento de unir más estrechamente el hecho doloso y el culposo. La acción culposa se convierte en la acción con finalidad jurídicamente irrelevante que ha producido un resultado desaprobado ciegamente causal, que habría podido evitarse si se hubiera empleado la finalidad debida (Welzel, Lehrbuch, 5ª ed., ps. 31 y 103). Ahora, forma parte de la antijuridicidad la lesión, de parte del autor, del cuidado objetivamente debido. La «culpa» se convierte en la antijuridicidad de la acción no dolosa. La última versión es de nuevo diferente (Welzel, Lehrbuch a partir de la 7ª ed., § 18, y *Neues Bild,* 4ª ed., p. 31): ahora, los tipos culposos de la parte especial son tipos «abiertos» que deben completarse judicialmente en el sentido del § 276 del código civil. Una acción realiza el tipo del delito culposo solamente si desatiende el cuidado necesario en el tráfico. El resultado no determina el disvalor de la acción. Este disvalor lo constituye la trasgresión al cuidado. Contraria a la norma es la acción descuidada, produzca o no el resultado que la ley desaprueba. El disvalor de una acción no aumenta por el agregado del disvalor del resultado ni disminuye por su ausencia *(Neues Bild,* p. 36, y Lehrbuch, § 18, I, 2).

Al estudiar la función de nuestro derecho penal, ya hemos negado (capítulo 1, I, 2, b) que éste proteja en primer término o en general valores ético-sociales de sentimiento. En el aspecto penal nos interesa quien lesiona o pone en peligro bienes jurídicos ajenos y no quien, viviendo despreocupadamente, no interviene, en cuanto al resultado, en ámbitos jurídicos ajenos. Tampoco podríamos aprobar vina prioridad del disvalor del acto y un concepto de lo injusto personal (ver lo que se ha dicho en el n° I, 1, e). Constituyen lo injusto penal tipos de hechos y no «tipos de autores». No necesitamos un complemento de tipos de hechos presuntamente «abiertos» y tampoco una teoría de circunstancias negativas del hecho, dado que tomamos como punto de partida una auténtica relación complementaria entre norma típica y norma de justificación. Y no podemos comprender qué relación existe entre el problema de la unión de la voluntad del autor con el hecho (dirección finalista en el hecho doloso, falta de dirección en el hecho culposo) y el problema del efecto indiciario de la realización del tipo. ¿*Por* qué ha de existir un efecto indiciario en la causación querida del resultado y no en la no querida?

Para nosotros, realiza el tipo quien con su conducta produce el resultado descrito y desaprobado en el tipo. Esta conducta es sospechosa y nos induce a examinar con precisión su antijuridicidad (efecto indiciario del tipo). A la inversa: si no existen este resultado y una acción del autor y causalidad entre acción y resultado, es inútil reflexionar sobre la contrariedad a la norma de la conducta. Una conducta descuidada no es motivo suficiente para recurrir al derecho penal; si ésta no produce el resultado de un delito de lesión, estudiaremos, a lo sumo, si ha tenido como consecuencia el resultado de un delito de peligro. Caso contrario, un calavera no es, para nosotros, una persona que lesiona normas.

Es extraño que una concepción que en un primer momento es aparentemente favorable al autor, pueda ser después netamente perjudicial para él. Desde Radbruch se ha hablado, a propósito de la acción culposa, de responsabilidad casual. Quien no respeta el derecho de prioridad de paso y tiene la suerte que de la derecha no viene un ómnibus de pasajeros, no puede ser castigado por homicidio culposo, aunque haya sido muy imprudente e incluso si hubiera pensado en la posibilidad de que un ómnibus avanzaría. Quien tiene la mala suerte de chocar un ómnibus de pasajeros, mata tal vez a treinta personas culposamente. ¿Es una responsabilidad casual? Se ha intentado consolarse afirmando que no se castiga sin culpabilidad, sino que se renuncia al castigo por razones económico-penales solamente en los casos en que la conducta del autor es la misma, pero el resultado no se produce (se ocupa de este punto sobre todo Lang-Hinrichsen, «Goltdammers Archiv», 57, 9). Estimo que no puede admitirse que la culpabilidad sea la misma en ambos casos. No existe una culpabilidad independiente del resultado de lesión o de peligro (ver al respecto Arthur Kaufmann, *Schuldprinzip,* 1961, ps. 141 y 162). La culpabilidad se refiere siempre a una lesión o puesta en peligro de bienes jurídicos y depende, en su grado, de peligro o de lesión. También la conciencia humana «cuenta» las víctimas. Quien no respeta el derecho de prioridad de paso y choca un ómnibus tiene un peso en la conciencia mucho mayor que quien encuentra el camino expedito.

Para librarnos de esta presunta responsabilidad casual, y también para evitar al autor que actúa cuidadosamente pero lesiona un bien jurídico, el reproche de que se ha conducido en forma antijurídica (la teoría anterior solo admitía falta de culpa), la lesión del deber de cuidado se convierte en conducta típica (junto a la cual el resultado solo desempeña un papel subordinado). De esta manera se crean fríamente delitos de peligro. Existe una conducta contraria a las normas, aunque el legislador no las haya establecido *(nullum crimen sine lege).*

Pero, incluso si el legislador creara en el futuro, como se auspicia en general, menos delitos culposos y un mayor número de delitos de peligro, no podríamos aceptar este temperamento desde ningún punto de vista. Esta tendencia de anticipar en forma cada vez más acentuada la protección penal, también tiene sus inconvenientes. ¿Dónde estará el límite de esta anticipación si el resultado y la proximidad del resultado son criterios tan despreciables? ¿No existe el peligro de castigar totalmente otros ámbitos de acciones humanas?

No obstante, si nos atenemos al efecto indiciarlo de la realización del tipo y al tipo establecido (no completado) por la ley, se deduce que en el caso b (el del automovilista que conduce prudentemente y respetando las disposiciones de la ordenanza sobre el tránsito rodado) se da una conducta típica, pero no antijurídica. Mientras la doctrina anterior solo admitía aquí, en forma dominante, la exclusión de la culpabilidad (no existencia de culpa), hoy se impone en general el criterio de que A no ha actuado antijurídicamente. El Gran Senado en lo civil del TF ha considerado que la observancia de las disposiciones sobre el tránsito rodado representa una causa de justificación para la conducta de A (s. 24, 21). Esta decisión ha dado lugar a un sinnúmero de opiniones y ha reavivado las discusiones (ver Baumann, § 19, II, 2, b; III, 2, c; III, 4; y § 28, II, 3, b).

Una conducta que concuerda con los preceptos jurídicos de la ordenanza sobre el tránsito rodado y con la situación correspondiente, no puede ser antijurídica en otros ámbitos y tampoco, pues, en el del derecho penal. Precisamente el examen de la antijuridicidad significa trazar con exactitud el alcance de protección de la norma penal, relacionarla con el total orden jurídico e investigar el efecto que surten las distintas normas. Cada contradicción de normas y cada colisión de bienes o deberes jurídicos deben dirimirse, en primer término, en el plano de la antijuridicidad. Es el orden jurídico total que dice cuál es la conducta impuesta a A en el caso particular, o sea, en el caso b. No solo pueden retroceder normas del derecho penal (justificación por normas de la ordenanza sobre el tránsito rodado: s. 24, 21, y 36, 237, del TF en lo civil), sino también a la inversa: normas de dicha ordenanza pueden modificarse por normas del derecho penal. Si conducir a la derecha produce la muerte de un hombre e ir a la izquierda puede salvar una vida humana, el precepto relativo a la conducta no lo da el § 2 de la ordenanza, sino el § 222 del código penal sobre homicidio culposo. Solo cuando se infringe este precepto será antijurídica la conducta del autor. Al respecto no puede desempeñar papel alguno el cuidado del autor.

Por consiguiente, en cada caso debe investigarse en el ámbito de la antijuridicidad (y no de la tipicidad) qué exige el orden jurídico *total*, sin tener en cuenta la persona del autor o sus facultades especiales. Esta primera cuestión -qué es la conducta debida y la prohibida- no puede quedar sin respuesta. Independientemente de todas las consideraciones sobre el cuidado, hay que examinar en el *caso b* cómo habría debido conducir A en el momento del hecho. Si ha conducido como debía (con cuidado o no), no puede haber actuado en forma antijurídica. Si A debía conducir de otra manera, toda especulación sobre el cuidado no puede evitar la afirmación de que se ha portado en forma antijurídica.

Podría objetarse que en caso de colisión entre la prohibición de matar y una norma de la ordenanza sobre el tránsito rodado, se impone siempre aquélla por ser la disposición más importante, y, por lo tanto, que el resultado desaprobado penalmente vuelve antijurídica la conducta del autor incluso si concuerda con las disposiciones de la ordenanza. Pero se perdería de vista que éstas no son otra cosa que una concretización de la prohibición de causar lesiones corporales y de matar respecto del ámbito del tránsito rodado. En éste, los bienes jurídicos mencionados corren un peligro tan considerable que una prohibición general de matar no señalaría ningún precepto de conducta practicable. La aproximación de los bienes jurídicos y el mayor peligro requieren preceptos de conducta más detallados. Quien los respeta, también respetará, por regla general, el precepto de que está prohibido matar. Solamente en situaciones especiales la prohibición de matar -que tiene, por cierto, categoría más elevada- será observada mejor lesionando, precisamente, las disposiciones, y con esta conducta resultan suspendidas las normas detalladas.

En el *caso b, A,* que respeta las normas de la ordenanza sobre el tránsito rodado, también respeta la norma del § 222 del código penal. Esto no ocurriría solamente si *A*, lesionando las normas de la ordenanza (por ejemplo, al conducir más rápidamente), pudiera salvar al niño. En el caso modificado *(A* conduce con exceso de velocidad), resultan infringidas las normas de la ordenanza. Por lo tanto, no puede deducirse de ellas una justificación de la conducta del autor. Al parecer, *A* también infringe la norma del § 222 si por otras causas no se infiere una justificación de esta lesión de la norma.

Una vez contestada la cuestión relativa a la conducta impuesta en el caso particular, podrá estudiarse la otra: si en caso, de conducta impuesta, se habría evitado el resultado, y si de la inevitabilidad del resultado se deduce la justificación de la conducta del autor. Cuando se examinó la causalidad (en el capítulo 4, II, 2, a, y 3, c), se demostró que en el caso conocido de la novocaína y en el del ciclista (s. 11, 1, del TF), no falta la causalidad, sino, por la inevitabilidad del resultado, la antijuridicidad. También en la omisión hemos considerado como justificación la imposibilidad de conducirse de otra manera (o sea, de actuar evitando el resultado) (capítulo 4, III, 2, d). En uno y otro caso hemos dicho que la justificación se funda en la circunstancia de que el orden jurídico se dirige al hombre y no le puede exigir una conducta imposible, o sea, también una evitación imposible del resultado.

En el caso b modificado, A ha actuado, según el § 3 de la ordenanza sobre el tránsito rodado, típica y antijurídicamente (no así, solamente si la mayor velocidad le hubiera sido impuesta por el § 222, porque ésta habría salvado al niño). A también ha realizado el tipo del § 222. Una justificación no se deduce del pensamiento del respeto a las disposiciones sobre el tránsito rodado (esto es, seguir preceptos puntualizados de conducta). No obstante, si se hubiera producido la muerte del niño aun en caso de marcha más lenta del automovilista, este resultado mortal habría sido inevitable para el autor. A no ha matado en forma antijurídica.

Cuando se justifica porque es imposible evitar el resultado, es necesario hacer uso, ciertamente, de prudencia. La antijuridicidad puede retroceder, siempre que el hombre no haya estado en condiciones de evitar el suceso. Solamente así éste está sustraído, como un fenómeno de la naturaleza, a la valoración jurídica. Esto significa que no deben tenerse en cuenta propiedades y capacidades personales del autor. Éstas pueden desempeñar un papel, a lo sumo, para la culpabilidad y, precisamente, para la exigibilidad de otra conducta. También significa que deben considerarse las posibilidades de la víctima de frustrar el resultado. Si la víctima puede impedir el suceso, el orden jurídico no admitirá que éste sea conforme a derecho. Objetivamente, debe existir la inevitabilidad. De esta manera podría encontrarse una solución a la discusión sobre la legítima defensa que en los últimos tiempos se ha reavivado considerablemente.

Si en el *caso b* modificado pudiera evitar el resultado no *A*, sino otro automovilista (con reflejos más rápidos), la prohibición de matar no desaparecería ante la imposibilidad y las fuerzas de la naturaleza. *A* habría actuado en forma antijurídica. Debería examinarse si también ha actuado culpablemente (según sus capacidades personales). Si en el *caso b* la víctima o un tercero hubiera podido evitar el resultado, también sería antijurídica la conducta de A. El niño o un tercero habrían tenido, eventualmente, el derecho de legítima defensa. De todas maneras, no habría faltado una agresión antijurídica de *A* contra la vida del niño.

Al incluir todas las personas que participan en el suceso, puede evitarse, a mi entender, un desdoblamiento de la antijuridicidad. El que mide la imposibilidad de la evitación del resultado únicamente teniendo en cuenta la parte activa (o tan solo refiriendo la observancia del deber de cuidado en el autor), ignora que el orden jurídico valora el suceso total y que debe tener a disposición de todos los partícipes reglas de conducta. Debe exigir a A lo que exige a *V* o a un tercero que presencia el suceso. Sobre todo no puede afirmar que la conducta de A es conforme a derecho (porque no puede evitar el resultado o porque ha observado objetivamente el cuidado impuesto) y simultáneamente admitir que son conformes a derecho los actos de defensa de la víctima o del tercero. Esto tendría como consecuencia una antijuridicidad de dos especies; también se podría afirmar que de la legítima conducta del autor no se infiere, para la víctima, el deber de tolerar. Baumann se ocupa en detalle de este punto en JZ, 62, 48.

Aquí, en el marco de la inevitabilidad, también se encuentra el sitio exacto para solucionar la problemática del compromiso de la amplia causalidad de la teoría de la equivalencia. Lo que dice al respecto la jurisprudencia (ver el TF en VRS, 23, 369, y el Trib. Territorial de Stuttgart en NJW, 59, 351, en contra del pronunciamiento del Trib. Terr. de Karlsruhe en NJW, 58, 430), o sea, que el examen de la causalidad (por ejemplo, entre marcha rápida y muerte) debe comenzar al producirse la situación crítica en el tránsito, da lugar a interpretaciones falsas. Incluso recorrer rápidamente muchos kilómetros antes del lugar del accidente, es *causal* para el accidente, pero falta la antijuridicidad de esta conducta *con respecto al resultado posterior*; ver más datos al respecto en el *Lehrbuch*, § 19, III, 2, c.

II. La justificación de la conducta típica

1. Causas de justificación.

Como ya se ha dicho en el n° I, las normas de justificación no se encuentran únicamente en el derecho penal, sino en todos los ámbitos del derecho. Existe entre éstas y las normas típicas que solo se dan en el derecho penal, una auténtica relación complementaria.

a) Se ha intentado sistematizar las causas de justificación y limitar el efecto justificante a pocos principios generales. Se han expuesto teorías monistas que han pretendido derivar toda justificación del principio «medio justo para el fin justo» (v. Liszt, Dohna) o «más utilidad que daño» (Sauer). Las teorías llamadas pluralistas han hecho distingos y han formulado principios diferentes para causas diferentes de justificación. Son muy importantes los intentos de Mezger (Lehrbuch, p. 205) de fundar las causas de justificación de las atribuciones del cargo y del estado de necesidad justificante (antes, supralegal) en el principio de conservar el bien jurídico preponderante, y las causas de justificación del consentimiento y del consentimiento presunto en el de la falta de injusto. Según la teoría sustentada aquí, todos estos intentos de inclusión sistemática de las causas de justificación, tienen que fracasar. Si se toma como punto de partida la circunstancia de que cada norma típica constituye solo en forma muy general el alcance de protección de un bien jurídico y que en los distintos ámbitos de la vida (y jurídicos) la protección debe ser más débil o que incluso puede desaparecer totalmente, porque, a la inversa, el orden jurídico impone la lesión del bien jurídico (el caso a ofrece un ejemplo al respecto), se deduce que debe existir una cantidad de causas de justificación que no pueden sistematizarse. Nuevas normas típicas y también nuevos ámbitos de vida y jurídicos crean nuevas causas de justificación incluso frente a las más importantes lesiones de bienes jurídicos. En cada tipo hay que preguntarse cuáles son las causas de justificación, conocidas hasta ahora, que son efectivamente relevantes y también si deben crearse nuevas causas de justificación.

Por ejemplo, el bien jurídico de la libertad de movimiento resulta cada vez más perjudicado por la aglomeración de las personas, verbigracia, en el tránsito que vuelve necesarias nuevas disposiciones (por ejemplo, una mejor canalización del tránsito peatonal). La luz roja de los semáforos no produce una privación antijurídica de la libertad.

En cambio, es justo reconocer que más allá de todo derecho positivo existen principios generales, que al desarrollarse el orden jurídico crean siempre nuevas causas de justificación de derecho positivo o consuetudinario, o que al interpretar causas de justificación del derecho positivo indican la dirección correcta.

Al fin y al cabo, también el derecho de legítima defensa puede referirse al criterio «más utilidad que daño» (y del mismo modo, naturalmente, al principio «medio justo para el fin justo»), si se considera que es utilidad también la preservación del orden jurídico. Incluso respecto de la interpretación, por ejemplo, de si la acción había sido impuesta por legítima defensa o si ésta era necesaria, puede recurrirse a principios generales de esta especie. Ver al respecto Baumann, § 21, II, 1.

Los tratados de derecho penal, citados en el n° IV, ofrecen una nómina resumida de las causas de justificación más importantes. Por razones de espacio, nos resulta imposible especificarlas. El intento de hacer una nómina de las causas de justificación más importantes (reclamada frecuentemente cuando se comentó este libro), sería francamente perjudicial, porque daría la impresión de que existe, por lo menos, un catálogo principal de causas de justificación. Al estudiar los tratados, hay que recordar que solamente se detallan las causas de justificación más corrientes. Nadie ha podido todavía enumerar las causas de justificación del derecho positivo, ni mucho menos comprobarlas.

b) Además de señalar principios generales de justificación, debemos mencionar la teoría de la llamada adecuación social. Esta teoría tiene una historia agitada y ha avanzado, en cierta medida, con Welzel. En su comienzo fue un intento de restringir la tipicidad aparentemente demasiado amplia y de no considerar como típicas conductas que, al parecer, realizaban el tipo. Es conocido el ejemplo del viaje por ferrocarril (Welzel, 2ª ed., p. 37; ver también ZStW, 58, 491). Si alguien sube a un tren y le es posible bajar en una u otra estación, no existe ninguna privación típica de la libertad (§ 239).

Según la opinión dominante, hay tipicidad con arreglo al § 239. Sin embargo, la conducta de la administración ferroviaria y del jefe del convoy está justificada por el consentimiento del lesionado (en esta forma de trasporte).

Para esta teoría fue decisivo el reconocimiento de que en la vida actual existe una cantidad de acciones que no despiertan sospecha alguna y cuya tipicidad es tan solo ficticia. Welzel dijo que es socialmente adecuada, y no típica, la acción «permitida por el orden social ya histórico», o la acción «que moviéndose dentro del orden ético-social ya histórico de la vida en común, está consentida por él». Para nosotros, que tenemos otra idea del tipo y solo vemos en su realización la comprobación de que un bien jurídico en general protegido penalmente ha sido lesionado, no existe ninguna necesidad para restringir la tipicidad de esta manera. No caemos, como dijo Dohna (ZStW, 60, 290), «en el error aparentemente inextirpable de pensar que se una a la afirmación de la tipicidad alguna desaprobación de la acción calificada». Como ya hemos dicho (I, 2, c), somos suficientemente sensatos como para investigar desde el punto de vista penal acciones, como la de un viaje por ferrocarril, solamente si nos parece dudoso que el consentimiento del pasajero se refería realmente a que fuera trasportado a un lugar y no a otro. En este último caso puede parecer tal vez socialmente adecuado que quien dirige el servicio de los trenes se permita, en ciertas circunstancias, modificar el itinerario, pero queremos examinar este punto exactamente. Acciones de esta especie no han de quedar pendientes, en el primer tamiz, de la tipicidad (ver lo que se ha dicho en el n° I, 1). Al resultar lesionados bienes jurídicos protegidos penalmente, pretendemos examinar si el total orden jurídico aprueba o no que se atente contra ellos.

En el *caso a* podría afirmarse, con arreglo a la teoría de la adecuación social, que la detención efectuada por el policía no realiza en absoluto el tipo del § 239 y tampoco el del § 223, porque en última instancia esta intervención en la libertad e integridad corporal de la persona que es objeto de sospecha, permanece en el ámbito del orden ético-social ya histórico, que también permite dicha intervención. Nosotros también afirmamos que se la permita, dado que el § 127 de la ordenanza procesal penal y el § 32 del código penal consienten, como causas de justificación, la lesión del bien jurídico.

Después, Welzel (a partir de la 4ª edición) y, con él, gran parte de los partidarios de la teoría de la acción finalista, ya no consideraron la adecuación social como una restricción de la tipicidad, sino como una causa general de justificación (ver la 8ª edición del Lehrbuch, § 14, I, 3), como una forma de cláusula general en los casos en que no se disponga de causas de justificación. En el derecho civil se adhirieron inmediatamente a esta interpretación Nipperdey (§ 209, IV, B) y el Tribunal Federal del Trabajo (s. 1, 291, y 2, 75). Especialmente en el derecho sobre huelgas pareció necesario admitir esta teoría. Aquí se afirmó que en nuestro derecho en vigor figuraban causas de justificación en número excesivamente reducido. Nosotros afirmamos que causas individuales de justificación referidas al derecho consuetudinario son mejores que una cláusula general, que incluso frente a los principios sobre las causas de justificación ya expuestos, puede considerarse como simplemente formal. Para nosotros el orden ético-social no es causa de justificación, sino fuente de siempre nuevas causas de justificación ajustadas al orden correspondiente.

Mientras Welzel hasta la 6* edición de su Tratado consideraba la adecuación social, tanto en el hecho doloso como en el culposo, causa general de justificación, a partir de la 7ª edición (§ 18, I, 1, a; ver también *Neues Bild*, 4ª ed., p. 32, y *Fahrlässigkeit und Verkehrsdelikte* [Culpa y delitos en el tránsito], 1961, ps. 11 y ss.), la incluyó nuevamente, en lo que respecta a la culpa, dentro de la tipicidad. Dado que los tipos culposos son «abiertos», pertenece a la acción típica el hecho de pasar por alto el cuidado socialmente adecuado, objetivamente impuesto. De esto se dedujo la singular discrepancia de que una y la misma manifestación excluía en la culpa la realización del tipo y la justificaba, en cambio, en el hecho doloso. A partir de la 9ª edición del Tratado (§§ 10, IV, y 18, I), Welzel eliminó esta incongruencia y volvió a su antigua tesis, según la cual la adecuación social produce la exclusión del tipo también en los hechos dolosos.

Tanto si se ve en la adecuación social un complemento de los tipos o una justificación general o, según la dirección de la voluntad del autor, una vez esto y otra vez aquello, se debe recordar siempre, en contra de estas teorías, que en ellas se confunden ser y deber. Las normas jurídicas ordenan la conducta debida. En la estructura social, situaciones concretas pueden ser debidas, pero no deben serlo. Lo que se hace en general y sin escrúpulos, no es siempre exacto y justo. Existen malas costumbres muy generalizadas, pero la circunstancia de que sean, precisamente, tan corrientes, no consiente que el orden jurídico las admita. La moral puede desempeñar un papel en el tráfico, pero no las malas costumbres. Piénsese tan solo en la protección del medio ambiente.

Ejemplos. El hecho de que empleados policiales se incauten, en contra de las disposiciones de la ordenanza procesal penal, de cartas y que, además, las lean, es, tal vez, corriente, pero no conforme a derecho. Una práctica general no crea el derecho, sino a la inversa. No puede decidirse de acuerdo con una práctica general si en el derecho sobre el tránsito rodado ha de regir el principio de la confianza, o sea, si una persona que participa del tránsito debe confiar que la conducta de los demás sea acorde con las disposiciones pertinentes. Puede ser que precisamente esta práctica general (cualquiera que sea la forma, confianza o desconfianza) acarree un número mayor de accidentes de tránsito. A la inversa, debe tomarse como punto de partida el pensamiento de evitarlos y de dictar después normas acerca de la conducta debida. Ver al respecto la s. 7,124, del TF (Cámaras reunidas).

Pero, si para evitar que se reproche esta confusión entre conducta corriente y conducta debida, se pusiera el acento, en la adecuación social, no tanto en lo «histórico», sino sobre todo en la característica «ético-social» u «orden», se desterrarían de la adecuación social el desorden y las malas costumbres. Ciertamente, nos veríamos obligados a recurrir, en esta valoración, al total orden jurídico, ya que éste determina qué son lo ético-social y el orden. Pero si se recurre al total orden jurídico, de la adecuación social solo se obtendrá una expresión nueva (y por ello superflua) para lo que es conforme a derecho (no adecuación social para la antijuridicidad). Mi Tratado contiene una amplia crítica al respecto (§ 15, III, 3, y § 19, III, 2, b).

2. Justificación, conocimiento y error

a) Ya se ha hablado (I, 1, b) del efecto de las causas de justificación. La existencia de una causa de justificación no suprime la tipicidad, pero sí la antijuridicidad. Para el juicio de antijuridicidad, la acción justificada tiene el mismo valor que la acción no típica. Una conducta no puede ser más conforme a derecho que ajustada a derecho, corresponde o no al orden jurídico total. Incluso puede imponerse la lesión de bienes jurídicos protegidos penalmente. Entonces, la no lesión, o sea, la no realización del tipo se convierte en acción antijurídica y, en circunstancias determinadas (a saber, cuando existe otro tipo), en acción típica y antijurídica.

Si en el *caso a,* el policía no detiene al ladrón y lo deja huir (por ejemplo, porque creyó que se trataba de un antiguo condiscípulo), no comete un favorecimiento típico y antijurídico en el ejercicio de funciones públicas con arreglo al § 346. Las normas de la ordenanza procesal penal no solo justifican la detención, sino que también la ordenan (§ 163). La protección del bien jurídico de la libertad de movimiento retrocede, en el *caso a,* frente al interés que se tiene en la persecución del delito.

b) El juicio «conforme a derecho» corresponde a una conducta típica si ésta realiza la norma típica y también la norma justificante. Así como existe tipicidad únicamente si una conducta corresponde a la descripción exacta del delito en el tipo (o sea, a todas las circunstancias de hecho), así también se da justificación solo si una conducta corresponde en todos los pormenores a la norma justificante. Hay legítima defensa con arreglo al § 32 únicamente si la conducta del autor realiza todos los presupuestos contenidos en esta disposición.

Examínense exactamente, en el *caso a,* las dos causas de justificación que allí pueden tenerse en cuenta (§ 32 y § 127 de la ordenanza procesal penal). Vuélvase después al *caso c.* ¿También la conducta de. *A* realiza los presupuestos del § 32? ¿Cuál es el presupuesto que podría faltar?

Al estudiar las causas de justificación, se presentan (y sucede lo mismo cuando se examina la tipicidad), siempre de nuevo, dos cuestiones. Es problemático, ante todo, si basta que el autor realice exactamente la norma justificante o si también debe exigirse, para que se lo justifique, que conozca la existencia de los presupuestos de la norma justificante. Por consiguiente, aquí hay que establecer cómo debe apreciarse una conducta en que la contranorma se realiza objetiva pero no subjetivamente. La otra cuestión, sobre el caso inverso, es la siguiente: cómo debe apreciarse una conducta que realiza la contranorma subjetiva, pero no objetivamente, en la que el autor, por lo tanto, pretende las condiciones de la causa de justificación y las considera como dadas, aunque en realidad no existan. Lo que se expone bajo la letra c se refiere a la primera cuestión (conocimiento de la causa de justificación) y lo que se dice bajo la letra d se relaciona con la segunda (admisión errónea de los presupuestos de una causa de justificación).

c) Mientras para la realización del tipo solamente la teoría de la acción finalista exige que se conozcan las distintas circunstancias de hecho y la doctrina dominante se conforma con la realización objetiva del tipo siempre que la ley no establezca especiales características subjetivas del tipo, existe, a propósito de las causas de justificación, una tendencia generalizada a requerir, para el efecto justificante, el conocimiento, de parte del autor, de los presupuestos de la justificación. No es necesario aclarar que, desde nuestro punto de vista (relación complementaría entre norma típica y norma de justificación), un tratamiento diferencial de esta especie no puede ser aceptado.

En el *caso b,* el automovilista realiza el tipo del § 212 o del § 222 no solo si sabe que mata al niño. Su conducta seria típica incluso si, completamente ebrio, no se hubiera dado cuenta del accidente.

La opinión de que la justificación exige en todos los casos que el autor conozca sus circunstancias, es inexacta también por otras razones. Las raíces de la justificación y los fines perseguidos en toda norma justificante son tan diferentes que es imposible, sin más, medir todas las causas de justificación con la misma vara. Muchas causas de justificación contienen, con razón, elementos subjetivos de justificación (correspondientemente a los elementos subjetivos de lo injusto, o sea, a circunstancias subjetivas de hecho en las normas típicas). Así, es necesaria, para la legítima defensa, una defensa que solo se da, según la opinión dominante y aceptable, si el autor posee, al actuar, una voluntad de defensa (ver la s. 54, 196, del TdR y las s. 2, 114; 3, 198, y 5, 247, del TF). Por lo tanto, la defensa es un elemento subjetivo de justificación (en contra, Beling, v. Hippel, Schaffstein, Schröder, v. Weber), con la consecuencia de que una «defensa tan solo objetiva» no basta para justificar la conducta del autor.

En el *caso c* se dan los presupuestos objetivos del § 32. El cazador furtivo comete una agresión antijurídica contra el guardabosque; además, la agresión es actual (porque el cazador ya había apuntado la escopeta contra él). ¿La defensa del guardabosque es también necesaria para rechazar esta agresión actual y antijurídica? Sin embargo, falta en él la voluntad de defensa, porque no quiere defenderse, sino amenazar la vida del cazador. Por lo tanto, su conducta no está justificada. Se lo debe castigar a título de asesinato consumado. Conforme a la teoría según la cual es suficiente que existan, para la justificación, circunstancias objetivas (Beling y otros autores), la conducta del guardabosque está justificada. Si éste intenta matar en forma antijurídica, solo se lo podría castigar por asesinato tentado.

Dado que el § 32 no exige, en general, una proporcionalidad entre el bien agredido y el destruido por la defensa, es completamente razonable admitir un elemento subjetivo de justificación. Solamente quien se halla en una situación de apremio (necesidad del conocimiento «subjetivo» de la situación), debe tener la posibilidad de intervenir en bienes jurídicos ajenos y, a veces, preponderantes. También en los §§ 228 y 904 del código civil -estado de necesidad defensivo y agresivo- existen con razón, en cuanto al resultado, los elementos subjetivos de justificación previstos en la ley (§ 228: «para evitar»; § 904: «para evitación»). El autor que quiere recurrir a estas causas de justificación, debe proponerse, con su conducta que lesiona el bien jurídico, la protección de bienes jurídicos propios o ajenos. La proporcionalidad de los bienes jurídicos es particularmente favorable, en el § 228 del código civil, para quien evita la agresión (a fin de proteger bienes jurídicos menos valiosos, pueden destruirse bienes jurídicos más valiosos, no particularmente valiosos); la agresión contra la propiedad de una persona, que no tiene nada que ver con el peligro, es tan grave (§ 904) que para la proporcionalidad inversa (frente al § 228) debe añadirse el fin de defensa.

Es posible que esto no suceda en otras causas de justificación. Así, en el consentimiento, la raíz de la justificación reside en la circunstancia de que no merece protección el bien jurídico al cual se puede renunciar. Si el titular del derecho renuncia, el autor lesiona bienes jurídicos cuya trasgresión no interesa al orden jurídico. De ahí que esta conducta del autor no pueda ser antijurídica. Existe únicamente la tentativa de lesionar un bien jurídico en forma antijurídica.

Ejemplos. Si el empleado de banco se apropia indebidamente de papeles de depósito a cuya devolución el propietario ha renunciado, la conducta del empleado está justificada por el consentimiento del lesionado. Puede darse solamente tentativa de apropiación indebida. La opinión dominante, que aquí también exige, para la justificación, que el autor conozca las circunstancias que la fundamentan, tendría que admitir la inexistencia de la causa de justificación, o sea, el delito consumado. En este sentido se expresan Maurach (§ 28, I, 3) y Welzel (§ 14, VII, 2).

Cuando se hablaba de estado de necesidad «supralegal», fue objeto de discusiones la cuestión de si aquí también bastaba la existencia objetiva de la colisión de ambos bienes jurídicos; contesto afirmativamente.- como en el consentimiento, la justificación resulta, aquí también, de la circunstancia de que el bien jurídico menos importante no merece protección. En contra, por ejemplo, las s. 1, 330; 2, 114; 3, 7, y 14, 1, del TF. La cuestión ha sido solucionada por el § 34 en el sentido señalado por la jurisprudencia, el autor debe querer evitar el peligro («para»). En consecuencia, en el estado de necesidad justificante, debe decidirse ahora sobre la base del derecho positivo, como en la legítima defensa, qué es lo que materialmente no se justifica, en vista de las distintas raíces de la justificación. Ver también la crítica de Waider en *Subjektive Rechtfertigungselemente* (Elementos subjetivos de justificación), 1970.

d) Mientras el error del autor sobre una circunstancia de hecho excluye el dolo con arreglo al § 16, o sea, imposibilita en forma indiscutible un castigo por hecho doloso, el tratamiento de un error sobre elementos justificantes sigue siendo objeto de discusiones, dado que falta, también según las leyes penales, una decisión de derecho positivo. Según nuestro punto de partida (relación complementaria), debemos tratar la representación errónea del autor de que existen los presupuestos de una justificación, como si fuera la creencia errónea de que no existe una circunstancia de hecho. Quien no sabe que una cosa que sustrae es ajena (§ 16: exclusión del dolo), no se diferencia esencialmente, en cuanto a su representación, de quien cree que el lesionado ha consentido la sustracción de una cosa. Él tampoco quiere hurtar. Por consiguiente, la opinión sustentada por casi toda la doctrina y siempre por la jurisprudencia (ver las s. 54, 196, y 3, 195, del TdR y del TF, respectivamente), ahora en la forma de la teoría limitada de la culpabilidad, no niega el dolo en caso de admisión errónea de los presupuestos de una causa de justificación, pero sitúa al autor como si no hubiera actuado dolosamente. En el n° I, 1, d, hemos visto que en la jurisprudencia del TF sigue teniendo validez la teoría de las circunstancias negativas del hecho.

Si en el *caso c* el cazador no apuntara la escopeta contra el guardabosque, sino que éste creyera erróneamente que aquél quería disparar contra él (en realidad, el cazador solo quiere limpiar su escopeta), no habría legítima defensa. Faltaría la agresión antijurídica del cazador. Pero el guardabosque cree que existen los presupuestos del § 32 y sobre todo una agresión actual y antijurídica (la llamada legítima defensa putativa). Si el guardabosque mata al otro, no se lo puede castigar por homicidio doloso, sino, a lo sumo, por homicidio culposo con arreglo al § 222 (ver el § 16).

Desgraciadamente, el legislador no ha solucionado el problema, aunque tanto el proyecto alternativo como el proyecto de 1962 propongan que el dolo debe desaparecer. En el § 19, el proyecto alternativo admite con razón que es un error sobre el tipo el error sobre circunstancias excluyentes de lo injusto, en tanto que el análogo § 20 del proyecto de 1962 (pero equivocado en el aspecto dogmático) se basa en la teoría limitada de la culpabilidad.

En cambio, la llamada teoría rígida de la culpabilidad sustentada por Welzel, afirma que la admisión errónea de circunstancias que, si existieran, consentirían una justificación, debe tratarse como la creencia errónea de una norma justificante inexistente. En uno y otro caso, se da un error sobre la prohibición (a lo sumo, exclusión de la culpabilidad, nunca exclusión del dolo).

En el *caso c* modificado, esto significaría que el guardabosque comete un homicidio doloso. Es punible con arreglo al § 212 si su error fue culposo e impune si no se le puede reprochar culpa. En consecuencia, no viene al caso, de ninguna manera, el § 222. Y esto, aunque el reproche al guardabosque sea un típico reproche de culpa. Éste «se ha equivocado», y es exactamente lo mismo que este error concierna a la causa de justificación (la agresión del cazador) o al tipo (el guardabosque cree disparar contra un árbol).

En el capítulo 6 se examinarán todos los demás pormenores. Aquí, a propósito de la antijuridicidad, es suficiente decir que también la teoría rígida de la culpabilidad alude, en él error acerca de circunstancias de justificación, a la sobrevaloración de la norma típica. La cooperación de prohibiciones, preceptos y principios permisivos demuestra el alcance de la protección penal de los bienes jurídicos. No hay ningún motivo para admitir únicamente en la descripción del tipo que fundamenta lo injusto un error sobre una circunstancia de hecho con arreglo al § 16 y en la contranorma que excluye lo injusto, siempre y solo, un error sobre la prohibición. Del mismo modo, también en el error sobre circunstancias de hecho podría verse tan solo un error sobre la prohibición, tanto más en cuanto el autor no tiene, por lo común, una representación acerca de la existencia de circunstancias de hecho, sino una representación general acerca del deber y del no deber.

III. Injusto y elementos subjetivos

Ya hemos señalado en varios puntos de este trabajo que el límite entre injusto y culpabilidad no puede trazarse, como Beling afirmaba, entre elementos objetivos y subjetivos. En el capítulo 3, III, hemos conocido las características subjetivas del tipo. La intención de apoderamiento antijurídico en el § 242 constituye el fundamento de lo injusto penal descrito en la disposición. Y en el capítulo sobre la antijuridicidad hemos visto que existen elementos subjetivos de justificación. La voluntad de defensa es un presupuesto (subjetivo) de la situación de legítima defensa. Puede hablarse de defensa de una situación de necesidad únicamente si el autor la conoce. Por consiguiente, es inútil referirse aquí nuevamente a los elementos subjetivos de la fundamentación o exclusión de lo injusto o mostrar la evolución que ha experimentado la teoría de los elementos subjetivos de lo injusto (§20 del Lehrbuch). Solo es necesario resumir y aclarar la posición fundamental.

No puede admitirse que elementos subjetivos del tipo sean generalmente inevitables. El legislador, al elegir los elementos con que constituye lo injusto penal, es fundamentalmente libre. Como ya se ha dicho, sería suficiente exigir en el § 242 el apoderamiento en lugar de la intención de apoderamiento. La pérdida de protección penal respecto del bien jurídico de la propiedad sería completamente tolerable, dado que en casi todos los casos la sustracción es, también objetivamente, apoderamiento. Y se podría renunciar a la anticipación intrascendente de la protección en dicha disposición (que prevé la punibilidad de la tentativa).

En consecuencia, el legislador podría levantar el edificio de lo injusto -para no perder de vista la imagen- empleando únicamente bases objetivas. Pero también puede pensarse en lo contrario, por lo menos teóricamente. Un legislador podría crear tipos consistentes tan solo en intenciones o tendencias del autor. Y no es inimaginable que un legislador castigue la intención de asesinar. La convicción del «autor» en el proceso, o sea, la comprobación de la circunstancia subjetiva consistente en la intención de asesinar, podría inferirse a través de la confesión del acusado, detector de mentiras, declaraciones hechas a la «víctima» o a terceros o por deducción del simple resultado (no exigido en el tipo), o sea, de la muerte de la víctima.

El legislador del código penal no ha elegido este camino, y con buenas razones como hemos visto cuando hemos estudiado, en el capítulo 1, la función de nuestro derecho penal. El que quiere regular la convivencia externa de los hombres, hace bien en describir lo injusto penal empleando circunstancias objetivas de hecho. La misma ley penal debe ser la expresión de un «sentimiento ético-social» y no exigir este sentimiento de quien está sometido al derecho (dado que el sentimiento que no es ético-social se convierte, en cierto sentido, en circunstancia de hecho) o predicarlo a él. Son preceptos humanos los que vemos en el código penal. Por la vía de la prevención general, nuestro derecho penal solo puede lograr resultados externos y solo a esto debería limitarse prudentemente. Si es posible una elección entre circunstancias de hecho objetivas y subjetivas, el legislador debe, pues, emplear las primeras. Pero esta posibilidad de elección no existe siempre en la misma medida. El que pretende castigar la tentativa, o sea, ver lo injusto en algo que es menos en cuanto a realización objetiva del tipo, debe crear el dolo del autor para la comisión del hecho como elemento subjetivo de lo injusto; o debe formular nuevos tipos especiales con peligros objetivos de bienes jurídicos que estén determinados por circunstancias objetivas de hecho. Por las dos vías se logra una anticipación de la punibilidad, o sea, una anticipación de la protección del bien jurídico, con la diferencia de que la segunda vía es más ardua. Si el legislador ha recorrido el primer camino y si la decisión de cometer un delito con medios inidóneos o en un objeto inidòneo, es elemento subjetivo idóneo de lo injusto (para la doctrina dominante, de la punibilidad de la tentativa inidònea), esto no puede significar que el dolo pertenezca en general a lo injusto de la resolución delictiva. También la tentativa vive de la representación del resultado. También la punibilidad de la tentativa sirve a la protección de los bienes jurídicos y no, verbigracia, a la protección de valores ético-sociales del sentimiento.

Esto es lo que nos separa de la teoría de la acción finalista. Esta teoría (ver Welzel, *Neues Bild*, ps. 7, 8 y 28, y Lehrbuch, § 11,1, 3) extrae de la existencia de elementos subjetivos de lo injusto, a saber, de una perplejidad del legislador, la consecuencia de que cada delito debe contener un elemento subjetivo de lo injusto y que, por lo tanto, el dolo o la lesión del deber de cuidado pertenece a lo injusto típico. Convierte la excepción en la regla, deduce de la supuesta regla el cometido del derecho penal y fundamenta lo uno por lo otro. Si pudiera probar que en el derecho penal no está en juego la protección de bienes jurídicos y que en el total derecho no están en juego sobre todo conductas externas, y que el precepto jurídico no es «no lesiones», sino «no tengas la intención de lesionar», entonces nos adheriríamos a esta teoría. Mientras tanto nos oponemos (con mayor comprensión) a ella.

IV. Síntesis

Dado que los tipos de la parte especial constituyen y describen lo injusto penal, una acción típica también es, por lo común, antijurídica (efecto indiciario del tipo). Por cierto, los tipos describen lo injusto penal en forma muy simple. Además, en distintos ámbitos de la vida, la lesión de bienes jurídicos protegidos penalmente en general, es deseada o incluso impuesta. Por consiguiente, las normas justificantes que se encuentran en todos los ámbitos parciales del derecho, limitan la protección penal de la norma típica en la medida deseada. Entre norma típica y justificante existe una auténtica relación complementaria (permutabilidad de circunstancias de hecho y de características justificantes, verdad de la teoría de las circunstancias negativas del hecho, consecuencias respecto de la teoría sobre el error).

Solo la consideración sintética de norma típica y normas justificantes consiente juzgar si la conducta del autor es antijurídica. Mientras la antijuridicidad corresponde a una conducta o no, lo injusto es un concepto aumentado (consecuencias respecto de la teoría de la divisibilidad de la conciencia de lo injusto). El juicio acerca de la antijuridicidad de la conducta del autor es un juicio objetivo relativo al suceso que se compone de elementos objetivos y subjetivos. El suceso se mide sobre la base del total orden jurídico. En consecuencia, las causas de justificación se tienen en cuenta en todos los ámbitos del derecho.

El efecto indiciario de la tipicidad vale también para los delitos de omisión y culposos. La imposibilidad de actuar o de evitar el resultado no suprime la tipicidad, sino la antijuridicidad de la conducta del autor.

Precisamente en virtud de la relación complementaria existente entre norma típica y norma justificante, no es posible reducir todas las causas de justificación a un solo principio o a algunos pocos. Ni siquiera el criterio de la adecuación social puede considerarse como causa general de justificación. La adecuación social es el objetivo del orden jurídico y fuente de causas de justificación, y no, de por sí, causa de justificación.

Existe una causa de justificación cuando la conducta del autor realiza no solo la norma típica, sino también una norma justificante plenamente, o sea, en todos los pormenores. Si elementos subjetivos pertenecen a la justificación, falta la antijuridicidad si el autor también realiza estos elementos subjetivos (ejemplo: la voluntad de defensa en la legítima defensa). En todas las causas de justificación, en ningún caso se da la justificación si solo se conoce la existencia de los presupuestos. A la inversa, si el autor cree que existen los presupuestos de una causa de justificación, aunque en realidad no existan, su conducta no está justificada, sino que está equiparada a la conducta dolosa. Es posible castigar por hecho culposo (§ 16).

No puede negarse la existencia de características subjetivas del tipo y justificantes (elementos subjetivos de lo injusto). El legislador es fundamentalmente libre de emplear al lado de circunstancias objetivas, también circunstancias subjetivas para la constitución de lo injusto y para limitarla. También es exacto que la decisión, necesaria para el § 22 y tácita por ser natural (ver el antiguo § 43), es elemento subjetivo de lo injusto. Pero esto no debe tener como consecuencia una generalización de esta excepción. De ninguna manera hay que admitir que lo injusto sea constituido solamente o en el punto principal o típicamente por elementos subjetivos.

Ver, para profundizar estas cuestiones, la bibliografía siguiente: Baumann, §§ 19 a 22 *y* 28, II, 3; Jescheck, §§ 25, 30 a 36, 55, 56, 59 y 60; Maurach, §§ 19, 24 a 29, 43 y 46; H. Mayer, §§ 16 y 21 a 30, y *Studienbuch,* §§ 17 a 22; Mezger-Blei, §§ 31 a 47; Schönke-Schröder, números 3 a 77 antes del § 51; Stratenwerth, §§ 10, 14 B y 16; Welzel, §§ 10, 14 y 18.

CAPÍTULO 6

CULPABILIDAD

Casos:

A) A, que tiene 14 años, es persona inestable y voluble. Sus padres son bebedores. Nunca ha disfrutado de una educación sensata. *A* se suma a una banda de jóvenes que hurtan automóviles. Ante el juez de menores, *A* declara que es determinista y que hurtó movido por impulsos irrefrenables.

b) En el crepúsculo, *A* dispara, según cree, contra un disco de cartón en un salón de tiro. Alcanza a *V* y lo mata. A su entender, éste no debía comportarse tan torpemente: quien está sentado en un salón de tiro, carga con la culpabilidad, y él, A, SE ha comportado correctamente.

c) En un naufragio, *A* y *V* se han salvado subiendo a una tabla. *A* se da cuenta que ocupándola dos personas se hundirá. Da un empellón a *V*, que opone desesperadamente resistencia, y logra hacerlo caer al agua. *V* muere ahogado. ¿A ha actuado culpablemente?

I. Concepto de culpabilidad, presupuestos y exclusión de la culpabilidad

1. Concepto psicológico y normativo de la culpabilidad

La culpabilidad ha sido siempre y es aún hoy la manifestación más oscura y discutida no solo en el derecho penal, sino también en otros ámbitos del derecho y de la vida. Muy a menudo se emplea la expresión «es culpable» o «el tal tiene la culpa», pero quienes acusan tienen ideas muy poco claras acerca de la especie de su reproche. ¿La culpabilidad es algo que corresponde a A o a B y se sitúa en él o es la simple relación entre A y su conducta o tan solo el juicio sobre la forma de esta relación? Todas estas cuestiones se presentan también a propósito del concepto penal de la culpabilidad. El principio nulla poena sine culpa es perfectamente inteligible (ver los capítulos 1, II, 2, b, y 2, 2, d), en tanto que el de culpabilidad es oscuro y objeto de polémicas.

a) Según el concepto psicológico de la culpabilidad, que antes predominaba, la culpabilidad era la relación psicológica entre el autor y su hecho. En consecuencia, la culpabilidad era algo que solo existía en el autor y que, además, se agotaba en una relación interna frente a la acción. En el dolo y en la culpa se veían dos especies de culpabilidad. Ya era culpabilidad el dolo o la culpa. El dolo se caracterizaba por la voluntad de resultado de parte del autor y la culpa por la ausencia de esta voluntad.

Los trabajos de Goldschmidt (*Der Notstand, ein Schuldproblem* [El estado de necesidad, problema de culpabilidad], 1913) y Radbruch (ZStW, 24, 348), y especialmente los del penalista de Tubinga Frank (*Über den Aufbau des Schuldbegriffes* [La estructura del concepto de culpabilidad!, 1907) y Beling (*Unschuld, Schuld und Schuldstufen* [Inocencia, culpabilidad y grados de culpabilidad], 1910), pusieron de manifiesto que a este concepto de culpabilidad faltaban elementos importantes. Si la culpabilidad se agota en esta relación psíquica, ¿adónde se ubicarían las causas de exclusión de la culpabilidad? ¿Era culpabilidad y era reprochable cualquier relación psíquica del autor (caso c)? Se reconoció, asimismo, que con esta concepción de la culpabilidad, no podía ser culpabilidad la culpa inconsciente, dado que ya estaba caracterizada, precisamente, por la falta de una relación psíquica entre el autor y el hecho cometido por él. En la actualidad, ya no se sustenta el concepto psicológico de la culpabilidad, pero sigue teniendo significación no solamente histórica. Sin esta reminiscencia y sin la exposición del desarrollo del concepto de culpabilidad, sería incomprensible el concepto simplemente normativo sustentado por la teoría de la acción finalista. También es exacta la observación de Welzel (en el prólogo a la 9* edición de su Lehrbuch), de que el concepto psicológico de culpabilidad se insertó en su época con particular eficacia en el sistema de la «antijuridicidad objetiva».

b) El concepto normativo de la culpabilidad, hoy predominante y que sustituye al psicológico, ve en la relación entre el autor y su hecho tan solo un elemento de culpabilidad. Según este criterio, también debe corresponder a la culpabilidad un elemento valorativo, o sea, normativo: la reprochabilidad de la conducta del autor. Culpabilidad es la relación reprochable entre el autor y el hecho cometido por él. Está integrada por los elementos del dolo o de la culpa y el de la reprochabilidad. Presupuesto (u otro elemento) de la culpabilidad es la capacidad de culpabilidad (imputabilidad). El examen corriente de la culpabilidad comienza con la capacidad de culpabilidad, después se estudian los elementos del dolo o de la culpa y, si existe uno de estos elementos, se investiga si el reproche formulado al autor no debe desaparecer en virtud de causas especiales de exclusión de la culpabilidad. A menudo (todavía bajo la influencia de Beling) se asimila la comprobación de los elementos dolo o culpa a la de la tipicidad y se la interpreta como una forma de indicio de la culpabilidad.

En el *caso a* se examina en primer término si *A* es imputable. Esto podría ser problemático en razón de su edad y también por la estructura psíquicamente anormal que presenta. Si falta el presupuesto de la imputabilidad, el examen penal termina y no existe un hecho punible. En cambio, si está comprobada la imputabilidad de *A*, se examina si ha cometido el hurto con dolo (la culpa no sería punible). Si el dolo falta, no existe un hecho punible por falta de culpabilidad, y si hay dolo, también se da, en general, la culpabilidad. También aquí, la ley sigue el principio de la regla y excepción. Debe estudiarse (negativamente) si en favor de *A* interviene una causa especial de exclusión de la culpabilidad (verbigracia, el § 35), que eliminaría, aunque existan los demás elementos de la culpabilidad, la apariencia de culpabilidad. Ver al respecto el *caso c*. *A*, que en este caso actúa típica y antijurídicamente, es culpable (ya que la situación de hecho no dice lo contrario); actúa dolosamente y solo es problemático si el § 35 puede excusar (pero no justificar) su conducta.

Dohna (*Aufbáu der Verbrechenslelire* [Estructura de la teoría del delito], 1936; 3' ed., 1947) y después la teoría de la acción finalista han criticado enérgicamente el concepto normativo de culpabilidad formulado de esta manera, como unión de elementos psíquicos y normativos. La crítica tenía sobre todo por objeto la circunstancia de que este concepto de culpabilidad constituía un mixtum compositum de cosas que no pueden mezclarse. Contenía tanto lo valorado (la relación psíquica del autor) como la valoración (la reprochabilidad). No debían mezclarse el objeto de la valoración y la valoración de este objeto.

c) El concepto simplemente normativo de la culpabilidad, sustentado por la teoría de la acción finalista, se opone totalmente al concepto psicológico. En el concepto psicológico de la culpabilidad, la culpabilidad está (según dijo Rosenfeld, ZStW, 32, 469) en la cabeza del autor y en el concepto simplemente normativo, tan solo en las cabezas de quienes juzgan, los jueces. Este último concepto renuncia a todo elemento psicológico. Éste ha sido unido a la acción como finalidad. Según esta concepción, culpabilidad es el reproche de culpabilidad, la valoración de la conducta del autor. Para la teoría de la acción finalista, el dolo no es un elemento de la culpabilidad (y tampoco culpabilidad, contrariamente a lo que sustentaba la teoría psicológica), sino elemento de la acción. Tampoco la culpa pertenece a los elementos de la culpabilidad; es, de todos modos, elemento del tipo de lo injusto, antes era característica de la antijuridicidad; según la interpretación más reciente (ver el capítulo 5, I, 3), es una forma de característica tácita del tipo.

El sistema de la teoría de la acción finalista es de por sí cerrado (por lo menos, en los delitos dolosos). Del destaque de la función ético-social, se infiere la preeminencia del disvalor del acto y de éste el criterio de que el dolo del autor tiene que pertenecer siempre a lo injusto como elemento subjetivo (capítulo 5, III). El hecho de incluir el dolo en la acción implica formular un concepto de culpabilidad desprovisto de este dolo.

A mi juicio, el concepto simplemente normativo (culpabilidad como valoración, como examen de la voluntad de actuar respecto de su reprochabilidad: Welzel, *Neues Bild*, p. 42, y Lehrbuch, § 19, I y III) confunde culpabilidad y juicio de culpabilidad. El juicio de culpabilidad es (como el de antijuridicidad) apreciación de la conducta del autor y no la misma conducta, y tampoco una parte de ésta (por ejemplo, subjetiva). Para emplear nuevamente la imagen, el juicio de culpabilidad está en las cabezas de quienes juzgan, es su obra espiritual.

Culpabilidad no es juicio de culpabilidad. La culpabilidad es algo existencial que está en el autor, por lo menos una propiedad de la conducta del autor, o sea, algo que también debe hallarse en la cabeza o en el corazón del autor (se ocupan de este punto sobre todo Arthur Kaufmann [Schuldprinzip, 1961, ps. 180 y ss.] y recientemente *Schmidhaeuser* [p. 118: culpabilidad como conducta espiritual lesionadora de bienes jurídicos]). Si así no fuera, no existiría culpabilidad sin un juicio acerca de ella. ¿Se pretende realmente admitir que el autor no descubierto y no juzgado, por lo tanto, en su conducta, no carga con culpabilidad? La culpabilidad es independiente de cualquier juicio acerca de ella. El juicio de culpabilidad presupone la culpabilidad, no se identifica con ella.

Welzel *(Neues Bild*, p. 40, y *Lehrbuch* hasta la 8ª edición, § 19, II, 2), al aferrarse al criterio según el cual la culpabilidad es una propiedad de disvalor de la acción del autor (que no solo está en las cabezas de los demás), contradice su opinión de que culpabilidad y reproche de culpabilidad se equiparan, y su tesis, aceptada por Dohna, con arreglo a la cual la culpabilidad es la valoración del objeto voluntad de actuar. En forma consecuente, la teoría de la acción finalista tendría que ver la culpabilidad del autor en su voluntad finalista de actuar, que se investiga, respecto del examen de la acción, en su existencia y respecto del examen de la culpabilidad, en su propiedad (culpable o no). Pero, ¿dónde está la línea divisoria entre elementos existenciales y simples propiedades? ¿Qué razón puede haber para no investigar, cuando se examina la acción, la propiedad de acción culpabilidad?

Cuando Welzel *(Neues Bild,* ps. 40 y 41, y *Lehrbuch* hasta la 8ª edición, § 19, II) dice que a la culpabilidad en sentido amplio pertenecen tanto el dolo del tipo como todas las características delictivas antepuestas (porque solamente una acción típica y antijurídica puede ser culpable), hay que preguntarse por qué se antepone la característica delictiva del dolo del tipo. A lo sumo, esto puede fundamentarse en reflexiones ontológicas sobre la acción, pero la teoría de la culpabilidad no lo confirma ni lo considera necesario. Si *A* mata a *V,* se está frente a un injusto típico y es una cuestión que corresponde a la culpabilidad establecer si *A* comete el hecho con dolo, con culpa o por casualidad. No hay ningún motivo para convertir elementos de la culpabilidad también, simultáneamente, en elementos de lo injusto.

Por consiguiente, la culpabilidad está integrada por los elementos siguientes:

a) la relación del autor frente al hecho que ha cometido (lo que se reprocha: dolo o culpa);

b) la capacidad de culpabilidad (imputabilidad) (la posibilidad de valorar); y

c) la falta de causas de exclusión de la culpabilidad (la posibilidad del autor de actuar de acuerdo con su valoración).

2. Culpabilidad y juicio de culpabilidad

Con arreglo a la interpretación sustentada aquí y desarrollada en el n» 1, c, deben diferenciarse netamente el juicio simplemente valorativo de culpabilidad y la culpabilidad.

a) Como el juicio de antijuridicidad, el juicio de culpabilidad es una valoración de la conducta del autor. Mientras el juicio de antijuridicidad sitúa el suceso frente al orden jurídico total y lo compara con éste (si corresponde a sus normas es acorde con el derecho y de lo contrario es antijurídico), el juicio de culpabilidad confronta la relación existente entre el autor y el hecho cometido por él con las exigencias de las normas jurídicas. Al juzgar la culpabilidad, se estudia si el autor individual estaba en condiciones, por las circunstancias personales, aptitud, situación económica, etc., de comportarse en forma acorde con el orden jurídico. En caso afirmativo, o sea, si debía determinarse observando las normas del derecho, ha actuado culpablemente. En cambio, si no tenía esa posibilidad porque le faltaba, verbigracia, la capacidad de comprensión (§ 20) o porque habría sido humanamente excesivo exigirle que se comportara de otro modo (§ 35; ver el caso c), su conducta es, sí, contraria al orden jurídico, pero no se la puede reprochar.

Roxin ha señalado con razón (Kriminalpolitik und Strafrechissystem, 1970, ps. 14 y ss.) que los elementos del hecho punible también tienen significación político-criminal. En materia de culpabilidad, se trata de la necesidad de la reacción estatal.

b) En cambio, la culpabilidad es lo que nosotros valoramos, es decir, la relación existente entre el autor y el hecho que ha cometido, la que no debe entenderse como una simple relación psicológica y tampoco como una simple relación de conocimiento. También corresponde a la culpabilidad la capacidad del autor para tener y realizar una relación frente a su hecho y al orden jurídico. Entonces, él podrá ajustar especialmente su conducta a los preceptos del orden jurídico y podrá reconocer lo que debe hacer y determinar su acción de acuerdo con este reconocimiento. El autor solo es capaz de culpabilidad y la relación de culpabilidad frente al hecho solo existe cuando el intelecto y la voluntad del autor están estructurados en forma tal que le es posible comprender y observar los preceptos. Es inútil discutir si esta capacidad constituye una propiedad de una especial voluntad de actuar o si es esencial a cualquier voluntad (penalmente relevante) de actuar.

El autor no es inimputable porque lo consideramos tal, sino porque presenta defectos intelectuales o emocionales. La teoría de la acción finalista, que expulsa de la culpabilidad la voluntad de actuar y, por lo menos, de la teoría de la culpabilidad, tendría que examinar consecuentemente la imputabilidad del autor en la acción. No lo hace. ¿Por qué razón *solo* ha de pertenecer a la acción lo que está dirigido al objetivo y no también la estructura o la normalidad de la voluntad dirigida a él?

Como lo injusto, tampoco la culpabilidad es, pues, simple valoración. Como una conducta puede ser un injusto, también puede producir adicionalmente culpabilidad (en cambio, no puede pensarse en culpabilidad penal sin un injusto penal). Con nuestro juicio de culpabilidad, valoramos lo injusto penal como culpable. Reprobamos la valoración del autor o el hecho de que no haya valorado. Estudiamos y valoramos los sucesos psicológicos y normativos del autor que forman la culpabilidad. No castigamos a A por nuestra valoración, sino por su culpabilidad, por su valoración falsa o insuficiente. Ver más datos al respecto en Baumann, Schuld und Verantwortung (Culpabilidad y responsabilidad), JZ, 62, 41.

La teoría de la acción finalista no tiene en cuenta que en casi todos los casos el autor lia valorado, por lo menos en forma general. En la mayoría de los casos *A* conoce superficialmente las exigencias del orden jurídico y también conoce su conducta. Lo que le reprochamos es que haya pasado por alto, conscientemente, la valoración de la comunidad de derecho expresada en las normas jurídicas y conocida por él (dolo) o que, valorando en medida insuficiente su conducta, haya pensado que armonizaba con las exigencias de la comunidad de derecho (culpa): la valoración insuficiente de *A* puede residir en la apreciación de su conducta o en la apreciación del orden jurídico.

Por lo tanto, el juicio de culpabilidad es heterónomo (pronunciado externamente) y la culpabilidad es (incluso en sus elementos normativos) autónoma. El mismo autor determina acerca de su culpabilidad, la produce, así como produce lo injusto.

Al examinar la antijuridicidad, se investigan todos los elementos de lo injusto (acción, tipicidad y desequilibrio frente al orden jurídico total); es lógico, pues, que también al examinar la culpabilidad, se extienda la investigación a todos los elementos de la culpabilidad (incluyendo los psicológicos). Solo entonces se podrá pronunciar el juicio de culpabilidad.

3. Culpabilidad individual por el hecho

El autor puede cargar la culpabilidad sobre sí únicamente cuando realiza con su conducta un tipo penal en forma antijurídica (y reprochable). Por lo tanto, la culpabilidad es, necesariamente, culpabilidad individual.

a) La culpabilidad solo puede referirse a un hecho, y solo un hecho vuelve culpable al autor. Esto se deduce de nuestro punto de partida. Nuestro derecho penal es derecho penal de hecho (y no de autor, por ejemplo, en el sentido extremo de que se pueda prescindir del hecho como punto de partida de la pena). Lo que produce culpabilidad penal es exclusivamente el hecho de un hombre, o sea, la comisión de un injusto penal. Las trasgresiones a la ley moral o a preceptos divinos producen culpabilidad moral, no penal. Pueden ser reprobables designios no típicos para cometer hechos punibles, sentimientos socialmente perjudiciales, intenciones malas, etc..., pero en el aspecto penal no se los puede reprochar y no configuran culpabilidad.

En el *caso a,* aunque *A* sea muy depravado y voluble, mientras con su conducta no realice en forma antijurídica un tipo penal, no podemos hablar de culpabilidad.

El concepto de una «culpabilidad de autor» es inofensivo, si tenemos presente que solo puede ser autor quien ha cometido un hecho. La posibilidad o probabilidad de que se cometa un hecho (predisposición criminal) o la voluntad correspondiente no es todavía autoría. Es mejor evitar el concepto de culpabilidad de autor, pero hay que recordar siempre que el grado de culpabilidad no se determina tan solo por la medida de la lesión del bien jurídico y el tipo lesionado, sino también teniendo en cuenta la persona del autor. Como lo injusto, la culpabilidad es un concepto aumentado. La culpabilidad puede ser menos grave y más grave. Carga siempre con mayor culpabilidad quien lesiona una vida humana que quien sustrae un pedazo de pan; carga, en general, con mayor culpabilidad quien lesiona cien vidas humanas que quien mata a una sola persona. Sin embargo, se dan casos en que el resultado del hecho pasa a un segundo plano (sin que desaparezca nunca por completo). Piénsese, verbigracia, en la causación culposa de un tremendo accidente ferroviario y en un asesinato común. Las diferencias que se presentan en la voluntad del autor justifican que la lesión dolosa de un bien jurídico sea considerada más grave que la culposa. Quien actúa conscientemente contra el orden jurídico, es más culpable que quien interviene en ámbitos jurídicos ajenos por ligereza o descuido. Por consiguiente, las formas de la culpabilidad -dolo y culpa- se sitúan gradualmente una tras otra. La diferencia en la dirección de la voluntad del autor es tan importante (y la culpabilidad por dolo tiene que construirse en forma tal que lo siga siendo) que aquí la transición de grave a leve se interrumpe a través de un grado. El mismo grado es extraordinariamente extenso; lo es tanto que la lesión del bien jurídico ya no es punible si no existe un especial tipo de culpa. Pero incluso fuera de las dos formas de culpabilidad, las circunstancias psíquicas que se hallan en el autor, pueden aumentar o disminuir la culpabilidad. Quien, provocado por la víctima, sigue pegando, actúa también dolosamente, pero con culpabilidad menos grave (ver el § 213 y su relación con el § 212). Quien comete el hecho por motivos abyectos, se diferencia de otros delincuentes que actúan dolosamente por ser más grave su culpabilidad (ver el § 211 y su relación con el § 212). Y esto incluso si la ley no pone a disposición tipos especiales (o sea, por ejemplo, en la lesión corporal o en la injuria). También las circunstancias externas surten efecto agravante o atenuante de la culpabilidad. En el caso a se considerará como atenuante de la culpabilidad la educación mala que el autor ha recibido. Quien actúa para liberarse de una situación de necesidad, puede contar con mayor benevolencia (incluso si no alcanza los límites establecidos en el § 35, como A en el caso c) que quien lesiona bienes jurídicos ajenos por mera arrogancia.

b) Cuando hablamos de culpabilidad penal, solo tomamos en cuenta la culpabilidad individual por el hecho. Culpable solo puede ser la realización de lo injusto, o sea, la realización antijurídica del tipo. Rechazamos una culpabilidad por conducta de vida, a saber, una culpabilidad que se refiere a una conducta anterior que no realiza el tipo; el proyecto alternativo se pronuncia del mismo modo (exposición de motivos referente al § 2, p. 29). La culpabilidad por el hecho no puede ser sustituida por la culpabilidad por conducta de vida. Es fecunda la teoría, desarrollada por Mezger, sobre la «culpabilidad por conducta de vida» (ZStW, 57, 688), o la que Welzel llama «culpabilidad del carácter» (Neu.es Bild, p. 56, y Lehrbuch, § 34, III, 4), de todos modos para comprobar el grado de culpabilidad del hecho. La culpabilidad por conducta de vida puede aumentar la culpabilidad por el hecho. Mezger-Blei (§ 106, II) y el TF en MDR, 66, 382, se refieren a la culpabilidad por conducta de vida a propósito de la aplicación de la pena.

En el *caso a* tenemos que examinar si en el momento en que A hurtaba los automóviles (sustracción con intención de apoderamiento según el § 242), actuaba culpablemente. Si en razón de su conducta anterior había perdido todo sentimiento por el derecho y lo injusto, ya carece de todo concepto acerca del derecho de propiedad (no hay error sobre la circunstancia de hecho); así, la culpabilidad, que no existe en el hecho, no puede sustituirse por la culpabilidad al producirse la situación de inimputabilidad. La culpabilidad falta y no es típica la producción culpable de la situación de inimputabilidad o de la falta de comprensión.

La culpabilidad por conducta de vida o la culpabilidad del carácter no aumenta siempre la culpabilidad por el hecho. La frase de M. E. Meyer (Allgemeiner Teil, 2ª ed., 1923, p. 497), que se basa en Ferri: «El motivo excusa y el carácter es una carga» es en esta generalidad, lisa y llanamente, falsa. Esta afirmación no es acertada tampoco desde el punto de vista de la prevención especial. Cuando la exigencia de la prevención especial es máxima, la culpabilidad por el hecho puede ser mínima (por ejemplo, en los casos que se aproximan a lo dispuesto en el § 20 o que realizan el § 21). También en otros casos es, por lo común, insostenible. En el caso *a*, deseamos imputar a los miembros seducidos de la banda, que son simples simpatizantes, culpabilidad por conducta de vida, pero rezamos para no caer en tentación!

Rechazamos la anticipación del punto de partida de la pena recurriendo a una culpabilidad por conducta de vida (¿cómo es posible comprobarla?), pero esto no impide que, con la ayuda del amplio concepto de acción y de la amplia causalidad, investiguemos en su culpabilidad las conductas del autor, muy remotas respecto del resultado del hecho. A la teoría de la actio libera in causa solo puede hacerse aquí una breve referencia. Se da una actio libera in causa dolosa si el autor se pone conscientemente en un estado de inimputabilidad para cometer después, en este estado, una acción típica. Quien se embriaga, porque sabe exactamente que en este estado matará a su enemigo V, puede ser inimputable cuando lo golpea a éste duramente. Pero nada nos impide que en la anterior conducta libre de A (el hecho de embriagarse) veamos una acción que produce culpablemente el resultado (la muerte de V) (léase la s. 21, 381, del TF, y la nota de Cramer en JZ, 68, 273). Hay actio libera in causa culposa si A no conoce y tampoco quiere esta conducta posterior, pero habría podido conocerla y preverla si hubiera tenido algún cuidado. La culpa con arreglo al § 222 no se da cuando A golpea a V, sino por la anterior conducta de aquél.

En el caso a modificado (A ya no está en condiciones de conducirse de acuerdo con las normas), no existe una simple culpabilidad por conducta de vida, sino una actio libera in causa dolosa si ha producido esta situación dolosamente respecto de los hurtos de automóviles. El dolo de A, al perder progresivamente el sentimiento, debería cubrir la cadena causal entre esa pérdida y el hurto concreto, porque solo entonces la culpabilidad se referiría al hecho concreto. Pero no es así.

Para profundizar este tema, véase la excelente exposición de Maurach en JuS, 61, 373.

c) Fundamentalmente, la culpabilidad individual por el hecho es también culpabilidad individual humana. El hombre, como destinatario de las normas penales, puede actuar culpablemente infringiendo una norma. Se dice, en general, que solamente el hombre es culpable. Aquí, no puede hablarse en detalle de la cuestión de si también las personas jurídicas pueden actuar culpablemente. Nos limitaremos a decir que el argumento, sustentado por la doctrina dominante, según la cual solo el hombre es moralmente responsable, o sea, que únicamente él puede ser culpable, es desacertado. Conforme a lo que ya se ha expresado, aquí no se trata, precisamente, de culpabilidad moral, sino de culpabilidad penal. La norma penal solo puede dirigirse a la persona natural, pero la demostración de este criterio es dudosa. El derecho determina en forma soberana a sus destinatarios y está también en condiciones, por consiguiente, de establecer normas para las personas jurídicas que éstas deben respetar (a través de sus organismos). El derecho dice quién es el punto final de imputación de una conducta y quién debe hacerse responsable de una conducta contraria a las normas. La culpabilidad moral solo puede existir en el organismo y la culpabilidad en sentido jurídico también en la persona jurídica. También en el futuro el derecho fiscal y el derecho económico no podrán carecer de disposiciones penales (y no simples disposiciones sobre responsabilidad) respecto de las personas jurídicas (ver, por ejemplo, el § 26 dé la ley sobre trasgresiones al orden, que prevé la posibilidad de una multa contra una persona jurídica, también como consecuencia accesoria de un hecho punible). El derecho penal extranjero no conoce estos escrúpulos en cuanto a la capacidad de culpabilidad de personas jurídicas o de asociaciones. El Lehrbuch ofrece más datos al respecto (§ 23, III, 1, b).

El § 14 imputa características personales al organismo, representante o encargado, y con esto se aplica el derecho penal a los organismos actuantes. El § 75* admite la confiscación incluso contra la sociedad representada.

---

* § 75:
Si alguien
1. como organismo, provisto de facultad de representación de una persona jurídica o como miembro de él;
2. como junta directiva de una entidad sin capacidad jurídica o como miembro de dicha junta; o
3. como socio, provisto de facultad de representación, de una sociedad personal mercantil ha cometido una acción que frente a él y dentro de los demás presupuestos previstos en los §§ 74 a 74 c y 74 *f* admitiría la confiscación de un objeto o de su valor o fundamentaría la exclusión de la indemnización, se imputará su acción, al aplicar estas disposiciones, al representado. El § 14, párr. 3, rige en cuanto corresponda.

4. Presupuestos y exclusión de la culpabilidad

a) Capacidad de culpabilidad es presupuesto de toda culpabilidad. Es una propiedad de la voluntad de actuar que se valora en el juicio de culpabilidad (o sea, elemento de la culpabilidad), así como también medida del juicio de culpabilidad (ver lo que se ha dicho en el n° 2, b). Tanto más capaz de culpabilidad sea el autor, tanto más grave será su culpabilidad, y a la inversa.

Cualquier hombre es destinatario de la norma penal, pero no cualquier hombre (de las personas jurídicas se ha hablado en el n° 3, c) está en condiciones de comprender las normas y de adaptar sus actos con arreglo a sus preceptos. No se puede exigir a la práctica penal, ciertamente, que examine en cada hurto si existe en general una libertad de querer, si en especial A la tenía y en qué medida, etc. El derecho penal tiene que llevar a cabo el estudio de la capacidad de culpabilidad en otra forma. La ley penal no puede planear una escala finamente diferenciada sobre mayor o menor libertad de querer y mayor o menor capacidad de culpabilidad. Solo puede hacer un distingo muy simple entre capacidad e incapacidad de culpabilidad y construir, tal vez, coma grado de transición, una capacidad de culpabilidad disminuida y debe dejar al juez (si existe capacidad de culpabilidad) la determinación más exacta del grado de culpabilidad. El derecho penal no hace rompecabezas acerca de la libertad de querer (ver lo que se dice a continuación bajo la letra b), sino que excluye todo un grupo, no excesivamente limitado en su formación de la voluntad, de personas no íntegras mediante disposiciones en su ámbito peculiar de reacción (la pena). Esto ocurre en las disposiciones del § 20 y de los §§ 1, párr. 3, y 3 de la ley sobre tribunales de menores.

En el caso a examinamos si A no es inimputable por razones de edad (presenta todavía un desarrollo insuficiente de las capacidades intelectuales y emocionales). Dado que tiene 14 años, no es inimputable, sino únicamente «imputable en forma condicional». Su imputabilidad depende de si realiza las condiciones establecidas en el § 3 de la ley sobre tribunales de menores. Después examinaremos (si con arreglo al § 3 puede hablarse de imputabilidad), si A no es inimputable por razones de salud. Esto ocurriría si existieran los presupuestos del § 20.

En consecuencia, la ley toma como punto de arranque el caso normal del hombre imputable, socialmente responsable de sus actos y pone a disposición, para casos excepcionales, normas excepcionales. Éstas también tienen, necesariamente, carácter general y solo permiten un deslinde muy simple. Lo más importante no es que esta línea se acerque mucho al límite de la responsabilidad, sino que no haga aparecer como capaz de culpabilidad ningún caso de capacidades perjudicadas. Con esta finalidad, la ley crea dos grupos especiales de edades y cuatro de enfermedades. Los niños, o sea, las personas que no han cumplido los catorce años, son inimputables (§ 19). Quien ha cumplido los catorce años, es imputable solamente en forma condicional, mientras no haya cumplido los dieciocho años (§ 1, párr. 2, de la ley sobre tribunales de menores juntamente con el § 3 de esta ley) (la edad comprendida entre los 18 y 21 años -en la cual están incluidos los «adolescentes»- solo tiene consecuencias procesales y de reacción). Imputable es el joven si por su especial desarrollo moral y espiritual podía comprender la injusticia de este hecho y actuar según esta comprensión.

En el caso a hay que examinar, por consiguiente, si A estaba en condiciones, por *su* desarrollo, de entender la ilicitud que representan hurtos de automóviles. Tratándose de una persona de catorce años, debe contestarse, en general, en sentido afirmativo, siempre que no existan perturbaciones muy peculiares en su desarrollo. No así en caso de que en ciertas circunstancias A hubiera explotado ilícitamente un juego de lotería. Entender la ilicitud del § 286 sobre loterías públicas cuesta mucho a no pocas personas adultas!

La disposición contenida en el § 20 se tiene en cuenta para los adultos (y también para los jóvenes). Presupuesto de la incapacidad de culpabilidad es siempre un defecto corporal o psíquico-corporal determinado. FJ código penal no ha empleado una formulación general (las distintas formulaciones no son, por cierto, felices: por ejemplo, es desacertado unir la «anomalía» psíquica a la imbecilidad y no a la perturbación psíquica morbosa o utilizar el concepto discriminatorio de anomalía; ver más datos en el proyecto alternativo, parte general, 2ª ed., 1969, ps. 59-60 y 204). La consecuencia de este defecto debe ser la perturbación o del elemento intelectual o del elemento emocional.

En el caso o, el § 20 no se tiene en cuenta, porque A no es un enfermo mental, ni un psicópata o un imbécil; tampoco su conciencia está profundamente perturbada (en caso de inconciencia, no habría acción). Si existiera uno de estos defectos, A sería inimputable, aunque hubiera podido comprender la ilicitud de su acto, pero no hubiera estado en condiciones (verbigracia, por cleptomanía extrema) de determinarse según esta comprensión.

Para que el grado entre capacidad e incapacidad de culpabilidad no se manifieste con excesivo rigor, el legislador se ha referido, en el § 21, a la imputabilidad (capacidad de culpabilidad) disminuida (lo había hecho, por primera vez, en 1933). El imputable disminuido es capaz de culpabilidad, comete un hecho punible. El § 21 es, por consiguiente, una disposición sobre la graduación de la pena. La atenuación simplemente facultativa de la pena debe, sin duda, censurarse: capacidad de culpabilidad disminuida también significa, necesariamente, culpabilidad disminuida.

El momento en que debe existir la capacidad de culpabilidad es el de la comisión del hecho, o sea, el momento en que el autor actúa. Quien actúa culpablemente, pero es inimputable antes de producirse el resultado, ha realizado el tipo culpablemente. La construcción, expuesta en el n° 3, b, de la actio libera in causa, se basa en este principio del carácter inofensivo de la posterior incapacidad de culpabilidad.

Si en el caso a, al cometer el hecho, A tuviera trece años, y catorce al realizarse el proceso criminal, faltaría la culpabilidad. Si cuando A tenía trece años hubiera suministrado a *V* un veneno de efecto muy lento, no se lo podría castigar por este hecho tampoco si al producirse el resultado tenía catorce años (pero sería posible castigar por una omisión cometida en una edad en que existe capacidad de culpabilidad).

b) También la reglamentación de las causas de exclusión de la culpabilidad se basa en el principio expuesto bajo la letra a. .La ley no dicta normas, por ejemplo, en el sentido de que han de desaparecer la culpabilidad y la responsabilidad del autor en caso de que no pueda exigirse otra conducta. Aunque el criterio de la no exigibilidad sea fundamental, existen normas especiales de exclusión de la culpabilidad que hacen desaparecer la culpabilidad si se dan situaciones peculiares, exactamente descritas (determinación no libre de la voluntad). También aquí se toma como punto de partida el caso normal del hombre que es libre en la determinación de su voluntad. Está pendiente incluso la cuestión filosófica referente a la libertad de querer. En el derecho y también en el derecho penal se trata de responsabilidad social. El orden social, o sea, la ley (por ejemplo, en los §§ 20, 21 y 35), determina qué se espera en cuanto a responsabilidad social en el ámbito de validez de la ley (por ello, esta determinación puede cambiar también según la situación histórica, o sea, puede tener exigencias más o menos grandes respecto de la responsabilidad social). Diremos, recurriendo a una fórmula, que el legislador, a saber, en última instancia, la sociedad, decide sobre el grado de libertad en la conducta social (con esto, surge, para el legislador y la sociedad, también la tarea de garantizar esta postulada libertad y responsabilidad social, formando las condiciones sociales). Más datos en Baumann, JZ, 69, 181 y 505.

De esta técnica de la ley puede deducirse, de todos modos, un efecto indiciario. Por lo común, también actúa culpablemente el autor capaz de culpabilidad que realiza el tipo con dolo. Con esto, todo está dicho. El tipo y la norma justificante o su inexistencia constituyen lo injusto; del mismo modo, la cooperación de todos los elementos de la culpabilidad producen la culpabilidad. Como las causas de justificación, también las causas de exclusión de la culpabilidad no producen procesalmente una carga de la prueba del acusado. El tribunal no debe comprobar solamente el dolo, sino también la capacidad de culpabilidad y la falta de causas de exclusión de la culpabilidad. Entonces estará comprobada la culpabilidad del acusado.

Las más importantes causas de exclusión de la culpabilidad están enumeradas en el § 35. Exponerlas en detalle llevaría demasiado lejos. Ver al respecto los tratados mencionados en el n° IV. Como sucede en las causas de justificación, la exclusión de la culpabilidad se produce solamente si el autor realiza, con su conducta, todas las características legales, por ejemplo, del § 35. Examínese la existencia de estas características en el caso c. Si falta una sola de las características contenidas en esta disposición, no se da la situación forzosa prevista en ella, la que excluye una responsabilidad del autor por el hecho que ha cometido. Si el autor admite por error (sin equivocarse culposamente) una situación que, si existiera, realizaría todas las características de una causa de exclusión de la culpabilidad, también resulta excluida su culpabilidad; en efecto, también para él existe la situación psíquica forzosa que nos induce a no responsabilizarlo por su conducta antijurídica. La admisión errónea de una causa de exclusión de la culpabilidad es, ella misma, una causa que excluye la culpabilidad (criterio discutido). A la inversa, a la existencia de una causa de exclusión de la culpabilidad corresponde siempre el conocimiento de la situación forzosa. Quien se encuentra tan solo objetivamente en una situación de necesidad, sin tener conocimiento de ella, no resulta perjudicado en su libertad de decisión.

Ejemplos. Si en el caso c, la vida de A no corriera peligro y solo existiera para él, verbigracia, el peligro de mojarse, no se tendrá en cuenta la causa de exclusión de la culpabilidad del § 35. Si la vida no corriera peligro (la tabla puede sostener a ambos), pero A creyera que la tabla puede ser ocupada por una sola persona, también en este caso su conducta sería excusada. Y si la tabla solo puede llevar realmente a una sola persona, pero A cree que también puede llevar a V, no se tendrá en cuenta una exclusión de la culpabilidad (característica subjetiva del § 35: «para evitar»).

Es muy problemático el tratamiento del error culposo sobre circunstancias que, si existieran, excluirían la culpabilidad. A mi juicio, debería quedar fuera de discusión el punto de si por este error el dolo no puede ser excluido (sin embargo, se admite a menudo su exclusión). De todos modos, la admisión errónea del autor puede excluir o atenuar la culpabilidad. No obstante, en caso de error culposo, la doctrina y la jurisprudencia anteriores siempre han aplicado análogamente, sin mayores reparos y en cuanto al resultado con razón, el § 59, párr. 2 (que en la nueva redacción corresponde al § 16), o sea, han castigado por hecho culposo (ver las s. 64, 30, y 66, 227, del TdR y las s. 5, 374, y 18, 312, del TF). En cambio, la teoría de la acción finalista ha exigido (dado que existe el hecho doloso) que en caso de error evitable, o sea, culposo, debe castigarse por hecho doloso. El código penal ha decidido que debía cumplirse esta exigencia en el estado de necesidad (§35, párr. 2) (con atenuación obligatoria de la pena). Ha sido así solucionada la cuestión en disputa (desgraciadamente, en forma insatisfactoria).

El § 23 del proyecto alternativo soluciona el error culposo en el ámbito de la cláusula de la exigibilidad (renunciando a una disposición especial sobre el error). A mi juicio, no se tiene suficientemente en cuenta que la situación forzosa del autor, incluso si se debe a su error, rebaja la culpabilidad a un grado que solo corresponde a la culpa. En consecuencia, el castigo es oportuno únicamente cuando las lesiones de bienes jurídicos son punibles según esta forma de culpabilidad. En conclusión, la aplicación análoga, dogmáticamente imparcial, del § 59, párr. 2, era más prudente de lo que hace presumir una simple construcción extremadamente precisa!

Si en el caso c, el error de A de que solo él podía ocupar la tabla, era culposo, se lo podría castigar, según la opinión sustentada aquí, únicamente sobre la base del § 222. Es cierto que A lesiona dolosamente la vida de *V* (no así, la teoría afirmada anteriormente casi por unanimidad), pero su culpabilidad es tan reducida (desaparecería completamente en caso de error no culposo) que queda por debajo del límite del dolo. A no se rebela arrogantemente contra el derecho, cree que su vida corre peligro y actúa «por» necesidad. El derecho positivo castiga a A sobre la base del § 212 y atenúa la pena con arreglo al § 49. La divergencia es particularmente clara si A lesionara un bien jurídico por estado de necesidad presunto, cuya lesión culposa no estuviera castigada. Ofrecen ejemplos al respecto los §§ 303 y 246. En cuanto a los pormenores, ver el Lehrbuch, § 27, I, 4, b.

Como es abierto el catálogo de las causas de justificación, también lo es el de las causas de exclusión de la culpabilidad. Existen causas de exclusión de la culpabilidad no solamente en él código penal, sino también en otras leyes (que tienen en cuenta situaciones de necesidad en ámbitos jurídicos especiales); también se las puede desarrollar sobre la base del mismo concepto de culpabilidad. El error inevitable sobre la prohibición, antes de que fuera codificado en el § 17, era, según la opinión dominante y del TF, una causa de exclusión de la culpabilidad.

Se ha discutido siempre si, al lado de las causas de exclusión de la culpabilidad especiales (que tienen en cuenta situaciones especiales de necesidad o motivaciones falsas), puede existir una causa de exclusión de la culpabilidad general de no exigibilidad. Podría, hablar en favor de una causa de exclusión de la culpabilidad general la circunstancia de que a la culpabilidad y a la imputación corresponde la exigibilidad de otra conducta. Por otro lado, existe el peligro, que debe ser convenientemente apreciado, de que el orden jurídico se abandona a sí mismo cuando retrocede ante toda exigencia de conducta acorde con el derecho. La jurisprudencia que en un primer momento tuvo miras amplias en el reconocimiento de la no exigibilidad, observó después una actitud reservada y admitió esta causa de exclusión de la culpabilidad en los hechos culposos y omisivos, pero no en los hechos dolosos de comisión. Remitimos, en lo que a los pormenores respecta, al Lehrbuch, § 29, III.

Con referencia al criterio sustentado aquí, nos limitaremos a decir lo siguiente: también el problema de la no exigibilidad como causa de exclusión de la culpabilidad (así como el problema de la creencia errónea culposa de causas de exclusión de la culpabilidad) puede abordarse razonablemente solo si se tiene presente que la culpabilidad es un concepto aumentado, en que las formas de culpabilidad se suceden gradualmente, sin que por esto determinen la gravedad de la culpabilidad. No solo tiene significación la intensidad de la agresión del autor, sino también el bien jurídico lesionado. Puede existir una culpabilidad por culpa (homicidio culposo) más grave que una culpabilidad por dolo (por ejemplo, desorden grave doloso). Es una superstición creer que depende exclusivamente del § 16 y de la relación entre circunstancia de hecho y circunstancia justificante (error sobre la causa de justificación) o circunstancia que excluye la culpabilidad (error culposo) la aplicación de los tipos dolosos de la parte especial (al fin y al cabo existe la posibilidad de aplicar análogamente en favor del autor el § 16, párr. 1); del mismo modo, nada justifica que la no exigibilidad solo pueda surtir efecto en los delitos culposos y omisivos. En estos delitos, la culpabilidad puede ser, en general, menor, porque es menor la intensidad de la agresión. Pero estimo que no hay ningún motivo para negar la posibilidad de excluir la culpabilidad si la intensidad de la agresión es mayor y menos importante el bien jurídico. El orden jurídico exige, fundamentalmente, que se tengan en cuenta las desventajas propias (incluso en el hecho culposo y omisivo). Esto pone de manifiesto que el § 35 limita en considerable medida la exclusión de la culpabilidad. Solamente en los estados de necesidad que se aproximan a las situaciones descritas allí y si se trata de bienes jurídicos de muy escaso valor, se podrá excusar también un hecho doloso desde el punto de vista de la no exigibilidad. En caso contrario, el juez y no el legislador determinará (ver lo que se ha dicho a propósito de la determinación de la responsabilidad social) el grado de lo que puede exigirse, en el interés social, al miembro de la comunidad de derecho (en cuanto a tener en cuenta desventajas personales).

Incluso en graves situaciones conflictivas, por ejemplo, de un autor por convicción, se está frente a cuestiones relativas a la exigibilidad de conducta acorde con las normas (piénsese en los testigos de Jehová como personas que se niegan a hacer el servicio militar). Por ello, si existía una situación conflictiva extraordinariamente grave, el proyecto alternativo había propuesto, en el § 58, para estos casos -regulados ahora en el § 60-, el «veredicto de culpabilidad desistiendo de la pena».

II. Dolo

1. Culpabilidad por dolo y dolo como elemento de la culpabilidad

Si en una discusión sobre derecho penal se habla de dolo, es conveniente aclarar en primer término la interpretación que se le da. Aunque en la actualidad no se sustente la concepción psicológica de la culpabilidad, que identificaba el dolo con la culpabilidad, se sigue empleando con frecuencia el concepto de dolo -pars pro toto- para designar la culpabilidad por dolo. De esta manera, dolo (o, mejor, culpabilidad por dolo) indica una forma de culpabilidad que, juntamente con los elementos normativos, contiene el dolo como elemento de la culpabilidad y la caracteriza, en tanto que el dolo como peculiar elemento de la culpabilidad construye, juntamente con los demás elementos normativos, el concepto normativo de la culpabilidad.

a) En nuestro derecho penal, la culpabilidad por dolo es la forma normal de la culpabilidad. Fundamentalmente, la pena solo se amenaza para hechos dolosos. Si también ha de ser punible una comisión culposa del hecho, es necesario un tipo especial (ver los §§ 222 y 230 ya citados a menudo) u otra señalación especial (ver el § 2 de la ley penal sobre economía). La anterior discusión de si esta señalación puede hacerse expresamente en el texto legal o si basta que el sentido de la disposición revele la voluntad de la ley (se pronuncia en este sentido el TF en la s. 6, 131), ha sido resuelta en el § 15, que exige expressis verbis, con razón, la mención de la culpa. También el § 5 de la ley sobre trasgresiones al orden exige de manera expresa la mención de la culpa (esta disposición era contraria, antes aún de que se redactara la nueva parte general del código penal, a la doctrina dominante y a la jurisprudencia).

Es procedente que el código penal limite fundamentalmente el castigo a las lesiones dolosas de bienes jurídicos. Los medios de reacción del derecho penal son tan perentorios que solamente deberían alcanzar la agresión consciente y querida, o sea, particularmente intensa, contra bienes jurídicos ajenos. Así, por ejemplo, la propiedad y el patrimonio están constantemente expuestos a peligro y con frecuencia son objeto de lesiones antijurídicas (es una lesión de esta especie todo atraso en el cumplimiento de un contrato). Es inadmisible que se recurra inmediatamente al juez penal, antes de enviar una carta admonitoria. La pena no debe convertirse en el medio de ejecución de cada lesión del derecho. En cambio, es recomendable que también se castiguen lesiones culposas si se trata de bienes jurídicos particularmente importantes. La gravedad del resultado que amenaza puede entenderse como una advertencia que repercute en el autor. No puede ponerse en duda que con respecto a los tipos culposos nuestro código penal tiene que aclarar sustancialmente cuáles son los tipos que deben suprimirse y crearse.

b) El dolo como elemento de la culpabilidad se define, en general, como el conocimiento y la voluntad de las circunstancias de hecho (s. 51, 311, y 58, 249, del TdR). La disposición contenida en el § 16 confirma legalmente (aunque de manera muy vaga) este concepto. Hay dolo si, al cometer el hecho, el autor conoce y quiere realizar las circunstancias del hecho.

Diremos, desde ya, que conforme a la opinión sustentada aquí, no puede interesar tan solo el conocimiento y la voluntad de las circunstancias, sino también el conocimiento y la voluntad de la comisión antijurídica del hecho. Si entre norma típica y justificante existe una relación complementaria, no corresponde que se refiera el dolo únicamente a una parte de esta relación (el tipo). Por lo tanto, la teoría del dolo afirmada aquí tiene sus raíces en nuestra teoría de lo injusto. Desgraciadamente, la nueva parte general del código penal no tiene en cuenta esta opinión. Con arreglo a la llamada teoría de la culpabilidad (ver el § 17 y la jurisprudencia del TF), el dolo solo debe referirse a la simple realización del tipo. Más datos se encuentran en el nº 3.

El conocimiento del autor debe extenderse a todas las circunstancias de hecho del tipo legal (criterio unánime), objetivas o subjetivas, descriptivas o normativas. No actúa con dolo quien no conoce una sola circunstancia del hecho. Se dice que el dolo tiene que cubrir completamente el tipo total. No interesa que el desconocimiento del autor se base en una representación inexistente o falsa. Por lo general, el autor que no conoce una circunstancia del hecho, tiene alguna representación, aunque no sea exacta. De ahí que casi todos los casos de falta de conocimiento sean casos de representación falsa, o sea, casos de error. En consecuencia, se dice que el § 16 es también una disposición sobre el error (aunque se refiera no a una representación falsa, sino a una representación que no se tiene) y es corriente esta formulación: el error excluye el dolo. Es importante conocer estas formulaciones y también recordar que el § 16, párr. 1, solo habla de falta de conocimiento con la consecuencia jurídica de la no imputación.

En el caso a, cuando A hurta un automóvil conoce todas las circunstancias de hecho del § 242. Sabe que los automóviles son cosas muebles, que son ajenas (o sea, que no son propiedad de él) y también sabe que sustrae. No existe, pues, ninguna duda en cuanto al dolo respecto del § 242. Si A no tuviera ninguna idea de que el automóvil sustraído por él no es propiedad suya (pero esto es difícilmente imaginable) o si, teniendo un automóvil parecido, creyera por error que es el suyo, faltaría el dolo respecto del carácter de ajeno de la cosa. En el caso b, A mata a *V* en forma antijurídica. Tanto para el homicidio doloso como para el culposo existen tipos penales (§§ 211 y ss. y 222). Corresponde al homicidio doloso que A sepa que apunta contra un hombre. Si no lo sabe (porque no se imagina nada o porque se equivoca, como sucede en este caso), falta el dolo respecto del § 212. No se lo puede castigar a título de homicidio doloso, porque al desaparecer el dolo como elemento de la culpabilidad, también desaparece esta forma de culpabilidad.

En la actualidad, las opiniones concuerdan: el conocimiento tiene que referirse no solo a las circunstancias descriptivas del hecho, sino también a las normativas. La jurisprudencia del TdR, a pesar del texto del § 59 que habla lisa y llanamente de «circunstancias de hecho», sin hacer distingos en cuanto a su especie (y del nuevo § 16), y aunque estuviera combatida unánimemente, se opuso a este reconocimiento. No distinguía entre un error sobre circunstancias de hecho y otros errores del autor, sino entre error de hecho y error de derecho (ver más datos al respecto en el n° 3). Por conocimiento del autor no debe entenderse, por consiguiente, el simple conocimiento de hechos o de circunstancias externas. Al conocimiento acerca de la existencia de una circunstancia normativa de hecho (y, en alcance más limitado, también descriptiva), pertenece una valoración del autor. Ésta puede ser a menudo superficial. El conocimiento del autor acerca de la existencia de la circunstancia normativa del hecho elimina una falsa valoración superficial, aunque haya sido gravemente culposa.

En el caso a, A debe saber que el automóvil es una cosa mueble ajena. No es necesaria una valoración para saber que un vehículo es una cosa mueble (más circunstancias descriptivas del hecho). No así a propósito de la circunstancia normativa «ajeno». El carácter de ajeno de una cosa (o sea, ésta no es propiedad del autor) lo establecen las disposiciones del código civil sobre los derechos reales. Es difícil que el autor las conozca, más aún que las domine completamente (son muy pocos los juristas que dominen todos los problemas referentes a los derechos reales). Pero el autor tiene que aplicar, aunque sea superficialmente, las ideas sobre la propiedad. Para conocer el carácter de ajeno de una cosa, tiene que llegar a este resultado: este vehículo no es mío. Si A cree culposamente que el automóvil es suyo (por el color parecido) o que lo ha heredado o que ha sido abandonado, falta el conocimiento del carácter de ajeno. En este caso, no hay dolo de hurto.

Al conocimiento debe unirse siempre la voluntad del autor de realizar la circunstancia de hecho. Quien sabe, al actuar, que mata, pero no quiere matar, no actúa dolosamente. Si el obrero de la construcción advierte que ya no puede sostener la pesada barra de hierro y que ésta caerá y dará muerte a V, sabe que mata, pero no lo quiere (en estos casos ya falta con frecuencia la voluntad de actuar, o sea, la acción). Solo se lo podría castigar (si hay culpa) con arreglo al § 222 (en este caso, si falta in actu la voluntad de actuar, o sea, la acción, se debería hacer deferencia a la conducta anterior, verbigracia, a la producción de esta situación). Por consiguiente, dolo es siempre conocimiento y voluntad.

La culpabilidad por dolo y su elemento dolo existen tanto en los delitos de comisión como en los de omisión. No obstante, Armin Kaufmann (*Dogmatik der Unterlassungsdelikte* [Dogmática de los delitos de omisión], 1959, y en Festschrift für v. Weber, 1963, ps. 207 y ss.) y Welzel, que lo sigue (§ 26,1), niegan el dolo de la omisión. Para estos autores, representantes de la teoría de la acción finalista, el dolo es elemento de la acción y voluntad de realización dirigida a ella. El dolo, interpretado en forma tan limitada, debe faltar, necesariamente, en la omisión si se le niega tanto la causalidad como la finalidad (actual). Aquí se convierte en problema de la omisión lo que es, para nosotros, una cuestión de dolo (elemento de la culpabilidad). A nosotros solo interesa saber si al hecho doloso de omisión corresponden el conocimiento y la voluntad tal como corresponden al hecho doloso de comisión. Ver más datos al respecto en el Lehrbuch, § 26,1.

c) Antes de estudiar a qué deben referirse en detalle el conocimiento y la voluntad, es útil echar un vistazo a la intensidad de la voluntad. Según la intensidad de la voluntad, diferenciamos varias especies de dolo (elemento de la culpabilidad).

Si el autor conoce las circunstancias de hecho y, a pesar de esto, las realiza aunque pudiera actuar de otra manera, también quiere realizarlas. No vamos a creer en su declaración de que «no ha querido».

También en el caso c, la muerte de *V* es querida si A sabe que aquél morirá ahogado y, a pesar de esto, actúa. La voluntad de A desaparece no porque no le importa matar a V, sino porque lo que le interesa es salvarse.'

La forma más intensa de la voluntad se presenta cuando el autor no solo quiere realizar simplemente las circunstancias del hecho, sino también cuando le interesa, precisamente, la realización. Si el resultado del tipo es el objetivo y el fin de la acción del autor y si la producción de este resultado es el motivo de su conducta, hay intención. Por lo tanto, la intención exige más que la simple voluntad. Si la ley requiere la intención, no basta, por regla general, el simple dolo (conocimiento y voluntad). Así, es necesario, para el § 242, que el apoderamiento sea el motivo y que el resultado del apoderamiento sea el fin de la conducta del autor. No obstante, la terminología empleada por el texto legal no es siempre uniforme. En varios casos, en vez de la palabra «dolo» figura la palabra «intención» (por ejemplo, en los §§ 274 y 288); para la realización culpable del tipo bastan el simple conocimiento y voluntad.

En el caso c hay dolo, y no intención. Matar a *V* no es el motivo que impulsa a A y tampoco el fin que persigue con su acto. A preferiría poder cuidar su supervivencia sin matar a V.

La forma común del dolo es la del dolus directus, en que el autor quiere directamente la realización de las circunstancias del hecho. Posiblemente no le interesa realizar el tipo (como sucede en la intención; ver el intento de definición en el § 17 del proyecto de 1962), pero sabe o prevé como seguro que realizará el tipo y también lo quiere realizar. El caso c constituye un caso de dolus directus. Frente a éste, la intención es el plus. Si hay intención, también existe siempre dolo simple (como minus).

Los casos de la intención o del dolus directus no ofrecen dificultades; éstas se presentan, en cambio, en los casos de voluntad más débil, que acepta la realización de las circunstancias tan solo como una manifestación accesoria indiferente o desagradable. Estos casos de dolo representan el dolo condicionado o dolus eventualis. No es éste el lugar para estudiar en detalle los múltiples intentos que se han realizado para determinar estructuralmente el dolus eventualis y los que procuran deslindarlo de la culpa consciente (ver el Lehrbuch, § 26, III, 2, y la amplia exposición de Roxin en JuS, 64, 53). Nos limitaremos a decir que si queremos considerar el dolo como conocimiento y voluntad, solo lo podemos hacer recurriendo a las llamadas teorías del consentimiento. Las teorías sobre la probabilidad, que también recientemente han sido sustentadas con firmeza cada vez mayor, no logran el objetivo. Incluso un alto grado de probabilidad en cuanto a la producción del resultado y el conocimiento del autor de esta gran probabilidad, no sustituyen el elemento de la voluntad. El obrero de la construcción, del cual hemos hablado bajo la letra a, que ya no puede sostener la barra de hierro, sabe exactamente que matará a V, pero no puede afirmarse que por ello también lo quiere.

Según la teoría del consentimiento, sustentada aquí también, no interesa el grado de probabilidad; lo que interesa es establecer si el autor aprueba el resultado representado como posible (o probable) y si, en caso necesario, está de acuerdo con él. Es suficiente al respecto una voluntad condicionada (el autor hace depender su decisión definitiva de la producción de condiciones determinadas); ver Arzt, JZ, 69, 54. La jurisprudencia ha empleado siempre y con éxito esta fórmula: hay dolus eventualis si el autor conoce la posibilidad de que se produzca el resultado y «se hace cargo» de ella (s. 72, 44, y 77, 229, del TdR, y s. 7, 363, del TF; el proyecto alternativo se expresa del mismo modo: «considera como posible y se hace cargo»). Quien incendia su casa para cobrar el importe del seguro (es un ejemplo corriente), no quiere directamente que muera el inquilino que ocupa la buhardilla, pero, en caso necesario, está de acuerdo con su muerte (se hace cargo de ella); actúa con dolus eventualis. Si el inquilino (visto por el autor) no tenía ninguna probabilidad de salvarse, hay dolus directus.

En cambio, hay culpa consciente, y no dolo, si el autor cuenta con la posibilidad de que se produzca el resultado, pero confía (aunque culposamente) en que esto no suceda. Quien copia a Guillermo Tell, actúa con culpa consciente.

Ejemplos puestos uno al lado de otro con fines de deslinde: Quien desde el techo arroja un ladrillo para que alcance a su enemigo que transita por la calle, mata intencionalmente. Si al autor ese transeúnte es indiferente y actúa por el placer de hacer un experimento, hay dolus directus. En caso de que el autor no esté seguro, por la reducida altura del techo, que el ladrillo matará al transeúnte, pero se hace cargo de su muerte porque quiere hacer el experimento de todos modos, existe dolus eventualis. Si abriga la esperanza de que tiene un cráneo duro y se salvará, actúa con culpa consciente.

2. Dolo y error

Ya hemos visto (nº 1, b) que los elementos del dolo, conocimiento y voluntad, tienen que referirse a cada característica de un tipo y que la falta de conocimiento y voluntad (y, pues, también el error) excluye el dolo con respecto a una circunstancia de hecho. Aquí debe determinarse en detalle el alcance del conocimiento y de la voluntad.

a) Ante todo, hay que establecer, negativamente, que el dolo solo tiene que extenderse a auténticas circunstancias de hecho, y no a otras manifestaciones. Las condiciones objetivas de punibilidad, contenidas eventualmente en el tipo de la parte especial o los presupuestos procesales, son irrelevantes respecto del dolo del autor. Es indiferente para la cuestión de la comisión dolosa del hecho que, en el caso del § 186 sobre difamación, el autor crea que el hecho pueda probarse. La construcción, no satisfactoria en el aspecto dogmático, de la condición objetiva de punibilidad y también la naturaleza cambiante de varias circunstancias normativas del hecho (transición a los elementos justificantes), apadrinaron la teoría de las llamadas características del deber jurídico, que hoy se denominan características especiales de la antijuridicidad (Welzel, *Neues Bild*, p. 69, y Lerhbuch, § 14,1, 2, c). Características del deber jurídico son las características que se presentan en la forma de una característica del tipo, pero pertenecen, en realidad, a la antijuridicidad (ejemplos: «competencia» en el § 110 y «sin autorización» en el § 168). Consecuencia de esta clasificación sería que el dolo no necesitaría referirse a estas características y que un error acerca de la existencia de ellas no excluiría el dolo (sería un error acerca de la prohibición). La teoría de las características del deber jurídico ha tenido poca aceptación (ver la exposición de ROXIN, *Offene Tatbestände und Rechtspflichtmerkmale* [Tipos abiertos y características del deber jurídico], 1959).

A mi juicio, también esta teoría solo demuestra la perplejidad de la llamada teoría de la culpabilidad (codificada, desgraciadamente, en los §§ 16 y 17) para indicar un motivo razonable para el distinto tratamiento del error sobre circunstancia de hecho y error sobre la prohibición. El intento de una teoría como ésta pone únicamente de manifiesto el cambio entre circunstancias normativas del hecho y elementos de justificación.

b) Hay que notar, positivamente, que en todos los casos en que la acción del autor se caracteriza por un resultado especial (delitos de resultado), el dolo del autor debe abarcar su conducta, el resultado y la cadena causal que vincula a una y a otro. Esto se deduce de la circunstancia de que únicamente la causalidad de una conducta (referida al resultado mencionado en la ley) convierte esta conducta en la que la ley prohíbe. Diremos, con formulación invertida, que el error del autor sobre la causalidad (o su ignorancia) excluye el dolo.

Ejemplo. Volvamos al caso mencionado a propósito de la teoría de la causalidad. X suministra un veneno a V; antes de que surta efecto, aparece y y de un tiro mata a V. Si aparece solamente porque se había enterado de la acción de X (y quiere vengarse por su propia mano), no puede haber dudas acerca de la causalidad de la acción cometida por X. Sin embargo, falta el dolo de X con respecto a este curso causal. En consecuencia, solo se tendrá en cuenta asesinato tentado y no consumado.

Se dice en general que el dolo del autor debe cubrir el curso causal concreto, pero es fácil advertir que el autor no lo conoce, casi nunca, con precisión. Tampoco el asesino que acuchilla conoce exactamente el curso de la cadena causal entre la puñalada y la producción de la muerte, a no ser que sea un médico. Por lo tanto, es imposible exigir un conocimiento exacto del curso causal. Según la doctrina dominante y la jurisprudencia (que va muy lejos), basta que el autor tenga una idea aproximada del curso del suceso y que el resultado que se ha representado no difiera considerablemente (en cuanto al valor) del resultado que se ha producido: «divergencias irrelevantes entre el curso causal representado y el que se ha producido, no afectan el dolo del autor» (s. 67, 258, del TdR, y s. 7, 329, del TF). En lo que se refiere a los pormenores, y sobre todo a la teoría del dolus generalis, debe leerse lo que se expone en el *Lehrbuch*, § 26, II, 4, b.

El ejemplo siguiente aclara la repercusión de la teoría de la divergencia irrelevante: si A derriba a puñetazos a *V* y arroja a un río el presunta cadáver, pero *V* muere ahogado, sin esta teoría de la divergencia irrelevante se llegaría al resultado de que A solo ha cometido un homicidio doloso tentado y, a continuación, un homicidio culposo (§§ 211, 222 y 53). Si se toma como punto de partida la circunstancia de que A quería matar a *V* y efectivamente lo ha matado (no pueden surgir dudas en cuanto a la causalidad y a la antijuridicidad) y se estima que es suficiente para el dolo la representación general de A sobre el curso causal, solo existe un homicidio doloso. A deberá ser castigado por asesinato consumado.

c) La influencia del error sobre la justificación en el dolo sigue siendo objeto de discusiones particularmente vivas. Aquí, la codificación de la llamada teoría limitada de la culpabilidad en los §§ 16 y 17 del nuevo código penal no ha aclarado la cuestión en forma terminante. Pueden extraerse determinadas conclusiones tan solo del § 16, párr. 2 (ver lo que se dice más adelante). Ante todo, hay que distinguir dos grupos de problemas: por un lado, cómo debe tratarse el error del autor que se refiere a la existencia de circunstancias justificantes (por ejemplo, el caso de la legítima defensa putativa; el autor cree ser agredido, en tanto que la víctima solo quiere pedirle fuego); por el otro, cómo debe valorarse la creencia errónea de una norma de justificación inexistente (por ejemplo, el autor cree que ya mismo puede defenderse contra agresiones futuras).

Este último error -la creencia errónea de una causa de justificación inexistente-, equiparado a representaciones equivocadas sobre el alcance de una causa de justificación existente (pero no existente en esta forma), corresponde seguramente al error sobre la existencia de una norma penal, la creencia errónea de que la acción es lícita. Precisamente desde nuestro punto de vista (relación complementaria), es lo mismo que el autor considere que su conducta no es ilícita porque cree erróneamente en la inexistencia de una norma típica o porque supone erróneamente que existe una norma justificante. En uno y otro caso yerra sobre la prohibición de su conducta y sobre el ámbito de lo injusto penal.

La *admisión errónea de circunstancias* que, si existieran, justificarían la conducta del autor (léase nuevamente el capítulo 5, II, 2, d), debe tratarse, si se sigue la teoría de las circunstancias negativas del hecho, con arreglo al § 16, párr. 1. El autor que admite erróneamente las circunstancias del § 32 (legítima defensa putativa), ignora la inexistencia de estas circunstancias negativas del hecho. Si su inexistencia no es imputable, su existencia deberá imputarse para el dolo. Con esta construcción, el § 16 es directamente aplicable. Para nosotros que no seguimos la teoría de las circunstancias negativas del hecho y consideramos la verdad de esta teoría en la relación complementaria entre norma típica y norma justificante, no puede aplicarse directamente el § 16, párr. 1, sino, análogamente, el § 16, párr. 2 (en favor del autor). Si la totalidad de las circunstancias de hecho y de las características justificantes determina el ámbito exacto de lo injusto penal, no es razonable que el error sobre características que excluyen lo injusto no sea tratado como el error sobre características que lo atenúan.

En cambio, si se separa la fundamentación de lo injusto de la exclusión de lo injusto, interesa saber, para el tratamiento del error sobre características justificantes, si se concibe el dolo del autor como simple dolo del tipo (conocimiento y voluntad de la realización del tipo). Para la teoría de la acción finalista, que lleva el dolo a la acción, existe realización dolosa del tipo si el autor quiere matar a su presunto agresor. El hecho de que el autor admita erróneamente los presupuestos de una situación de legítima defensa, no puede afectar su dolo homicida. El autor no yerra sobre la realización del tipo, sino sobre la prohibición de su conducta. El error sobre circunstancias justificantes se convierte en error sobre la prohibición, que no afecta la existencia de un hecho doloso; de todos modos, a saber, en caso de no exigibilidad, representa una causa de exclusión de la culpabilidad y de lo contrario tan solo una causa de atenuación de la culpabilidad (Welzel, *Neues Bild*, p. 70, y Lehrbuch, § 22, III, 1, f).

Frente a esta llamada teoría rígida de la culpabilidad, la jurisprudencia del Tribunal Federal sustentó desde el principio (adhiriéndose, en cuanto al resultado, a la jurisprudencia del Tribunal del Reich y coincidiendo con el § 20 del proyecto de 1962 y el § 19 del proyecto alternativo) una llamada teoría limitada de la culpabilidad (s. 3, 107 y 195). Según esta teoría, no existe, en casos de esta especie, un error sobre la circunstancia del hecho, sino un error sobre la prohibición. El autor sabe que realiza el tipo y también lo quiere, pero yerra sobre la prohibición de su conducta (en este sentido, se sustenta el mismo criterio de la teoría rígida de la culpabilidad). No obstante, debe distinguirse entre el autor que admite erróneamente una norma justificante inexistente y el que cree que interviene una norma justificante existente. Este último es «de por sí, fiel al derecho», quiere realizar el derecho. Su error debería equipararse al error sobre la circunstancia de hecho, o sea, tratarse como un error que excluye el dolo. En consecuencia, A que cree ser atacado y da muerte al presunto agresor, nunca puede ser castigado por homicidio doloso, Si su error fue culposo, se lo castigará sobre la base de los §§ 222 y 16, y si fue inevitable, no se lo castigará. Este resultado corresponde a la interpretación sustentada aquí (por cierto, fundamentada de otro modo).

El código penal según el texto de la segunda ley de reforma no regula el problema de manera expresa. No ha dado cabida al § 21 del proyecto de 1962 ni al § 19 del proyecto alternativo, porque no ha querido señalar legalmente cuestiones dogmáticas importantes. Sin embargo, del § 16, párr. 2, puede deducirse que se ha confirmado la jurisprudencia sentada hasta ahora por el TF; por consiguiente, también se ha confirmado, en cuanto al resultado, la opinión afirmada aquí: si el error sobre circunstancias que atenúan lo injusto excluye el dolo, también lo excluye (y tanto más) el error sobre circunstancias que excluyen lo injusto (ver más datos en el proyecto alternativo, parte general, ps. 57 y ss. y 204). El error sobre circunstancias que, si existieran, producirían una causa de justificación, excluye, pues, el dolo, análogamente al § 16, párr. 2.

El desarrollo es distinto si se trata de admisión errónea de una norma justificante inexistente (equiparada al error sobre el alcance de una norma justificante existente). Aquí es incuestionable que no se tiene en cuenta la posibilidad de aplicar directamente el § 16, porque el autor no yerra sobre circunstancias de hecho (y tampoco sobre circunstancias negativas o excluyentes o atenuantes de lo injusto); no yerra sobre elementos normativos, sino sobre normas y el ámbito de lo injusto penal trazado por ellas. Al tratar este error, interesa establecer si el error sobre la norma (típica o justificante) debe considerarse en forma distinta del error sobre los elementos normativos.

Si solo se ve en estos elementos las bases de la fundamentación o de la limitación de lo injusto, no es razonable tratar el error sobre la existencia de la norma en forma distinta del error sobre la existencia de sus elementos. Quien no advierte que entre él y el bien jurídico ajeno se encuentra un muro (protección penal), será tratado como aquel que no ve las distintas piedras que lo componen. Hay que recordar, en este contexto, la permutabilidad de circunstancia de hecho y causa de justificación. A mi entender, no es plausible que el error, por ejemplo, sobre el carácter de ajeno de la cosa en el § 242, sea objeto de un tratamiento mejor que el que recibe, verbigracia, la admisión errónea de un derecho inexistente de intervención en una propiedad ajena. La opinión sustentada aquí también se apoya en la reflexión de que al conocimiento de circunstancias normativas de hecho (o sea, al dolo) también pertenece una valoración del autor. No se comprende por qué razón ha de desaparecer una más grave culpabilidad (por dolo) cuando el autor, valorando mal, no reconoce circunstancias normativas de hecho (conoce los hechos, pero los valora en forma incorrecta), y por qué razón esta forma más grave de culpabilidad debe existir si el autor valora erróneamente desde el punto de vista jurídico su conducta total. Consecuencia de estas consideraciones sería referir el dolo no simplemente a la realización del tipo, sino a la comisión antijurídica del hecho; ver lo que se ha dicho en el n° 1, b. Por consiguiente, el dolo no debe abarcar únicamente las circunstancias de hecho, sino también la antijuridicidad de la comisión del hecho. El autor debe haber valorado exactamente como antijurídica su conducta para que exista esa más grave forma de culpabilidad que es la sublevación contra el derecho (Binding). A la inversa: también el error sobre la antijuridicidad excluye el dolo. Esta concepción se llama, por lo común, teoría del dolo (porque al errar sobre la antijuridicidad, el dolo desaparece). Según esta concepción, se aplicaría análogamente el § 16, párr. 1, incluso si el autor creyera erróneamente que el derecho de legítima defensa justifica también la defensa contra agresiones futuras. En caso de error culposo, solo se tendría en cuenta un castigo por comisión culposa del hecho (si existe un tipo para ella).

Frente a la teoría del dolo, la llamada teoría de la culpabilidad (si hay error sobre la antijuridicidad desaparece, de todos modos, la culpabilidad), sustenta la opinión de que el error sobre la existencia de norma o contranorma es totalmente distinto del error sobre la existencia de sus elementos. En el primer caso, el autor sabe lo que hace, solo yerra sobre la prohibición de su conducta. Esto también lo hace en el otro caso y es, por lo menos, muy dudoso que alguien sepa lo que hace si ignora lo más importante, es decir, la valoración jurídica. El simple conocimiento de los hechos no puede interesar.

Sin embargo, el código penal ha solucionado en el § 17 el problema en el sentido de la teoría limitada de la culpabilidad y, en consecuencia, de la jurisprudencia del TF (en forma similar se expresa el § 20 del proyecto alternativo). También la teoría rígida de la culpabilidad de Welzel llega, en este sentido, al mismo resultado. Según el § 17 (léaselo atentamente), A, que emplea para sí una causa de justificación inexistente (en esta forma), comete, por lo tanto, una acción homicida dolosa. Yerra únicamente sobre]a licitud de su conducta. Si su error no fue culposo, está exculpado, de lo contrario solo se atenúa su culpabilidad (se castiga por hecho doloso, pero la pena se atenúa con arreglo a los §§ 17 y 49).

El ejemplo del derecho de corrección (ver el Lehrbuch, § 27, IV, 1) muestra con especial claridad las distintas posiciones:

Primer caso: El maestro pega a un alumno porque cree que ha trasgredido la disciplina escolar. Esta corrección del maestro seria procedente (causa de justificación frente al § 223) si el alumno hubiera realmente cometido la trasgresión. Pero el alumno no la ha cometido (admisión errónea de circunstancias que, si existieran, producirían una causa de justificación).

Quien sustenta la teoría de las circunstancias negativas del hecho, aplicará directamente el § 16.

Quien admite una relación complementaria o sigue, por otras razones, la teoría del dolo, aplicará análogamente el § 16. Según el § 16, párr. 1, el dolo del maestro resulta excluido; no se aplica el § 223. Si el error no fue culposo, hay impunidad.

Reglamentación legal: deducción análoga del § 16, párr. 2. El dolo desaparece no solo si existen circunstancias que atenúan lo injusto, sino también en circunstancias que lo excluyen. En el mismo sentido se ha pronunciado, en cuanto al resultado, la teoría atenuada de la culpabilidad del TF. El maestro yerra sobre hechos y es, de por sí, fiel al derecho.

Según la teoría rígida de la culpabilidad (Welzel), el dolo pertenece a la acción, o sea, no resulta afectado por el error del maestro (él sabe que pega al alumno). Existe en el maestro un simple error sobre la prohibición (§ 17). Si éste fue inevitable, al maestro se lo exculpará, o sea, será impune. Si fue evitable, se castigará a título de lesión corporal dolosa sobre la base del § 223, pero con culpabilidad atenuada.

Segundo caso: Se presenta como el anterior, con la diferencia que el alumno ha trasgredido realmente la disciplina escolar; también para un caso de esta especie, no existe un derecho de corrección (admisión errónea de una causa de justificación inexistente).

Conforme a la teoría del dolo, resultaría excluido el dolo. Si se admite culposamente el derecho de corrección, se castigará con arreglo al § 230.

Pero tanto la teoría rígida como la teoría atenuada de la culpabilidad, admiten un simple error sobre la prohibición. El dolo del maestro no resulta afectado. En caso de que el error sea inevitable, la culpabilidad resultará excluida; si se lo podía evitar, se castigará con arreglo al § 223 con culpabilidad atenuada. El § 17 corresponde a esta interpretación.

El ejemplo revela claramente, a mi entender, que no es equitativo el tratamiento diferente de los dos casos en la reglamentación de la ley. La ignorancia del derecho se castiga más severamente que la ignorancia de los hechos, aunque esta última sea, casi siempre, más fácilmente evitable (ver el caso b). Solamente la teoría del dolo trata del mismo modo las dos representaciones falsas. En el caso 1 y en el caso 2, el maestro no quiere cometer una injusticia. A mi juicio, únicamente la voluntad de cometería justifica la gran graduación (y el distinto tratamiento en el código penal) entre culpabilidad por dolo y culpabilidad por culpa.

En cuanto a la admisión errónea de causas de exclusión de la culpabilidad, ver lo que se ha dicho en el nº I, 4, b.

3. La teoría del error sobre la prohibición

El error sobre la prohibición está regulado de manera expresa en el nuevo § 17. Así, el legislador ha resuelto una muy antigua disputa de la dogmática. A pesar de haber sido codificado este punto, deben exponerse las propuestas de solución que se han formulado a propósito de esta cuestión. Solamente así se abren al estudiante las posibilidades constructivas, dogmáticas y de política jurídica para decidir un problema de tanta trascendencia.

Mi punto de vista se deduce concluyentemente de lo expuesto hasta ahora. El tipo de la parte especial constituye lo injusto penal. Su realización solo revela que el autor ha lesionado, de todos modos, un bien jurídico penalmente protegido. El alcance exacto de lo injusto penal se infiere de normas y contra normas y de su relación mutua. Dolo no es exclusivamente conocimiento y voluntad de los hechos o de las circunstancias de hecho de una norma típica, sino conocimiento y voluntad de cometer lo injusto (no así, el § 17 y la doctrina dominante). El error sobre la prohibición (falta de la conciencia de la antijuridicidad) está equiparado, en cuanto al valor, al error regulado en el § 16 y hace desaparecer la más grave culpabilidad por dolo.

a) Contrariamente a lo que afirma la total teoría del derecho penal, el Tribunal del Reich ha afirmado desde el principio (ver la s. 1, 368) que el error del autor sobre la existencia de la norma penal (en este sentido, con acierto) o sobre la injusticia de su conducta (en este caso, equivocadamente), no puede afectar la culpabilidad. El TdR no distinguía, en el antiguo § 59, párr. 1 (el nuevo § 16, párr. 1) entre error sobre la circunstancia de hecho y error sobre la antijuridicidad, sino entre error facti y error iuris. El primero excluía el dolo (error facti non nocet) y el otro no afectaba el dolo ni la culpabilidad (*error iuris nocet*). Mediante artificios de distinta naturaleza destinados a. limitar el error iuris y ampliar el error facti, el TdR hizo este deslinde: únicamente el error sobre la norma penal o el concepto penal o lo injusto debía ser irrelevante. Al autor no se debía permitir que se exculpara invocando la ignorancia de la prohibición penal: éste fue el criterio fundamental en que el TdR apoyó el deslinde. Se dijo, proverbialmente, que la ignorancia del derecho no protege contra la pena. Ver la apreciación de la jurisprudencia del TdR en el Lehrbuch, § 27,1, 1, y III, 1.

Lo correcto de esta jurisprudencia era, con toda seguridad, que el error sobre la punibilidad no puede exculpar al autor. Quien sabe que comete una injusticia, pero no reconoce que es una injusticia penal, no cree actuar conforme a derecho. No yerra sobre su conducta y la contradicción entre ésta y el total orden jurídico, sino tan solo sobre la consecuencia jurídica de su conducta.

Si en el caso b, A creyó que se había comportado incorrectamente, pero que su conducta no era punible, no yerra sobre la injusticia cometida por él, sino sobre su consecuencia jurídica.

Lo incorrecto de esta jurisprudencia era, también sin lugar a dudas, que el error sobre la antijuridicidad (error sobre la prohibición: falta de conciencia de lo injusto, del conocimiento de la prohibición) no puede afectar la culpabilidad. Ya Binding (*Die Schuld im Strafrecht* [La culpabilidad en el derecho penal], 1919, p. 38) había demostrado que la inobservancia del error sobre la prohibición es una grave trasgresión al principio de la culpabilidad. Piénsese tan solo en las normas del derecho penal accesorio de las cuales el autor no sabe nada. ¿Puede reprocharse al autor que no sabe que comete una injusticia y que tal vez no puede saberlo, que la realiza culpablemente? ¿En qué se funda propiamente el reproche? Después de 1945, suprimido el Tribunal del Reich, este pensamiento de la relevancia de la culpabilidad del error sobre la prohibición también pudo imponerse en la jurisprudencia. Se admitió en general que tenía que pertenecer a la culpabilidad también el conocimiento o, por lo menos, la culpa en caso de desconocimiento de la antijuridicidad. La diferenciación entre error sobre circunstancia de hecho y error sobre la prohibición debía sustituir la diferenciación hecha por el TdR, existiendo al respecto unanimidad de pareceres. El problema era éste: cómo clasificar la conciencia de la antijuridicidad en el ámbito de la culpabilidad y en qué forma debía considerarse el error sobre la prohibición, un problema cuya solución dependía esencialmente de la construcción del dolo. Para el tratamiento del error sobre la prohibición se expusieron dos teorías.

b) Por teoría de la culpabilidad se entiende la teoría que reconoce el error sobre la prohibición como relevante para la culpabilidad y no relevante para el dolo. A la teoría de la culpabilidad deben adherirse de antemano quienes, como los partidarios de la teoría de la acción finalista, sitúan el dolo en la acción; en efecto, si la conciencia de la antijuridicidad es relevante en el ámbito de la culpabilidad (criterio totalmente incuestionable), pero el dolo no pertenece en absoluto a la culpabilidad, la falta de conciencia de la antijuridicidad no puede afectar el dolo. También desde el punto de vista de la dogmática penal dominante, puede sustentarse la teoría de la culpabilidad, a saber, si se deja el dolo, como elemento de la culpabilidad, en el ámbito de ésta, pero limitándolo al conocimiento y a la voluntad de la simple realización del tipo. Entonces, la conciencia de la anti juridicidad (o la posibilidad de la conciencia) se convierte en elemento totalmente independiente de la culpabilidad en el concepto de culpabilidad, cuya supresión no puede afectar la existencia del dolo (del hecho). Esta concepción fue sustentada por los creadores de la teoría de la culpabilidad (v. Hippel, *Das Bewusstsein der Rechtswidrigkeit* [La conciencia de la antijuridicidad], 1924) y después casi en forma unánime. También el Tribunal Federal se adhirió a la teoría de la culpabilidad, estructurada de esta manera, en la conocida decisión de su Gran Senado (2, 194), no tanto por consideraciones dogmáticas, sino político-criminales. El § 17 adopta esta jurisprudencia.

Según la teoría de la culpabilidad, el error sobre la antijuridicidad (error sobre la prohibición) -dependa de desconocimiento de lo injusto o de admisión errónea de una justificación que lo restringe-, es una causa de exclusión de la culpabilidad que se presenta al lado de las causas de exclusión de la culpabilidad conocidas hasta ahora, si el error del autor era inculpable. Pero el tipo del § 17, que sigue la jurisprudencia sentada hasta el presente, trabaja, a mi entender, en forma objetable al emplear el vocablo de la no evitabilidad; puede dar la impresión de que interesa una evitabilidad objetiva del error y no las especiales posibilidades del autor de corregirlo. Un error excusable sobre la antijuridicidad es causa de exclusión de la culpabilidad, un error inexcusable (culposo) no suprime la culpabilidad, sino que solo la atenúa y tiene como consecuencia la aplicación de la disposición sobre atenuación de la pena contenida en el § 49, párr. 1 (a la cual remiten las disposiciones de los §§ 13, 21, 23, 27, 28, 30 y 35).

Independientemente de las objeciones fundamentales en contra de la teoría de la culpabilidad, que habrían debido impedir que se le diera cabida en el código penal, hay que criticar aquí que esta atenuación de la pena sea tan solo facultativa. Si por razones sobre todo de política jurídica se hubiera impuesto el criterio de no admitir la simple culpabilidad por culpa (y esto habría significado, por cierto, la aceptación de la teoría del dolo), esta culpabilidad atenuada (si no se la tratara como la culpabilidad por culpa) habría debido tener como consecuencia, por lo menos, una atenuación obligatoria de la pena. Es correcta la disposición contenida en el § 20 del proyecto alternativo; también sigue la teoría de la culpabilidad, pero atenúa obligatoriamente la pena. Ya se ha hablado (en el n° 2, c) de la teoría de la culpabilidad y de su división en teoría rígida (Welzel) y atenuada (TF y doctrina dominante) en caso de error sobre causas de justificación.

Las objeciones en contra de la teoría de la culpabilidad conciernen principalmente a su diferente tratamiento del error sobre circunstancia de hecho y error sobre la prohibición. No se comprende por qué razón el error sobre la valoración total deba tratarse de otro modo y más severamente que el error del autor sobre distintas circunstancias de hecho (o sea, inexactitud de valoraciones en particular). Si el § 242 solo dijera que el hurto será castigado con..., el error del autor sobre la existencia del hurto debería tratarse con arreglo al § 16. De la circunstancia dé que distintas circunstancias de hecho describen el concepto de hurto, no surge ningún motivo concretó para tratar el error únicamente sobre sus partes y no el error sobre el conjunto según el § 16. También cada circunstancia de hecho del § 242 puede describirse a través de circunstancias de hecho detalladas. Así, podría caber en el tipo del § 242, para la sustracción, la definición corriente que se le da. Nadie puede afirmar que el simple conocimiento de las circunstancias que fundamentan la sustracción (sin valoración como sustracción) puede bastar como dolo de la sustracción. Por consiguiente, en la teoría de la culpabilidad corre a cargo del autor la descripción del tipo, la comprobación exacta de lo injusto penal.

Este distingo en el tratamiento de ambos errores es tanto más peligroso por cuanto entre circunstancias fácticas normativas del tipo y características normativas de justificación no puede comprobarse una diferencia sustancial. Así, es indiferente, por ejemplo, que el legislador regule las facultades inherentes al cargo como causa de justificación (verbigracia, la facultad de detener) o que construya esta característica con signos negativos, por ejemplo, en el tipo del § 239. En este último caso, el hecho de que el autor crea erróneamente poder privar a una persona de su libertad, sería un error sobre una circunstancia del hecho que excluye el dolo y, dado que la privación culposa de la libertad no es punible, no se lo podría castigar. En el primer caso, la creencia errónea de una facultad inexistente dejaría en pie el dolo. En caso de error culposo, el autor podría ser castigado sobre la base del § 239. Esta posibilidad de cambio entre circunstancia de hecho y causa de justificación no consiente un tratamiento distinto de los errores.

Hay que objetar, además, que si se aceptara la teoría de la culpabilidad, no tendría sentido el distinto tratamiento de ambos grados de culpabilidad en el código penal. Esta teoría admite que el error evitable sobre la prohibición atenúa la culpabilidad. La cuestión es establecer si no la atenúa porque esta culpabilidad debe equipararse a la culpa, si no constructivamente, por lo menos en cuanto al tratamiento. Si el dolo no debe subsistir como dolus malus, ¿la culpabilidad por dolo no exige la «sublevación contra el derecho», como Binding dijo? El autor que cree culposamente que su acción es legítima, no carga sobre sí esta grave culpabilidad y exigimos, por lo tanto, que el dolo también se refiera a la antijuridicidad. El criterio de la evitabilidad (del error) empeora la situación de la persona escrupulosa. Y, por último, el acento de la punibilidad por dolo, con la referencia a la falta de información del hecho, se sitúa en la conducta precedente del autor (culpabilidad por conducta de vida). El dolo del hecho y la culpa jurídica no producen todavía una culpabilidad por dolo.

La circunstancia de que el error en el ámbito del tipo (conocimiento de los hechos o valoración de las distintas circunstancias) obtenga un premio frente al error sobre el conjunto, trae resultados grotescos. Recuérdese el ejemplo que se ha dado en el n° 2, c: quien, al sustraer cosas ajenas, cree atrevidamente que él es su propietario, se beneficia con el § 16. Quien (más reservada y comedidamente) cree que solo le corresponde el derecho de intervenir (por ejemplo, en un inexistente ius ad rem), está en mala situación. Si este error es culposo, será castigado por hurto doloso (con culpabilidad atenuada). Quien, como en el caso b, dispara contra un hombre creyendo, con culpa grave, que es un disco de cartón, solo puede ser castigado con arreglo al § 222. En cambio, quien, en su carácter de empleado de la policía, cree erróneamente que está obligado a disparar contra un delincuente, es punible, por este error culposo, según el § 212. Y esto, aunque d profano pueda más fácilmente formarse una idea de circunstancias de hecho (por lo menos, si tienen naturaleza descriptiva) que de normas jurídicas.

Debe recordarse, finalmente, que la teoría de la culpabilidad ha fracasado respecto de las causas de justificación. Aquí hemos llegado de nuevo a la diferenciación, muy criticada, hecha por el Tribunal del Reich, entre error de hecho y error de derecho. El autor que se halla en un error de derecho es tan «fiel al derecho» como el que se representa erróneamente circunstancias justificantes. Recuérdese la aplicación análoga del § 16, párr. 2, en el error sobre los presupuestos de una causa existente de justificación y el ejemplo de la corrección (n° 2, c). Podría objetarse que existe una diferencia si alguien cree en la existencia de circunstancias justificantes o en una causa inexistente de justificación. Se trata de una diferencia que es posible en varias causas de justificación. Así, puede distinguirse entre la representación errónea de la existencia del consentimiento del lesionado y la representación errónea de que el consentimiento justifica incluso si se dan bienes jurídicos no disponibles o legítima defensa. Esta posibilidad de diferenciación entre representación de circunstancias justificantes y representación de una norma justificante, desaparece si la norma justificante que el autor se representa consiste en una sola característica normativa (ejemplo: un empleado de policía cree, sobre la base del § 14 de la ley de policía, que está facultado para contrarrestar peligros y, por consiguiente, para embargar bienes en favor del acreedor).

c) La llamada teoría del dolo salva todas las deficiencias que se han señalado. Puede tratar el error sobre la antijuridicidad (error sobre la prohibición), del mismo modo que el error sobre circunstancias de hecho, a saber, con arreglo al § 16. No es necesaria la disposición contenida en el § 17. Dado que la conciencia de lo injusto es, por cierto, elemento de la culpabilidad, la teoría del dolo tiene que desarrollar un concepto de dolo según el cual éste debe quedar en la culpabilidad; no debe estar allí en forma aislada al lado de la conciencia de lo injusto, sino que ha de abarcar esta conciencia de lo injusto. En consecuencia, el dolo es, según esta interpretación, conocimiento y voluntad de la realización antijurídica del tipo (ver lo que se ha dicho en el n° II, 1, b). Los elementos del dolo deben referirse a las circunstancias totales del hecho y a las características de justificación (negativamente), así como también al conjunto, a saber, a lo injusto. El dolo de la comisión antijurídica de un hecho no desaparece tan solo en caso de error sobre una circunstancia de hecho o de admisión errónea de circunstancias justificantes, sino también en caso de error sobre la antijuridicidad de la conducta total (siendo indiferente que este error dependa de desconocimiento de la prohibición o de admisión de un permiso especial; ver lo que se ha dicho en el n° 2, c).

La teoría del dolo es dogmáticamente cerrada y consecuente. Practicada por jueces sensatos, produce resultados excelentes. No se crea que nuestros jueces estén tan alejados de la realidad como para sentar afirmaciones como éstas: se ha considerado que hurtar, lesionar, matar, etc., son actos acordes con el derecho! El dolo relativo a una circunstancia de hecho solo puede probarse indirectamente y nunca directamente. Nadie ha visto nunca el conocimiento y la voluntad de un autor respecto de una circunstancia de hecho. El dolo del tipo se infiere de la total conducta del autor. Del mismo modo puede deducirse el conocimiento de la prohibición.

Se ha imputado a la teoría del dolo (s. 2, 194, del TF) tres puntos débiles de carácter político-criminal: falla en el autor pasional, en el autor por convicción y los deja excesivamente impunes, puesto que el código penal contiene un número demasiado escaso de tipos culposos. Estas aparentes dificultades de la teoría del dolo han producido un desdoblamiento de ella. Se distingue entre la teoría rígida del dolo (sustentada aquí) y la restringida. La teoría rígida del dolo exige para el dolo conciencia actual de lo injusto, o sea, conocimiento del autor acerca de la antijuridicidad de su conducta en el momento en que comete el hecho. Esta forma rígida de la teoría del dolo está sustentada por Binding, Schröder y Lang-Hinrichsen (y también, en parte, por Lange y Hardwig). La teoría restringida del dolo se conforma con una conciencia potencial de lo injusto, no exige el conocimiento de la antijuridicidad, sino tan solo la posibilidad de este conocimiento en el momento en que el autor comete el hecho. Especialmente Schönke y Mezger fueron los representantes de esta opinión.

Diferenciación de las teorías:

Si el autor afirma que el homicidio de *V* era legítimo, el juez que es partidario de la teoría de la culpabilidad, está fácilmente dispuesto a no refutar esta afirmación, a aceptarla y a construir un error evitable sobre la prohibición (posibilidad de castigar a título de hecho doloso). La teoría restringida del dolo exige para el dolo, en general, el conocimiento de la antijuridicidad de la conducta, pero hace una excepción respecto de los casos de ceguera jurídica u hostilidad al derecho. Para que haya dolo, basta, para ella, la conciencia potencial de lo injusto (hay un nexo con el criterio de la culpabilidad por conducta de vida: es suficiente que con su conducta culpable de vida el autor haya tenido culpablemente la posibilidad de conocer la injusticia); se castiga al autor como si hubiera actuado antijurídica y dolosamente. A la teoría rígida del dolo interesa un examen del estado psíquico. Si de éste se deduce que el autor no está en condiciones de distinguir entre derecho e injusticia, no se lo debe internar en un establecimiento penal, sino en un hospital psiquiátrico. Pero se comprobará, en la mayor parte de los casos, que en el momento del hecho el autor conocía la antijuridicidad de su conducta y se lo castigará, por consiguiente, por hecho antijurídico doloso. Es extraño que Welzel admita la finalidad incluso en los actos automáticos (*Neues Bild*, p. 4) y excluya una dirección general similar en la conciencia de lo injusto (*Neues Bild*, p. 62).

Es inexacto afirmar que el autor pasional no puede ser castigado si se sigue la teoría rígida del dolo (y que por ello hay que adherirse a la teoría de la culpabilidad o a la teoría del dolo atenuada, de por sí no concluyente). Incluso en la persona que actúa guiada por la pasión, la conciencia controla las conductas. Su voz no calla. Puede ser vencida por las pasiones, pero no silenciada. También quien obra con cólera repentina, sabe internamente que comete una injusticia. Un conocimiento concomitante (Platzgummer, *Die Bewusstseinsform des Vorsatzes* [La forma de la conciencia del dolo], 1964) o la coconciencia (Rohracher) o la coconciencia inherente a la acción (Roxin, ZStW, 78, 257) bastan para el dolo y existen casi siempre incluso en los casos de gran excitación. En consecuencia, hay dolo. La circunstancia de que determinados estados de gran excitación puedan casi suprimir la libertad de la decisión de la voluntad –o sea, posibiliten la aplicación del § 20 (s. 11, 20, del TF)– habla en favor de nuestra tesis. Si no se rebasa el límite del § 20, hay, casi siempre, *dolus malus*. También al autor por convicción se lo trata con razón dentro de la teoría del dolo y únicamente dentro de ella. Si estamos frente a un auténtico autor por convicción, que considera que su conducta es justa, o sea, acorde con el orden jurídico, castigarlo constituiría una trasgresión al principio de culpabilidad. ¿Qué le debemos reprochar? ¿El hecho que ha cometido? Si su error fue culposo, hay culpa. ¿La obtención de su convicción? No es típica. En casi todos los llamados autores por convicción no existe, en absoluto, la convicción de que su conducta armoniza con el orden jurídico, sino que su orden de valores es superior al de la comunidad de derecho. Saben que infringen el orden jurídico. No puede existir un error sobre la legitimidad de su conducta. Asimismo, no es cierto que exista un número excesivamente limitado de tipos culposos que, al aplicar en forma consecuente la teoría rígida del dolo, se tendrían en cuenta como tipos subsidiarios (durante algún tiempo se creyó poder hallar una solución creando un tipo general de culpa jurídica). Al apreciar exactamente las pruebas, debería revelarse, en general, que es incorrecto afirmar el error sobre la prohibición en el ámbito del derecho penal criminal auténtico. Cuando esto no sucede y se dan graves lesiones de bienes jurídicos, también existen, casi siempre, tipos culposos. En caso necesario, se los podría crear. Por otra parte, habría que demostrar que es necesario ampliar el ámbito del derecho penal criminal. Cuando la conciencia y la conciencia social no hablan, una severa reacción del derecho penal no es oportuna. En el derecho penal accesorio podrían crearse tipos culposos que (al aceptarse la teoría del dolo) regulen una reacción igualmente benigna para la lesión culposa del bien jurídico y la falta culposa de información.

d) Como ya se ha dicho bajo la letra a, existe, según el § 17, un error sobre la prohibición solamente si el autor no considera ilegítima su conducta. Debe faltarle la comprensión de que comete una injusticia. Esta representación negativa basta, la representación positiva (considera que su conducta es legítima) no es necesaria. Si estima que su acción es antijurídica, pero no punible, se está frente a un simple error sobre la consecuencia jurídica que no debe tenerse en cuenta ni desde el punto de vista de la teoría del dolo ni del de la teoría de la culpabilidad. Como en la antijuridicidad medimos el hecho sobre la base del orden jurídico total, así también en el error sobre la antijuridicidad debe hacerse referencia a la clasificación del hecho por el autor en el orden jurídico total. El autor que considera que su conducta (cuya específica lesión del bien jurídico conoce) constituye un injusto en el aspecto civil pero no está prohibida penalmente, no yerra sobre la legitimidad. A la inversa, la representación del autor de que su conducta es inmoral, no impide la existencia de un error sobre la prohibición, si el autor cree que se sitúa dentro del orden jurídico.

La circunstancia de que el juicio y también la valoración del autor solo puedan ser de legitimidad o de antijuridicidad del hecho, no impide que se tengan en cuenta los distintos grados de lo injusto y también la representación del autor acerca de estos grados (ver el capítulo 5, I, 2, a). El autor a quien reprochamos haber lesionado un bien jurídico determinado, tiene que conocer lo específico de este injusto. A quien cree cometer el delito de seducción (§ 182), pero comete, en realidad, el delito de incesto, no se le puede imputar su conocimiento de lo injusto de la seducción como conocimiento de lo injusto que basta para el incesto (en contra, el TF en las s. 3, 342; 10, 35, y 15, 377). A mi entender, esta teoría llamada de la divisibilidad de la conciencia de lo injusto (ver al respecto Baumann, JZ, 61, 564) solo puede sustentarse tomando como base la teoría del dolo. Esta teoría, precisamente, exige para el dolo, en contra de la teoría de la culpabilidad, conocimiento pleno del sentido. Pero distintos dolos separan, en dicho ejemplo, seductores y autores incestuosos entre sí (conociendo, por lo demás, totalmente las circunstancias de hecho de ambos delitos).

III. Culpa

1. Culpabilidad por culpa y culpa como elemento de la culpabilidad

a) La culpabilidad por culpa es la forma de excepción de la culpabilidad (n° II, 1, a). Sus elementos son los mismos que los de la culpabilidad por dolo, con la diferencia de que faltan al autor el conocimiento y la voluntad de realizar el tipo. La «relación psíquica» del autor frente a las circunstancias de hecho es no saber o no querer y frente al orden jurídico consiste en ser indiferente respecto de sus exigencias (y no en sublevarse contra ellas). En cuanto a la antijuridicidad de la acción culposa, ver ante todo el capítulo 5, I, 3, b. Quien realiza el tipo sin causa de justificación, comete lo injusto, siendo completamente indiferente la intención que tiene al respecto. «Es injusto lo que hace lo injusto», a saber, al titular del bien jurídico lesionado, a la víctima. Y para la cuestión de lo injusto (y para la víctima) es completamente indiferente que este injusto se realice dolosa, culposa o casualmente. Son todos problemas relativos a la culpabilidad. No puede admitirse un injusto especial de los delitos culposos (en contra, Welzel, *Neues Bild*, ps. 31 y ss., y Lehrbuch, § 18).

b) Cuando se quiere hablar de un especial elemento de culpabilidad por culpa, hay que tener presente que una comparación claudica, necesariamente, con el elemento de culpabilidad por dolo. En la culpabilidad por dolo y en el dolo existe una relación psíquica del autor frente al hecho (y según la teoría del dolo también frente al orden jurídico) y en la culpabilidad por culpa esta relación falta casi siempre (falta, de todos modos, en la culpa inconsciente). Nuestra crítica se dirige a la circunstancia de que las relaciones exigidas por nosotros, no existen frente al hecho o al orden jurídico. Al autor le reprochamos que habría debido saber que su conducta produciría la muerte de la víctima y que habría debido reconocer la injusticia de su acción.

En el caso b, reprochamos a A que no se haya preocupado en advertir la presencia de V, aunque esto hubiera sido posible. Al admitir erróneamente una situación de legítima defensa (legítima defensa putativa), reprochamos a A que no se haya fijado, que el inofensivo transeúnte no debía ser considerado como un ladrón y que haya actuado consecuentemente.

No obstante, si se quiere aislar (con esta restricción) un elemento de culpabilidad por culpa, se obtienen respecto de elementos psíquicos sobre todo presupuestos negativos, y respecto de elementos normativos, presupuestos positivos. (Sin embargo, la realidad psíquica de la culpa no ha de ponerse en duda en ningún caso).

c) Así como en el dolo se diferenciaron, según la intensidad de la voluntad, distintas especies de dolo (nº II, 1, c), se distinguen, según el grado de conocimiento y de indiferencia, distintas formas de culpa. Contrariamente a lo que ocurre en el derecho civil, las distintas formas o grados de culpa no desempeñan en el derecho penal un papel especial respecto de la cuestión de si a la conducta del autor se conecta una consecuencia jurídica (en cambio, en el derecho civil lo que interesa para la responsabilidad es lo que debe sustentarse en cada caso). En el derecho penal, la forma y el grado de la culpa tienen una significación particular respecto de la graduación de la pena, o sea, respecto de la precisa estructuración de la consecuencia jurídica (en tanto que en el derecho civil el grado de responsabilidad se determina, casi siempre, con arreglo a la extensión del daño). En consecuencia, el grado entre culpabilidad por culpa y culpabilidad por dolo es extraordinariamente amplio, y no se lo puede comparar con los grados entre las distintas formas de dolo y de culpa. En el derecho penal solo en pocos casos el grado de culpa desempeña un papel o propósito de la cuestión de la conexión con la pena.

Según el grado de conocimiento puede distinguirse entre culpa consciente (luxuria) y culpa inconsciente (neglegentia). En el primer caso, el autor sabe que su conducta puede producir una lesión del bien jurídico, pero espera que no se producirá. Al estudiar el dolo (nº II, 1, c) se habló de la dificultad de deslindar la culpa consciente del dolus eventualis: el deslinde solo está en la voluntad.

Según el grado de indiferencia se distingue entre culpa leve (culpa levis) y culpa grave (culpa lata). Esta última desempeña un papel en algunos pocos casos en que la ley exige «ligereza» (por ejemplo, en el § 138, párr. 3) respecto del problema de la punibilidad (y no de la graduación de la pena solamente). Si se trata de culpa muy leve, se llega al límite de la culpabilidad. De ahí que el § 16 del proyecto alternativo declare impune la «conducta culposa de poca monta». El código penal no ha tenido en cuenta, desgraciadamente, esta sugerencia.

2. Características de la culpa

La forma de culpabilidad por culpa se caracteriza, comúnmente, por ser contraria al deber de determinar la voluntad y (en los delitos de resultado) de prever el resultado. El § 18 del proyecto alternativo dice que «actúa culposamente quien hace caso omiso del cuidado que está obligado a observar y para el cual está capacitado, y realiza, por consiguiente, un tipo legal». La culpa se funda en las características de no saber o de no querer (característica psíquica negativa), existiendo la posibilidad de saber y de evitar (característica normativa).

a) Las características psíquicas (no la relación) de no saber o de no querer sirven, en primer término, como deslinde frente al dolo. Son propios del dolo el conocimiento y la voluntad. Si se dan estos elementos respecto de todas las circunstancias de hecho, la culpa resulta excluida. Un hecho no puede cometerse dolosa y culposamente al mismo tiempo. Si existe conocimiento y no hay voluntad (recuérdese el caso del obrero de la construcción), la culpa es posible. La culpa consciente se caracteriza por un conocimiento incompleto (considerar como posible o probable) y falta de voluntad.

b) Más importantes que las características de no saber o, por lo menos, de no querer, necesarias únicamente para la separación del dolo, son las características normativas de poder saber y de poder evitar. Poder saber y poder evitar no son simples juicios sobre posibilidades, sino estas mismas posibilidades intelectuales, psíquicas y físicas. El autor debe estar en condiciones de poder si quiso. Debe existir en él una auténtica potestas. Nuestro juicio sobre la culpa es tan solo la valoración y comprobación de esta potestas.

Así como la imputabilidad es una capacidad o propiedad de la voluntad del autor (el intelecto y la voluntad tienen un desarrollo y una libertad suficientes como para determinar la conducta), y no una simple valoración de esta voluntad, también el poder saber y evitar son propiedades del autor. Reducidas a un mínimo, viene al caso el § 20. Poder saber y poder evitar no son, pues, otra cosa que características que concretan el pensamiento contenido en el § 20 respecto de la especial lesión del bien jurídico. La concepción simplemente normativa de la culpabilidad no tiene en cuenta este punto de vista.

Mientras no puede hacerse referencia a las propiedades y capacidades del autor si la lesión de un bien jurídico era completamente inevitable, haciendo aparecer como no antijurídica su conducta (el orden jurídico no dicta normas sobre la evitación de lo imposible; ver el capítulo 5, I, 3, b), aquí, en el ámbito de la culpabilidad, interesa, precisamente, el autor. Debe examinarse si, según sus capacidades personales, estaba en condiciones de saber que lesionaba un bien jurídico y que podía evitar esta lesión. Se trata de establecer si había observado el cuidado para el cual estaba capacitado («obligado y capacitado», según reza el § 18 del proyecto alternativo; el § 18 del proyecto de 1962 se pronuncia en el mismo sentido, pero el punto de partida es erróneo; el código penal no contiene ninguna definición).

Por consiguiente, deben analizarse, en el caso b, el intelecto y la voluntad de A; debe averiguarse si eran tales como para que A hubiera podido apreciar si tenía delante no un disco de cartón, sino a *V* y si hubiera podido evitar la lesión de éste.

A mayor capacidad intelectual del autor, corresponde la posibilidad de que él descubra cursos causales complicados. Le reprochamos que no lo haya hecho, a pesar de haberle sido posible. A un hombre simple le perdonaremos (a propósito de la cuestión de la culpabilidad) que no sepa nada acerca de los peligros que presenta, verbigracia, la electricidad y que, al manejar imprudentemente aparatos eléctricos, lesione bienes jurídicos de terceros. Pero si se trata, en casos similares, de un ingeniero electricista, admitiremos siempre la existencia de la culpa.

Cuanto más grande es el deber de un autor, tanto más exigiremos de él en lo que concierne a la intensidad de su voluntad. A quien está obligado a conjurar peligros especiales, le reprocharemos que haya sido débil frente al peligro, como si se hubiera tratado de otra persona no obligada a conjurarlo. Ésta es también la razón por la cual no concedemos varias causas de exclusión de la culpabilidad a quienes tienen deberes especiales. Un bombero o un policía no pueden invocar el estado de necesidad que exculpa si se trata de deberes inherentes a su profesión. Este criterio está reglamentado ahora de manera expresa en el § 35. También la posibilidad de la causa general de exclusión de la culpabilidad de la no exigibilidad en caso de delito culposo y de omisión (ver lo que se ha dicho en el nº I, 4, b), tiene sus raíces en la consideración precedente.

IV. Síntesis

Existe un hecho punible y puede aplicarse la pena como consecuencia jurídica solamente si el autor ha realizado culpablemente un injusto penal (en general, también es necesaria la culpabilidad por dolo). Según la concepción normativa de la culpabilidad, que predomina (y no con la simplemente normativa de la teoría de la acción finalista), la culpabilidad consta de elementos psíquicos y normativos. Debe distinguirse entre la culpabilidad como relación del autor frente al hecho que ha cometido y el simple juicio sobre esta relación. Para nosotros, la culpabilidad está en la «cabeza» del autor y el juicio de culpabilidad en las cabezas de los jueces.

Toda culpabilidad es culpabilidad individual por el hecho. Solo puede referirse a un hecho antijurídico. Los sentimientos, las intenciones y tendencias del autor no crean culpabilidad (penal) alguna (rechazo del criterio de la culpabilidad de autor, de la culpabilidad del carácter). En la culpabilidad, solo puede tratarse de la relación del autor frente a la conducta típica. El criterio de la culpabilidad por conducta de vida infringe el principio nullum crimen sine lege. Según la doctrina dominante, puede actuar culpablemente tan solo el hombre individual, y no la persona jurídica o una asociación.

La ley toma como punto de arranque el caso normal del hombre capaz de culpabilidad y responsable de su acción. Disposiciones especiales sustraen del ámbito de la culpabilidad deficiencias intelectuales o referidas a la voluntad (o falta de desarrollo). Los niños (o sea, las personas que no han cumplido los catorce años) son incapaces de culpabilidad, en tanto que son capaces de culpabilidad en forma condicional los jóvenes (entre los catorce y los dieciocho años). Son incapaces de culpabilidad todas las personas que por deficiencias psíquicas (detalladas en el § 20) no están en condiciones de cumplir los preceptos del derecho.

La ley prevé causas especiales de exclusión de la culpabilidad respecto de estados particulares de necesidad que perjudican la libertad de querer. Se discute si existe y hasta qué punto una causa general de exclusión de la culpabilidad en caso de que no pueda exigirse otra conducta.

La culpabilidad por dolo es la forma de culpabilidad caracterizada por el elemento del dolo, a saber, por el conocimiento y la voluntad de cometer el hecho. Las formas del dolo son el dolus directus y el dolus eventualis. El dolo del autor debe referirse a todas las circunstancias de hecho (y, según la teoría del dolo, no predominante, también a la antijuridicidad). Además, el autor debe conocer las circunstancias normativas del hecho, o sea, valorarlas exactamente. En cambio, con arreglo a la teoría de la culpabilidad aceptada en el § 17 de la ley, no es necesario que tenga conocimiento de la antijuridicidad de su conducta. Un error sobre la antijuridicidad (error sobre la prohibición) no excluye, por consiguiente, el dolo, sino tan solo la culpabilidad (si el error no pudo evitarse).

Al tratar el error sobre causas de justificación, debe distinguirse entre el error acerca de la existencia de circunstancias de por sí justificantes y la admisión errónea de una causa de justificación no existente o no existente en esta forma. En el primer caso resulta excluido el dolo, análogamente al § 16, párr. 2, y en el otro se está frente a un error sobre la prohibición con arreglo al § 17. La distinción se basa en la teoría restringida de la culpabilidad y en la jurisprudencia del Tribunal Federal. La teoría del dolo trata ambos errores del mismo modo (exclusión del dolo).

La culpabilidad por culpa es la forma excepcional de culpabilidad; le falta el elemento del conocimiento, por lo menos, el de la voluntad de cometer el hecho. Para la culpa es necesario, en sentido negativo, que el dolo no exista, y en sentido positivo, que el autor tenga la potestas de saber y evitar. Hay que remitirse, al respecto, a las capacidades y propiedades del autor. El autor no ha tenido en cuenta el cuidado que estaba obligado a observar y para el cual estaba capacitado.

Ver, para profundizar estas cuestiones, la bibliografía siguiente: Baumann, §§ 23 a 29; Jescheck, §§ 29, 31, 37 a 43, 54 a 57 y 60; Maurach, §§ 22, 23, 30 a 38, 42 a 44 y 46; H. Mayer, §§ 31 a 41, y Studienbuch, §§ 23 a 32; Mezger-Blei, §§ 48 a 72; Schönke-Schröder, números 78 a 93 antes del § 51 y § 59; Stratenwerth, §§ 11, 14 c y 16; Welzel, §§ 19 a 23.

DERECHO PENAL.
CONCEPTOS FUNDAMENTALES Y SISTEMA.
INTRODUCCIÓN A LA SISTEMÁTICA SOBRE LA BASE DE CASOS
de JÜRGEN BAUMANN, se imprimió
en la República Argentina en oictubre de 2018.

www.ingramcontent.com/pod-product-compliance
Lightning Source LLC
LaVergne TN
LVHW082238051026
849532LV00012B/4021
* 9 7 8 9 5 6 3 9 2 2 4 9 3 *